稀见经典

莪相集

[英]詹姆斯·麦克弗森
——
著

殷若成
——
译

江西人民出版社
Jiangxi People's Publishing House
全国百佳出版社

卷首推荐语

　　2013 年,还是复旦大学二年级本科生的殷若成来找我,说他想研究和翻译《莪相集》。《莪相集》不断在中国现代文学中被提及,在世界文学中被提及,我却从未得窥全貌,不但自己非常好奇,而且深知即便是伪作,它在文学史、艺术史上曾经产生的深远影响。故事中所包含的苏格兰民间传说,也决定了对它的翻译和研究有着重要的文化学意义。虽然坐在我面前的只是一位年轻的学生,我也应该给他鼓励和支持。

　　我决定支持殷若成,并做他的本科论文以及望道项目的导师。成功说服复旦大学望道项目评委们相信这一翻译项目的价值,是因为殷若成的眼光和勇气已经证明了他的与众不同和优秀。当然,我也告诉他这意味着他要承担比别的同学更多的研究任务,因为按照当下的学术要求,他不能拿翻译作为论文和项目成果,因此我们商议他一边从 19 世纪苏格兰民族文化建构的角度撰写一篇论文,研究对《莪相集》真伪的争论,与此同时继续他已经开始了的翻译工作。让我欣慰的是,他很快就拿出了虽然稚嫩却很有见地的文章,同时还有部分翻译文章。殷若成原本是一位腼腆的学生,但是对《菱相集》的投入让他在本科阶段就已经绽放出一位年轻学者的神采。我至今依然记得望道项目答辩时他神采飞扬地侃侃而谈的样子,丰富的凯尔特文化似乎也滋润了他。这让我更相信《菱相集》找到了与其心意相通的译者。

我之所以因为殷若成的眼光和勇气就相信他能完成这一意义深远却并不容易的工作,是因为我认为这是对翻译来说非常重要的两个品质,而且这两个品质并不多见。现如今,市场上隔三岔五就会推出某本畅销著作的重译、三译、四译,重译者也会不遗余力地标榜自己比原著更准确,而另一方面,大量有价值的作品却长期无人翻译。这里面当然有市场、版权等多种原因,但是作为译者,发现值得翻译的好作品,以及有勇气作为首译者翻译有难度的作品,远比纠正其他译本的错误更需要深厚的学养、过人的判断力和创造性的理解力。

我读书时老师就告诉我们,一篇论文选好了论题,就已经完成了一半,因为能提出有价值的论题,是需要广泛的阅读和一定的学术能力作为基础的。《菱相集》并不在课堂教学的范围之内,殷若成能够认识到这部鲜有人知的作品的价值,而不是像一些学生那样选择《简·爱》《老人与海》这类众所周知并被反复谈论到几乎只能拾人牙慧(至少对本科学生如此)的话题,证明了他不仅阅读广泛,而且有着学术的敏感和独立的判断。在殷若成之后,很可能会有其他的《菱相集》译本出现,因为殷若成将为后来者指出方向,打下基础,但是作为第一个把《菱相集》翻译给中国读者的人,殷若成过人的见地必须得到承认。

当然，也正因为在他之前没有《莪相集》的译本，他也不得不在没有其他译本参考的情况下，对翻译中遇到的问题自己独立去判断和取舍，这远比重译困难很多，也更可能犯错，但也正因为是拓荒者，意义和价值也比重译一部作品大得多。我自己也做翻译，深知作为首译者的艰辛。我承认当时我也对殷若成心存疑虑，因为翻译《莪相集》不仅有语言上的困难，还有文化上的挑战。但是他既然下了决心，就值得去尝试，他还年轻，可以在日后的学习研究中进一步打磨完善。带着翻译中遇到的问题去学习，会让他的学习更有针对性。我非常高兴殷若成也是这样做的，他对自己的翻译采取了稳重但也更加认真的做法，不但拜访研究麦克弗森的专家，而且到爱丁堡大学读研，加深自己对苏格兰文化的了解。他的翻译是他多年细心打磨的结果，也是他人生最精华时期的眼光、勇气、能力和毅力的结晶。

　　我相信不仅对凯尔特文化感兴趣的人，而且对中国现代文学和世界现代文学感兴趣的人都会非常高兴《莪相集》终于有了中译本，而且出自一位多年专注研究凯尔特文化的译者。这部译作的价值，即便原著并非出自莪相之手，也是不容低估的。

戴从容

（复旦大学中文系教授，首届春风悦读

"金翻译家奖"得主）

《莪相集》部分人物关系

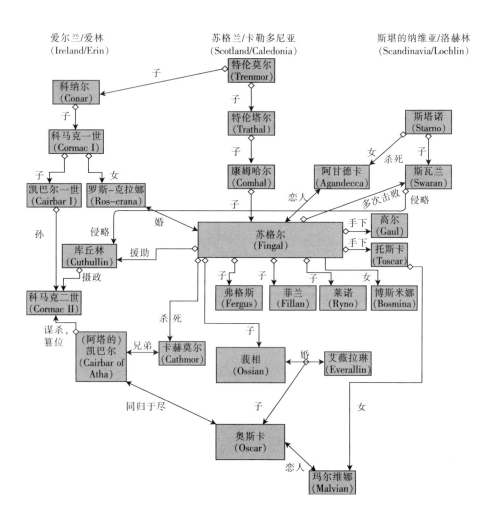

爱尔兰/爱林
(Ireland/Erin)

苏格兰/卡勒多尼亚
(Scotland/Caledonia)

斯堪的纳维亚/洛赫林
(Scandinavia/Lochlin)

特伦莫尔
(Trenmor)

子

科纳尔
(Conar)

子

科马克一世
(Cormac I)

子   女

凯巴尔一世
(Cairbar I)

罗斯-克拉娜
(Ros-crana)

特伦塔尔
(Trathal)

子

康姆哈尔
(Comhal)

子

恋人

斯塔诺
(Starno)

子

女   杀死

阿甘德卡
(Agandecca)

斯瓦兰
(Swaran)

多次击败

孙

侵略

婚

库丘林
(Cuthullin)

援助

苏格尔
(Fingal)

手下

手下

高尔
(Gaul)

托斯卡
(Toscar)

侵略

摄政

科马克二世
(Cormac II)

杀死

子   子   子   女

弗格斯
(Fergus)

菲兰
(Fillan)

莱诺
(Ryno)

博斯米娜
(Bosmina)

谋杀，
篡位

(阿塔的)
凯巴尔
(Cairbar of
Atha)

兄弟

卡赫莫尔
(Cathmor)

子

莪相
(Ossian)

婚

艾薇拉琳
(Everallin)

同归于尽

子

奥斯卡
(Oscar)

女

恋人

玛尔维娜
(Malvian)

译者前言

　　《莪相集》（*The Poems of Ossian*）是一部由詹姆斯·麦克弗森
（James Macpherson，1736—1796）出版及声称翻译的史诗集，据称由
古苏格兰英雄莪相（Ossian）所著，讲述其父芬格尔（Fingal）及手下众
英雄征战的故事。该书被广泛视为苏格兰乃至欧洲浪漫主义时期最
重要的文学作品之一，更对后世浪漫主义与民族文学的发展有着重
大影响。

　　在英语学术界，麦克弗森与《莪相集》以及同时代的文化活动得
到了较为广泛的分析研究。例如，通过一系列语言学、考古学和史料
分析，大多数学者对《莪相集》与历史的联系已有共识，即虽然其书中
有着大量凯尔特民间口头叙事文学的成分，但大部分内容和情节应
视为麦克弗森本人的创作或再创作。① 尽管如此，关于《莪相集》真
伪性的辨析至今仍时有翻案性的新论点问世，一个细节可以显示这

---

　　① The Editors of Encyclopaedia Britannica. "Ossian", *Encyclopedia Britannica*,
Encyclopedia Britannica Inc., June 13, 2019. https://www. britannica. com/topic/Ossi-
an. Accessed January 1, 2020.

一点:在一部本世纪新出版的《莪相集》封面上,仍把"莪相"列为第一作者。①

《莪相集》对浪漫主义文学和后世欧洲文化传统有着巨大的开创性影响。《莪相集》的写作风格与内容对歌德、司各特、赫尔德等人的作品和文学观念的影响是一个常被研究的主题。作为莪相作品的欣赏者,狄德罗、伏尔泰,乃至托马斯·杰斐逊、拿破仑等诸多人物的思想与《莪相集》的关联也是前人的议题。在跨领域研究层面,《莪相集》与音乐家舒伯特、门德尔松,画家安格尔、吉罗代等人创作的关系更是饶有兴味的话题。

另一方面,对《莪相集》的研究常常与苏格兰民族主义相连。这不仅是由于其出版的背景、背后的社群支持、巨大的文化影响和作为苏格兰民族史诗的既成地位,还由于在更宏观的视野中,《莪相集》对于后世一系列民族史诗的发掘与获得文学地位有着开创性的作用。同时,这也促使了后世民族主义者将民族英雄史诗作为建构民族概念的重要成分。

我们不得不注意到的是,在长时间持续的关于史诗真伪性争论中,各方的焦点大量集中在民族主义的讨论上。赞助《莪相集》出版的苏格兰高地文化圈以捍卫苏格兰的文化为己任,休·布莱尔(Hugh Blair, 1718—1800)更是以保卫民族荣誉般的激情在辩护;另一方面,严谨的学者如约翰逊博士,也在论战中夹杂了大量民族主义

---

① 参见 Ossian & James Macpherson. *The Works of Ossian*, *the Son of Fingal VI*: *Containing Fingal*, *an Ancient Epic Poem*, *in Six Books*, *and Several Other Poems* (1765), Whitefish, Montana: Kessinger Publishing, 2009.

成分,而"凯尔特人后裔"的文化认同建构更使得爱尔兰、苏格兰低地等地的文化圈加入这场论战中来。从18世纪下半叶到19世纪到今天,关于莪相和《莪相集》的真伪辩论一直是一个学界热门议题。我们如今可以以旁观者的视角去梳理在这场旷日持久的论战中,各文化圈的态度、观点与其背后的逻辑支撑。"……原始资料之真伪无关紧要,因为它们反映的是时人的感觉、情感、欲望、臆断、观念和信仰。伪作对于洞悉它所产生的时代精神往往比真品价值更高;而文学作品如果运用得当亦可用来书写历史。"①

在相对远离当时切实背景的当代,我们反而能够从更加宏观和客观的角度来看待这一系列论战。在18世纪英格兰与苏格兰合并后,长期独立的历史和合并后的紧张关系唤起了苏格兰人的民族认同感,而群星璀璨的"苏格兰启蒙运动"也在这一时期发生。文学和历史在时代语境下成为民族主义的重要乃至核心成分,《莪相集》的巨大声誉更引起了贯穿19世纪的、全欧自觉发掘民族史诗的浪潮。因此可以说,《莪相集》在文学史与社会史上都是具有开创意义的一部作品。

遗憾的是,这样一部有着重要地位的作品,在国内尚少有系统的译介和研究,之前国内学人只能通过《少年维特之烦恼》中歌德对《莪相集》热情洋溢的引介才能窥其一斑。我希望通过对围绕这部作品的诸多争论进行梳理,并透过作品的来源、背景、评论以及对史诗

① 宋立宏,"阳光下小小的一席之地",布克哈特,《君士坦丁大帝时代》,上海:上海三联书店,2006年,译后记第5页。

文本本身的深入分析,从多角度把握贯穿其中的、初兴而对后世影响深远的民族主义文学脉络,并审视具有跨地域普适性的近现代文学现象——民族主义对文学的巨大影响,同时也借此机会,向国内学界和读者介绍这部被歌德誉为"在我心中夺去了荷马地位"的史诗集。

"A Tale of the times of old! "——*Cath – Loda—Duan* I

"这是一曲古时的传奇!"——卡赫－洛达——段歌第一章

库洛登之战,或麦克弗森的童年经历①

1746 年春,苏格兰因弗内斯郊外的库洛登(Culloden),鲜血和尸体覆盖了苏格兰高地常见的大片的深绿色草原。

在战场西南仅仅 66 公里处,有着一个名叫鲁思文(Ruthven)的小村庄。还不到十岁的小詹姆斯·麦克弗森(James Macpherson,1736—1796)(他的名字很可能就取于下面提到的詹姆斯国王),此时正在村庄里,焦急地等待着自己的年长亲戚们的消息。他的姓氏骄傲地证明,他属于苏格兰高地的一个著名部族:麦克弗森部族。

部族的首领,或者称为大首领——克鲁尼·麦克弗森,几天前穿着格子花呢,披着束带,把弄着手上新奇的火器。他们的总司令是"小王子查理(Bonnie Prince Charlie)",即查理·爱德华·斯图亚特

---

① 本节参考了 National Trust for Scotland:Culloden Battlefield Memorial Project 博物馆的展览和介绍。

（Charles Edward Stuart，1720—1788）。

他的祖父，英格兰、苏格兰与爱尔兰的共主国王，笃信天主教的詹姆斯二世，于1688年被国内的新教反叛者废黜而不得不流亡国外。这些叛乱者称自己完成了"光荣革命"，邀请詹姆斯二世之女及其丈夫，即荷兰执政者威廉入主英国。

时间过去了近60年，英国的王位居然通过姻亲关系传到了德国人手上——现在的国王是汉诺威王朝的，布伦瑞克－吕讷堡的乔治二世。然而，就算流亡的詹姆斯客死他乡，他的后代并没有销声匿迹——老詹姆斯的孙子查理（查尔斯·爱德华·斯图亚特），受教皇庇护，生于罗马穆蒂宫，坚信天主教，从小受到教育，永不忘记复国的决心——现在他回来了！他宣称：自己才是英国王位的合法继承者、全不列颠的主宰，叛乱者的罪恶将得到清算，在不列颠已统治长达三百多年的斯图亚特王朝，如今即将复辟！官方新教政府统治下饱受欺压的、贫穷的高地部族，厌恶异族统治的苏格兰人，联合起来！三百多年来你们所尊崇的正统王室，如今有一个机会重新扬起自己的旗帜。

在神奇地登陆苏格兰后，查理王子的军队如滚雪球般增长。跟随先王流亡国外的苏格兰人、爱尔兰人，如今回到了自己的故土。欧洲大陆的法国人，曾经和苏格兰人结盟长达数百年，如今也响应老联盟（Auld Alliance）的号召，派出了志愿军队。苏格兰首府爱丁堡望风而降，当地驻军纷纷投诚。王子挥师南下，攻占了英格兰中部的卡莱尔，先锋部队甚至直抵德比郡。

在英格兰，乔治二世迅速纠集了自己的军队，并任命自己的儿子坎伯兰公爵率领这支大军北伐。闻此消息,查理决定避其锋芒,撤回北方苏格兰。在法尔科克,查理又一次击败了政府军一部。然而,坎伯兰公爵的军队实在庞大,于是查理进一步回撤到苏格兰北方高地地区。

"苏格兰人骨子里流着自由的血液",苏格兰高地的部族们决定与敌人决一死战。克鲁尼·麦克弗森(Cluny Macpherson)带着麦克弗森部族的男丁——整整400名壮士,加入了查理的军队。在因弗内斯郊外,查理决定正面迎战穷追不舍的坎伯兰公爵。他不顾手下乔治·穆雷勋爵的劝阻,选择地形平坦开阔、间有沼泽的库洛登作为战场。

武器火力明显占优的坎伯兰公爵使用加农炮和滑膛枪对查理的军队进行远程攻击,后者伤亡惨重。这个时候,来自苏格兰高地的战士们采取了先辈们的战术,著名的"高地冲锋(Highland Charge)"。冒着训练有素的敌人"红衣军(Redcoat)"的枪林弹雨,苏格兰军不顾性命地径直向敌方阵地冲锋过去。他们甚至用血肉之躯突破了"红衣军"的第一道刺刀阵线!然而,军力占优的英格兰军后备队最终将他们击溃。接下来的战役变成了一边倒的屠杀:武器和训练精良的英格兰军发动反攻,查理手下的军队损失殆尽。在这短暂而血腥的战斗中,近2000名效忠查理的士兵伤亡,其中有大量苏格兰人,此外还有大量人员被俘。而坎伯兰公爵方仅损失300多人。

战死沙场的苏格兰人不计其数,而幸存者则四处逃亡,由穆雷勋爵带领的一支败军甚至逃到了小麦克弗森所在的鲁思文村,想重整旗鼓;他们更要面对坎伯兰公爵残忍的清算:他在苏格兰大肆搜捕败军,手段令人发指,犯下无数暴行,被苏格兰人蔑称为"屠夫(the Butcher)"。

令苏格兰人引以为豪的是,在他们的帮助下,小王子查理经历千辛万苦终于躲过追捕,逃难成功。查尔斯藏身于苏格兰的沼泽地,躲避政府军来回的扫荡,甚至一度化装成女仆。很多高地人看到他,帮助他,没有一个人想过出卖他去领 3 万英镑的赏金。① 苏格兰民间流传着各种关于他的歌谣,如《斯凯岛船歌》(*The Skye Boat Song*),《我们的英雄》(*Mo Ghile Mear*),以及脍炙人口的《查理过河来》(*Come O'er the Stream Charlie*)。在经过 5 个月的躲藏后,查理登上盟友法国人的一艘军舰得以安全回到欧洲大陆。

而麦克弗森族人的命运比这更加坎坷:克鲁尼·麦克弗森在战败后,在地势险峻、难以搜捕的高地整整逃亡了 9 年——在苏格兰牛顿莫尔(Newtonmore)的一处峭壁上,曾经有他在逃难时寓居的"克鲁尼山洞",百年之后,他的经历甚至还被写入了作家史蒂文森(R. L. Stevenson, 1850—1894)的小说《绑架》(*Kidnapped*)。在 9 年风餐露宿的逃难生活后,他也神奇地逃到了法国。

可大部分苏格兰人却无法逃走。1746 年,英国当局颁布了两份法案,分别是《继承司法辖区法案》〔The Heritable Jurisdictions(Scotland) Act 1746〕和《取缔法案》(The Act of Proscription 1746)。前者取消了延续已久的苏格兰高地部族区域自治权利,后者则因禁止苏

_____

① Michael Hook and Walter Ross, *The Forty - Five. The Last Jacobite Rebellion*, Edinburgh:HMSO, The National Library of Scotland, 1995, p27.

格兰人穿著名的苏格兰花格子裙而臭名昭著。

《茇相集》的诞生

苏格兰是一片孕育了无数传奇故事的土地,高地尤其如此。民俗学家和口头史学研究者常常因苏格兰高地的口头文学资源之丰富而惊讶——当然他们也会多留一个心眼。

我们之前没有提到的是,在麦克弗森的家乡鲁思文村,向另一个方向,也就是向西 60 公里,就是世界闻名的尼斯湖,虽然其扬名的原因是传奇的水怪。

关于水怪的故事最早可以追溯到 565 年,传教士圣科伦巴在湖里见到了水怪。他立刻怒斥水怪:"不可前进,不可伤人,速速离去!"水怪果然退了回去。在那个时代的传教士神迹中,诸如此类的怪力乱神叙事可谓多如牛毛。然而水怪有幸生在盛产传奇故事的苏格兰高地,全世界的水怪大概论名声无出其右者。自从 1934 年《每日邮报》的记者伙同村民制造假照片后,关于水怪的故事成为全世界地摊神秘读物不可或缺的一章,从外星生物到史前蛇颈龙的猜想此起彼伏,以至于好事的科学家用声呐将湖底清查一遍,却仍一无所获。

水怪的故事只是在此顺便一提,然而苏格兰的传奇故事可谓不绝于耳。爱丁堡的罗斯林教堂被来自全世界各地的阴谋论爱好者当作圣殿骑士、共济会和犹太人密谋的总部;比圣殿骑士团更加确凿的(公开的)秘密社团是 18 世纪开始形成的马语者兄弟会(Society of the Horseman's Word)。他们在入会时要发共济会式的誓言,而后有秘传导师传授他们如何用魔法驾驭马匹(和女人)的技巧。高级的会员可以自称为马巫师。他们显然非常欢迎研究他们的学者[①]——凑巧的是,第一位系统研究他们的学者也姓麦克弗森。

在苏格兰高地上,有着大量的精灵鬼怪,其中包括:在孩子出生时调包偷走婴儿的小精灵;通体蓝色的人,随时准备谋害过路者;需要不断喝麦芽酒的水神;一种难以描述的水中生物凯尔皮(kelpie),外形是由水组成的白色马驹。还有一些大路货,例如鬼火、美人鱼、狼人等。小型的水怪遍地都是,而大型的水怪加上尼斯湖的至少有三头,另两头分别在逊巴尔湖和杜瓦湖。

更多的传奇故事围绕着上古的英雄。这些故事确确实实广泛存在于口头传说中,而苏格兰高地部族中保留着游吟诗人(bard)或“讲故事者”(story-teller)的传统,而有据可查的一位著名讲故事者芬雷·麦克弗森(Finlay Macpherson of Lyneberack),当时几乎就是小詹姆斯家的邻居。

“他们背诵故事时,情绪常常跌宕起伏,也唤起听众的激情:他们时而落泪,时而大笑。许多人甚至对这些故事中的夸张成分深信不疑。(讲述者)讲起英雄们,饱含着同情,打心底相信他们的存在与真实性。尽管他们的传奇中常常夹杂着夸张成分,然而几乎每个讲述者,在每个故事中,都能清楚地分辨出哪些个性属于哪位英雄。”[②]

---

① McPherson, J. M. *Primitive Beliefs in the North-East of Scotland*. London: Longman, 1929.

② Campbell, J. F. (1890). *Popular Tales of the West Highlands*. London as quoted in Fiona Stafford "Introduction: The Ossianic Poems of James Macpherson" in *The Poems of Ossian and Related Works*, Edinburgh: Edinburgh University Press, 1996。

故事中常常出现的人名是伟大的英雄芬(Finn)所率领的军团菲安纳（Fianna），善战的康姆哈尔（Cumhal），还有诗人奥辛(Oisin)——或莪相。这些人将在《莪相集》中一次次复现，哪怕很多时候他们的所作所为与民间传说已大相径庭。值得注意的是，这些英雄人物和他们的事迹，不仅在苏格兰，而且在爱尔兰、威尔士等地的凯尔特文化圈中流传。

　　另一个方面，就像几乎被证明是骗局的尼斯湖水怪一样，许多传奇背后的真相总是令人感到尴尬。克鲁尼·麦克弗森的 400 名壮士，事实上根本没有赶到库洛登而错过了战斗。苏格兰低地人在查理复辟战争中，其实大多站在乔治国王一方。詹姆斯党歌曲《查理过河来》实际产生于 18 世纪末 19 世纪初①，此时詹姆斯党的复辟早已成为一个远去的政治史笑料。而苏格兰格子裙，则被霍布斯鲍姆令人信服地证明根本不是所谓自古以来苏格兰的服饰，而是 16 世纪工业革命时英格兰织布厂为了大规模工业生产的发明。② 而正是一纸禁令使得这种服饰鬼使神差地成为苏格兰民族的象征，并随着大众传媒的发展传播到世界各个角落。

　　浩如烟海的传奇故事和难经推敲的传统构建，对《莪相集》构成了一种双重的隐喻，或者说，《莪相集》本身是这一环境中合情合理的生长物。这并不意味着苏格兰人擅长虚构和编造——事实上，几乎一切的传奇和传统在同样严苛的审视下都不堪一击。而正好是苏格

---

① 参见 William Donaldson, *The Jacobite Song. Political Myth and National Identity*, Oxford：Pergamon，1988.
② 参见霍布斯鲍姆，《传统的发明》，南京：译林出版社，2008 年。

兰,从启蒙时代起——我们将会论证其必然性——成为最能将其传奇经典化和象征化的地区。

逐渐出世的栽相①

1752年,16岁的詹姆斯·麦克弗森离开家乡,来到阿伯丁大学(University of Aberdeen)求学。

这是一个瞬息万变的时代。苏格兰人和苏格兰的知识分子,在变革中必须重新审视自己和世界。著名的"苏格兰启蒙运动"方兴未艾。

在这一年,苏格兰的哲学巨人们正值壮年:41岁的大卫·休谟在经历重重波折后回到爱丁堡大学任图书馆馆长。他的论敌,42岁的托马斯·里德,在这一年得到了阿伯丁国王学院(后并入阿伯丁大学)的教授职位。这一年,年仅29岁的亚当·斯密在格拉斯哥大学,从逻辑学改任道德哲学的教授。未来的哲学界领袖,同样29岁的亚当·弗格森,在英国军队中担任随军牧师。而麦克弗森的同侪们,16岁的詹姆斯·瓦特做着修理工,五年后他将被格拉斯哥大学聘用;12岁的詹姆斯·博斯威尔,还不知道自己将成为塞缪尔·约翰逊博士的传记作家,而后者将成为麦克弗森的死敌。一个群星辈出的时代,就这样徐徐展开。

这些出生在苏格兰低地,受到良好教育的未来巨人们,将用思想

---

① 本节综述自 Stafford,"The Ossianic Poems of James Macpherson".

和著作永远改变世界的面貌。而麦克弗森执着于在身份的焦灼与认知的迷惘中寻找苏格兰;高地人詹姆斯·麦克弗森选择的路径是:在现代文明与启蒙浪潮席卷的城市中,在精神上回到自己魂牵梦萦的,贫穷、原始、落后但纯真的高地。

本科毕业后,麦克弗森回到了自己的家乡鲁思文,在当地的学校担任教师,并着手收集家乡的民谣和故事。1759 年,发生了一件对于麦克弗森来说意义重大的事情:他带着自己收集的民间传说求见了爱丁堡文化界的头面人物、剧作家约翰·霍姆(John Home)。

按照后世的考证,这次"历史性"的会面发生在 1759 年 10 月,地点是莫法特(Moffat),苏格兰南部的一个温泉度假小镇。会面的地点是一处草地保龄球场……很幸运的是,麦克弗森找对了人。自 1750 年从伦敦回到苏格兰以来,霍姆醉心于关于苏格兰高地的种种神话传奇故事(虽然他几乎没有接触过任何第一手材料)。如今遇到了一位苏格兰民间诗歌的收集者,正中霍姆下怀。当然,霍姆只是单纯地热爱某种抽象的苏格兰传统,他并不能阅读麦克弗森用土语记录的诗歌(顺便说一句,后来的事实证明,麦克弗森自己也不太懂盖尔语),于是他邀请麦克弗森选一些片段翻译成英语给他看。

麦克弗森起初不太情愿,但是几个月后他拿出了部分章节的译稿,题目是"奥斯卡之死"(The Death of Oscur①)。之后的事情超出

———————————

① 值得注意的是,这和日后作为定本流传的奥斯卡(Oscar)拼法不同。关于英雄奥斯卡之死的段落,对应于定本《莪相集》中的《特莫拉(第一卷)》(Temora Book I),笔者已翻译。由此产生重要的一点,即《莪相集》中,最早产生的文本是"奥斯卡之死"一段,不同于日后各版本中出于各种原因而修改过的编排顺序。

了他的预想:霍姆在读过译稿之后欣喜若狂,几天内,他把这份译稿在自己的朋友圈中传了个遍。很快,霍姆邀请受宠若惊的麦克弗森参加了爱丁堡文化界的晚宴,霍姆向他引荐了时任爱丁堡大学文学教授的休·布莱尔(Hugh Blair),后者日后将成为我相最忠实和最有力的捍卫者。

在文化圈的大力支持下,麦克弗森翻译(如果可以这样说的话)的第一批苏格兰民间传奇诗歌迅速出版。仅仅在那次会面后8个月,1760年6月,《奥斯卡之死》和其他一些诗歌结集出版,总题为"若干古代诗歌片段,收集于高地苏格兰"(Fragments of Ancient Poetry, collected in the Highlands of Scotland)。

赶上好时代的麦克弗森发现他搜集的诗歌广受欢迎,远远超过仅以保护高地传统为目的的预想。事实上,这些诗歌迅速成了畅销书和文学爱好者的流行读物。文化圈的大人物,亚当·弗格森、大卫·休谟、休·布莱尔等人,都成为这些诗歌的读者。

我们可以试着理解当初的读者面对这些作品时的惊喜:这是荷马和维吉尔之后,第一次以纯粹的、前基督教形式出现的、关于英雄的史诗——而且,主角就是自己的先人。中世纪流传的种种英雄文学作品,《罗兰之歌》今天读来也未免文学性淡薄;《熙德之歌》的部分价值观在读者心中未免勉强;亚瑟王的传奇故事尚未以今天的成熟文本形式呈现。而诸如《贝奥武甫》《尼伯龙根之歌》《埃达》《卡勒瓦拉》等民族史诗,在当时尚未被发现或未受重视。甚至,我们可以更大胆地说,后世这些史诗的发掘、经典化、翻译(乃至诗歌文本本身!),都或多或少地受到了麦克弗森作品的影响。

文化界的著名人物,如前述的亚当·弗格森、大卫·休谟等人,都对这一文学新发现进行了评论。显而易见的是,和西方文化中的上一史诗传统——《荷马史诗》的对比是难以避免的,如"凯尔特人的荷马""又一位荷马""苏格兰的荷马""北方的荷马"之类,从布莱尔到歌德都曾使用。甚至作为不难产生的一种联想,莪相的故事被拿来和《圣经》作对比。

在这种始料未及的成功激励下,麦克弗森的任务不言自明了。从诗歌本身的片段形式到民众对古苏格兰传奇的狂热,从文化圈的大力鼓励和资助到出版界渴盼的需求,甚至是为了苏格兰民族亟须寻回的自信心,这一切的逻辑后果都导向同一项责任:麦克弗森需要发现,或创造更多的作品。

1760 年 8 月,麦克弗森背负着这一义不容辞的巨大责任,回到西北高地苏格兰,为了发现更多的关于芬格尔、莪相、奥斯卡和其他英雄的民间史诗。他怀着这种使命感周游了整个高地,斯凯岛,乃至外赫布里底群岛。在这一周游广泛的采风之旅后,1761 年,他宣称自己得到了盖尔语的原始手稿;1762 年,他出版了《芬格尔:一首六卷古代诗歌,以及芬格尔之子莪相的其他若干诗作》(*Fingal*:*An Ancient Epic Poem in Six Books. Together with several other Poems composed by Ossian the Son of Fingal*),然后是《特莫拉:一首八卷古代诗歌,以及芬格尔之子莪相的其他若干诗作》(*Temora*:*An Ancient Epic Poem in Eight Books. Together with several other Poems composed by Ossian the Son of Fingal*)。最后,在 1765 年,麦克弗森出版了合集:《莪相集》(*The Works of Ossian*),这是版本学意义上,以莪相作品全貌出现的第一个完整版本。

莪相在欧洲①

莪相的威名在全欧洲流传,迅速成为一个巨大而引人注目的文化现象。

早在1760年,莪相的诗作就第一次被狄德罗等人译成法语,伏尔泰甚至还模仿莪相的诗进行创作。这本书对法国人产生了巨大影响,一个例子是,拿破仑远征埃及时所带的枕边书中就有《莪相集》(不过他本人最推崇的是下文的意大利语译本)。

意大利人切萨罗蒂(Melchiorre Cesarotti,1730—1808)是莪相在意大利的最忠实崇拜者。1763年,他就开始着手翻译莪相,并且毕生矢志不渝地向欧洲其他国家的读者介绍莪相。他是一位古典学家,既翻译了《伊利亚特》,又翻译了《莪相集》,并把两者相提并论。拿破仑占领意大利时期,他被授予铁骑士荣誉。

1768年,署名"游吟诗人"(Barde,即英语的Bard)的奥地利人德尼斯(Michael Denis,1729—1800)将其翻译成德语,完成了英语之外的第一个《莪相集》全译本。在"狂飙突进"运动的早期,赫尔德(Johan Gottfried Herder,1744—1803)于1773年撰写了介绍莪相的文章;他的挚友歌德,将自己翻译的《莪相集》中的"塞尔玛之歌"全

---

① 参见 Howard Gaskill.（ed.）*The Reception of Ossian in Europe*,London：Continuum UK,2009.

篇原封不动地放进了次年出版的《少年维特之烦恼》中，作为维特临终前向绿蒂朗诵的诗篇。这在当时是向莪相表达强烈的敬意，而他未曾料到的是，两个世纪之后时过境迁，该章却成为《莪相集》得以为世界各地读者所见的最重要载体。

18 世纪 90 年代，莪相向北欧［诗中的"洛赫林"（Lochlin）］进军。莪相的诗歌先后被译成丹麦语和瑞典语，而出身法国的瑞典（及挪威）国王卡尔十四世·约翰（Charles XIV John of Sweden, 1763—1844）读过《莪相集》后，用书中的英雄为自己 1799 年出生的儿子取名为"奥斯卡"，而之后的两任国王都继承了这个名字，"奥斯卡"从此进入世界各语言中的常用名之列。在这之后，随着拉丁语、荷兰语、西班牙语和俄语全译本的问世，作为一部体量浩繁的文学作品，在 18 世纪内，问世不到 40 年时间，《莪相集》就已经在除葡萄牙语之外的几乎所有欧洲主流语种中拥有了全译本。

值得一提的是，就翻译速度和后期影响而言，莪相在芬兰、波兰、匈牙利和希腊等语言中尤其得到重视；而这些民族（许多在当时尚未拥有自己的独立国家）恰恰都在 19 世纪民族主义独立运动最热情的几大策源地之列；许多实现民族独立的文人兼旗手，常在自己的诗歌中引用莪相——这又是一个跨民族的共同现象。

莪相还进入到其他文学体裁中：不仅关于莪相的散文和评论汗牛充栋，罗伯特·彭斯、拜伦、华兹华斯、裴多菲、普希金等人以莪相中的诗篇为灵感创作了诗歌；歌德、席勒、克洛卜施托克等创作了与莪相有关的戏剧；夏多勃里昂、司各特、乔治·桑等写了提及莪相的小说。莪相还向其他艺术领域施加影响：安格尔、热拉尔、吉罗代等人创作了以《莪相集》中故事为题材的画作,而舒伯特、门德尔松等为莪相谱写了乐曲。《莪相集》不只是一本书——它是一部风靡全欧近百年的文化正典。毫不夸张地说,浪漫主义时期的任何一位文化精英,都或多或少对莪相有所了解,或者受其影响。

然而,几乎自面世之日起,质疑的阴霾就与莪相如影随形,如同这位英雄多次交手的一生之敌斯瓦兰。

莪相的真伪争议:挑战与应战

自从莪相的诗歌出版以来,它们在获得巨大赞誉的同时也承受着相应程度的质疑。

在《片段》出版之初,1761 年与 1762 年,埃德蒙·伯克和托比亚斯·斯摩莱特撰写了评论,对其大加赞扬。然而,各方对古典性的强调和对其文学价值的高度评价,在英国文化圈中引起了反弹。

有趣的是,尽管该书最初获得巨大欢迎的舞台集中在不列颠一岛上,然而在苏格兰之外,对其最快进行正面回应的却是爱尔兰人。在麦克弗森的注释中,他对爱尔兰人的口传诗歌传统多有揶揄,并想强调这些英雄故事背后的苏格兰起源。1762 年,爱尔兰人费迪南多·华纳(Ferdinando Warner)写了《芬格尔历史评论》(*Remarks on the History of Fingal*),成为苏格兰文化圈之外第一篇系统评论莪相诗歌的文章。他指出,莪相诗歌中许多的人物都可以在爱尔兰文化中找到来源,而其中的情节叙述不符合苏格兰古代史,所以很有可能其实是爱尔兰的故事。尽管如此,这篇文章言辞温和,并热情地褒扬了作为翻译的麦克弗森"有和古代伟人相称的才华"①。然而 1763 年,另一位爱尔兰作家丹尼尔·韦伯(Daniel Webb, 1718—1798)发声了,他曾在文化圈风靡一时,提出希腊语源自中国等观点。这次他旗帜鲜明地反对麦克弗森,文章的标题就是"夺回芬格尔"(Reclaiming Fingal)。此文直指麦克弗森从爱尔兰偷窃了文学遗产,并上纲上线地将其与苏格兰人的政治诉求联系起来,称麦克弗森策划了一场"阴谋(scheme)"②。

与或温和或激烈的爱尔兰人比起来,英格兰质疑者并没有夺回芬格尔的诉求。相反地,他们中的某些人将芬格尔和关于他的诗歌视为登不得大雅之堂的作品。威尔克斯(John Wilkes, 1725—1797)和查尔斯·丘吉尔(Charles Churchill, 1732—1764)分别写作了讽刺诗《诗歌教授》(*The Poetry Professors*)和《饥荒的预言》(*The Prophecy of Famine*),嘲讽莪相诗歌的水平低下。

除此之外,在文化圈内弥漫着一种不信任的气氛,有些人认为莪相诗歌并非那么古老的作品,也有些人认为麦克弗森的翻译并非如他自称的那样忠实。吊诡的是,第一次成文的,关于莪相诗歌可能是麦克弗森伪造的质疑却来自英国之外,出现在法国刊物《学者杂志》(*Journal des Savants*)上,尽管此文对英国文坛并未产生什么影响,而类似内容的流言在坊间早已传开。面对这些或针对来源,或针对价

---

① Ferdinando Warner. *Remarks on the history of Fingal, and other poems of Ossian: translated by Mr. Macpherson: In a letter to the Right Honourable the Lord L -.*, Charleston, South Carolina: Nabu Press, 2010, p4.

② Daniel Webb. "Fingal Reclaimed", in *Miscellanies by the late Daniel Webb*, London, 1802, pp. 313 -27.

值,或针对时代的质疑,苏格兰文人做出了应战。

1763 年 9 月 19 日,因各种传言而忧心忡忡的大卫·休谟向一直支持麦克弗森和莪相作品的休·布莱尔致信。在信中,他写道:

"我此信的目的是,以此国度中所有的文人的名义,也许还有其他国家的文人吧,向您请求,请您确证这一点,即:这些诗歌,即使不能追溯到古老的塞维鲁斯时代,但至少绝不是麦克弗森在这五年中伪造的,还望您提供证据。"①

很快,1763 年秋,休·布莱尔以雄辩的才华和不容置疑的文风写出了《关于芬格尔之子莪相诗作的评论》(*A Critical Dissertation on the Poems of Ossian, the Son of Fingal*),并在 1765 年修改后,成为之后附在每一版《莪相集》的前言。在这篇洋洋洒洒的长文中,布莱尔将莪相的诗作再次与荷马对比,并不吝赞美其高超的文学性;之后,他反复强调,诗中表现出的古老性,从文本的内部证明了它的真实性。布莱尔毫不畏惧将之前在伦敦文人圈中窸窸窣窣的流言拿到台面上讨论:他认为自己的确证可以一劳永逸地平息这种恶毒的"谣言"。

事实上,他几乎成功了。之后的将近十年,很少有人再对莪相诗歌的真实性质疑。然而另一条战线上,爱尔兰史学家奥康纳(Charles O'Conor, 1710—1791)在 1766 年不懈地写出著作《一篇关于北不列颠苏格兰人第一次移民与最终定居的论文:兼论诗歌〈芬格尔〉和

---

① David Hume. *The Letters of David Hume*, J. Y. T. Grieg(ed.) Oxford: Oxford University Press, 1932.

〈特莫拉〉》（*A Dissertation on the First Migrations, and Final Settlement of the Scots in North-Britain：With Occasional Observations on the Poems of "Fingal" and "Temora"*）。他的理论在现在看来非常怪异，也和现代考古学和人类学的结论相悖，却曾经被学界相当程度地接受：古代人类从西班牙北部渡海来到爱尔兰，然后再渡海前往苏格兰。

几乎作为对上文的回应，1768 年，另一位麦克弗森——其子后来成为印度总督的约翰·麦克弗森（John Macpherson，1745—1821），写出了《关于古代卡勒多尼亚人，皮克特人后裔，不列颠与爱尔兰岛苏格兰人的起源、古老性、语言、政府、风俗和宗教的论文》（*Critical Dissertations on the Origin, Antiquities, Language, Government, Manners, and Religion, of the Ancient Caledonians, their Posterity the Picts, and the British and Irish Scots*）。不出意外地，在此文中，这位未来的从男爵之父大力支持莪相的真实性和苏格兰来源。由于考古知识和手段的匮乏，当时关于人类史的讨论显然也只限于理论对谈和从文化中寻找证据而已。

1775 年，关于莪相的论战发生了两件事：一是不屈不挠的奥康纳写出了《关于苏格兰人的起源和古老性的论文》（*Dissertation on the Origin and Antiquities of the Antient Scots*），再次试图证明爱尔兰人是苏格兰人及其他所有凯尔特人的祖先；第二件事重要得多——著名的塞缪尔·约翰逊博士，出版了极富争议的《苏格兰西部群岛游记》（*A Journey to the Western Islands of Scotland*）。除了对苏格兰乡村贫穷和社会问题的揭露，这本书另一个主要话题就是：重提一度已平息的《莪相集》的真伪争论。约翰逊宣称,就他在苏格兰的调查而言,盖尔语使用者根本没有留下什么书面手稿(后世证明这完全错了),更不可能被翻译成英语。值得一提的是,约翰逊博士此番对苏格兰和凯尔特的兴趣绝非心血来潮:在 1755 年,他就曾写信给上文的奥康纳,询问他对爱尔兰、苏格兰和凯尔特历史的研究。

这一番笔战极富争议:当代学界中,既有库利(Thomas Curley)这样认为约翰逊的批判有理有据,而且在后世得到证明的一派,也有摩尔(Dafydd Moore)这样认为约翰逊带着强烈的偏见和敌意的一派。无论后世如何评价,当时双方可绝算不上友好。约翰逊对麦克弗森破口大骂:"骗子、撒谎者、诈骗犯,他的诗全是伪造的"(a mountebank, a liar, and a fraud, and that the poems were forgeries)①,而据约翰逊所称,麦克弗森直接威胁要打他一顿。

在约翰逊重提质疑之后,各方重新开始审视《莪相集》,包括作家、史学家、考古学家等加入了讨论。各界重拾麦克弗森之前声称自己是由盖尔语原稿翻译而来的问题,要求他出示原稿,而后者迟迟不能给出答复。

18 世纪末,苏格兰各界著名人物联合成立的"高地社"(Highland Society of London),承担起了调查莪相诗歌是否真实的任务,虽然麦克弗森自己也是该社团的一员。麦克弗森于 1796 年逝世,而"高地社"系统地调查了苏格兰高地的口头史诗和民间故事,最后的结论却

---

① Magnus Magnusson. *Fakers, Forgers & Phoneys*, Edinburgh: Mainstream Publishing, 2006, p340.

含混不清:它既声明麦克弗森的许多故事都在苏格兰口头传统中有迹可循,又不得不承认其中夹杂着原创成分。19世纪初,一些据称是麦克弗森拥有的盖尔语手稿在伦敦出版,然而被证明是赝品,很多是由英语翻译回蹩脚的盖尔语的产物。争论此后依然继续,并且出于各种原因,莪相的声名逐渐衰落,属于各个民族"自己的"史诗却纷至沓来,享受了黄金时代。

莪相真伪争议中的民族主义情绪

在何种意义上我们能将上述文学争论与民族主义相分离?历史上几乎所有的文学论战中,背后的政治力量总是若隐若现。而具体分析萌发的民族主义情绪在文学争论中的表现时,我们可以集中关注以下几点:民族历史的塑造,对民族共同体荣誉感的呼告,以及对其他族群的贬抑。

正如本尼迪克特·安德森在其《想象的共同体》中所论及的,现代意义上"民族"的概念之出现,是相当晚近的事。在18世纪之前,存在各种形式的地方意识、群体意识、原民族主义意识(proto-nationalism),而只有到资本主义全面兴起,国家机器的大幅强化后,政治上民族的概念才广为人知。而如霍布斯鲍姆所言,在这个关键时间段的大不列颠及爱尔兰,出现了大量"被发明的传统",民族的历史被塑造,民族的共同体概念被创造出来并深入人心。具体到围绕《莪相集》的争论上,我们可以清晰地看到初生的民族主义在其中扮演了巨大作用。

最早为《莪相集》撰写评论的埃德蒙·伯克,出生于爱尔兰都柏林,对民间传统有相当程度的了解,在初读莪相诗歌,读到那些熟悉的人名时,他惊呼:"我们知道这些诗歌!"(We know all these poems)(由休谟转述)。然而,正如伯克研究者克拉克所认为的:伯克的时代中,后世的爱尔兰民族和"凯尔特民族"的概念尚未被构建出来,他可以毫不冲突地既是一个爱尔兰人,又是对英格兰/英国忠诚的政治家[①],而且毫不需要掩藏自己的爱尔兰特质。正如他为自由主义奠基,在英国从政却又支持美国独立一样,在现代民族概念和中央集权行政国家诞生之前,骰子尚未掷下,存在许多可能性:个人并不必须被民族的概念和利益所塑造。

和苏格兰人一样,爱尔兰人中同样存在着反对大英帝国统治的力量:在 18 世纪下半叶,之后在爱尔兰独立运动中发挥巨大作用的"联合爱尔兰人"组织成立,并在 1798 年发动了一场失败的叛乱战争。然而,在民族自决、民族独立等概念尚未成形的 18 世纪,许多人,甚至可以说是大部分人,从埃德蒙·伯克到詹姆斯·麦克弗森,既痴迷于自己地区(后来的"民族")的文化,又是大英帝国联合统治的支持者,正如"高地社"就是由苏格兰精英组成的为大英帝国效忠

---

① 原文:"Edmund Burke was an Irishman, born in Dublin but in an age before Celtic nationalism, had been constructed to make Irishness and Englishness incompatible: he was therefore free also to describe himself, without misrepresentation, as a loyalist being loyal to England, to denote his membership of the wider polity. He never attempted to disguise his Irishness (as some ambitious Scots in eighteenth–century England tried to anglicise their accents)" Clark, J. C. D. *Edmund Burke: Reflections on the Revolution in France: A Critical Edition.* Stanford: Stanford University Press, 2001, p25.

的组织,小约翰·麦克弗森成为印度总督,在帝国统治下,各个未来的民族,有差别地享受世界帝国的荣光。

民族的观念首先是塑造各自共同体不同起源、不同历史的概念,之后这些共同体会产生对现实的不满和对自治或独立的诉求。对于光辉的历史,如莪相的诗作,芬格尔的功绩,同属凯尔特文化圈的爱尔兰和苏格兰产生了一场争夺战,双方都想"夺回芬格尔"。华纳的文章大致属于学术讨论范围,却在结尾以一种奇异的方式表达了对民族塑造所用材料的渴求:华纳称,爱尔兰需要芬格尔,因为它需要展示自己昔日的荣光;而对于苏格兰而言,即使少了这一位英雄,也依然是一个伟大的民族(nation)①。这种毫不讳言让渡历史的可能性的叙事,使我们可以一窥"创造民族"时的文化氛围。而对于韦伯来说,争夺芬格尔一事毫无疑问且无须讳言的,就是一场政治斗争。称麦克弗森出版莪相为"阴谋"时,韦伯说道:"(塔西陀在论及不列颠时毫不区分苏格兰和其他不列颠人,)对麦克弗森的阴谋来说极为不利,却完美地契合了他的民族如今的政治境况……"②韦伯的意思非常明显:苏格兰人并没有自己的民族文化传统,只能和英格兰人一起。而骄傲的、历史悠久的爱尔兰人则不同。

相应地,麦克弗森对自身传统的强调直接将其提升到了民族历史的层面。在《片段》的前言中,麦克弗森写道:"……在诗人代代继

---

① Warner, *Remarks on the History of Fingal*, p7.

② "a circumstance very unfavourable to Mr Macpherson's scheme, but perfectly co-inciding with the present political pretensions of his countrymen." Webb, *Miscellanies by the Late Daniel Webb*, p313.

承的过程中,这些诗歌也随之代代流传下来。有些被写成了书面手稿,但更多则存留在口头传统中。而正是在这个几乎从未和外国人混杂过的国家中,在这些如此强烈地与祖先的记忆产生共鸣的人民中,许多文化传统才得以通过这种不朽的方式传承直至今天。"奥康纳那今天看来幼稚的人类考古学,洋溢着证明爱尔兰人拥有最悠久历史的愿望;而约翰·麦克弗森的回应,则又试图把祖先和后代的关系调换。

如果说英格兰人,尤其是伦敦人,之前对苏格兰的攻击还可以解释为简单的发达地区对不发达地区的歧视,约翰逊博士的言辞中却充斥着对苏格兰历史和文化的整体攻击。他反复强调,盖尔语几乎没有书面记录,苏格兰的民间故事充斥着混乱。另一个著名的文坛掌故则更彻底地表现了约翰逊博士对苏格兰人作为整体的轻视。在他最著名的英语大词典里,对燕麦(oats)词条的解释中,约翰逊写道:

燕麦:一种谷物。英格兰人用它喂马,苏格兰人用它做主食。

同样需要注意的是,在论战发生的当时,虽然各人多少存在立场的区别,然而并不存在所谓苏格兰人一定支持麦克弗森,英格兰人一定反对的分野。然而,以下例子或许可以表明民族主义萌生时对学术研究的影响:1779 年,在高地调查盖尔语传统的牧师苏格兰人威廉·肖(William Shaw)撰文认为《莪相集》不存在原抄本,麦克弗森涉嫌伪造。在文中,他无奈地说道:"我知道自己很无辜,我的行为会引起同胞的不快，甚至愤怒，因为我极大地贬低了他们的民族荣誉感……"①

莪相的退场

沧桑巨变的几个世纪过后，莪相的光辉无可奈何地逐渐褪去。勒内·韦勒克的《文学理论》不无感触地将麦克弗森与《莪相集》作为历史上产生巨大影响却在今天不被认为是经典的例子。在18—19世纪席卷全欧的翻译高潮之后，《莪相集》经历了数十年没有新语言译本，在英语世界也有数十年未再版的空窗期。在世界帝国殖民扩张和欧洲文化向全球扩散的进程中，《莪相集》并未搭上便车。至今，在汉语、印地语等东方主流语言中，《莪相集》尚未有系统译介；很大程度由于夏目漱石曾经撰专文介绍，1971年才有了《莪相集》的日语译本。莪相只能寄身于另一部伟大著作，即在世界文学经典中稳稳取得一席之地的《少年维特之烦恼》，在维特对绿蒂的朗诵中得以为世人所知。

在《莪相集》的经典地位变化这一主题上，我们可以发现极为广阔的讨论空间。当今莪相研究的领军人物加斯基尔（Howard Gaskill）一再强调：如果我们同意，文学的美存在于文本内部，文学的价值可以在文本之中得以诠释，那么《莪相集》因为这一场纷纷扰扰

---

① William Shaw. *An Enquiry into the Authenticity of the Poems Ascribed to Ossian*, London：J. Murray, 1781, pp. 36−37. 转引自徐晓东，《伊卡洛斯之翼》，北京：北京大学出版社，2014年，第143页。

的真伪公案而失却地位，甚至令读者听说是"伪作"就想当然地拒之门外，显然是不合逻辑的。另一方面，这一曾经让无数大师为之倾倒的一部作品，如果在后世被认为内容乏善可陈，那么其中文学心理学和社会文化史的论题，也多饶有趣味。麦克弗森自称为译者，进行了一场可能是没有原文的翻译，用记忆和口头的残篇"编译"出鸿篇巨制，对"翻译"概念产生的革命性影响，与后世的各种"创造性翻译"，如菲茨杰拉德译鲁拜集，美国现代派诗人译汉诗相比，也有着异曲同工之处，如博尔赫斯所说，是"原文背叛了翻译"。

　　而从政治文化史的角度，笔者还可以对莪相的衰落给出另一个解释。当莪相横空出世时，无数人服膺于古代苏格兰史诗的美，如歌德大力讴歌莪相的自然之美、风格之美，却对德国文人发现的《尼伯龙根之歌》不屑一顾。然而，在德意志民族概念兴起，德意志诸邦国即将统一的历史时刻，歌德仿佛如梦初醒，发现了之前早已献给他的《尼伯龙根之歌》民族史诗，并以最大的热情加以歌颂。在莪相之后，19 世纪民族主义在全欧觉醒时，各民族简直不约而同地发现了自己的民族英雄史诗，包括德国的《尼伯龙根之歌》、冰岛的《埃达》、芬兰的《卡勒瓦拉》，关于这些史诗搜集的严谨性和历史时间考证，学术上多有质疑之声；早在中世纪就已流传的《罗兰之歌》《熙德之歌》《伊戈尔远征记》之类诗歌，纷纷被搬上民族史诗的神坛；英国的史诗《贝奥武甫》内容则和英国毫无关系。而在英雄史诗鼓舞下的人类学先驱们，纷纷在世界诸民族中发现了许多史诗，却在汉族、大和族等文学传统悠久的民族中碰壁。

　　作为口传史诗——民族英雄史诗发掘的先驱案例，欧洲文化界对"高贵野蛮人"的赞叹,对欧洲过去悠久历史的发现和再创造,对凯尔特诸民族形成的推动,都使得莪相诗歌取得了风靡全欧的巨大成功。但在民族史诗纷至沓来的 19 世纪,莪相诗歌既受到真伪争论的掣肘,又因在古老性证据和文学水平上不及后发现的史诗而被人遗忘。可能是因为,苏格兰民族相对不旺盛的独立意愿,大英帝国在全球的文化强势和融合政策,使得《莪相集》缺少了与之前流行全欧时同等力度的文化资源支持。

虽然如此,麦克弗森《莪相集》流行时推动的凯尔特口头传统发掘工作依然对之后的历史进程起到了巨大影响。爱尔兰独立运动的主要政治力量"芬尼亚兄弟会",就得名于英雄芬,即芬格尔,而叶芝等人那些充满神秘色彩的作品,也闪现着莪相、奥斯卡、库忽林、弗格斯们的身影——尽管,爱尔兰人在用英语写作时,间或会记得换一种和麦克弗森书中不同的姓名拼法。

注释说明

注释是这本书中极为重要的一环,《莪相集》的文本本身无法脱离注释而解读。

麦克弗森本人以原译者(声称由盖尔语翻译至英语)身份做的原注数量最多,篇幅最长,其中有他对该作品的理解、分析和议论,甚至关于本书的研究性长篇文章。有些也许站不住脚,有的很可能在故弄玄虚,但无疑都是复杂的原文本的有机组成部分,共同创造了《莪相集》这一艺术作品和文化现象。注释中这一部分以【原注】标出。

英语编者的注释来自爱丁堡大学的荣休教授霍华德·加斯基尔(Howard Gaskill)老师,他是《莪相集》研究在世界上首屈一指的专家,本书最权威英语版本(*The Poems of Ossian and Related Works*,爱丁堡大学出版社 2003 年版)的总编者。他的注释是围绕本书几十年研究考证的结晶。注释中这一部分以【英编者注】标出。

译者添加的注释多以疏通文意和帮助汉语读者阅读为目的。注释中这一部分不加后缀。

目 录 | Contents

原版前言①

休·布莱尔②

公众完全可以相信，以下片段确实是古代苏格兰诗歌的遗存。然而，这些作品产生的具体时间则难以确定。传统，在这个国家中通过书面形式传承，指向一个最久远的远古时段；另一方面，传统本身又被这些诗作所体现的精神和力量所支撑。在诗中比比皆是的这些思想和举止，都属于远古的初民社会；这些诗中所用的文辞，从原文来看，也是非常古朴的。它们甚至和两三个世纪前同样用这些语言③写作的诗歌风格都大不相同。它们一定早在苏格兰北部氏族社会形成之前就已被创作出来，而氏族社会的形成本身已经是极为古老的

---

① 根据他 1797 年寄给亨利·麦肯齐（Henry MacKenzie）的信，休·布莱尔"写了这一前言……其中许多内容是我和麦克弗森多次交流讨论之后的结果。"【英编者注】

② 休·布莱尔（Hugh Blair, 1718—1800），苏格兰教会牧师、作家、修辞学家，被认为是语篇研究的先驱理论家之一。他在麦克弗森作品出版和之后的争论中起到了极为重要的作用。

③ 指盖尔语。

事;做出这个判断,是因为如果氏族社会在那时就已出现,它们一定会在任何高地诗人的作品中多次被提及;然而在下面的这些诗作中,它们却从未被提到。值得注意的是,诗中完全没有提到过基督教的任何典故或崇拜;事实上,这些诗里几乎没有任何宗教痕迹。这看起来可以证明,它们与基督教在苏格兰最早的传教活动同时代。在其中一首诗的片段里(译者曾亲眼见过其手稿①),一位"库迪",即不列颠的早期僧侣,热切地希望记下莪相口中所说的内容(莪相是下面几首诗歌片段中的主要人物),包括他的战功和他的家庭故事。然而,莪相对僧侣和他的宗教不屑一顾,他告诉他,这些人物的事迹太过伟大,以至于这位僧侣,或任何其他宗教的信徒,都不配记下这些内容。这一点很能说明,基督教在那时尚未在这个国度站稳脚跟。

虽然这些诗歌现在被零散地呈现给读者,但是我们有理由相信,它们很多其实是一部关于芬格尔战记的巨著中的一些部分。试想,直到今天,在苏格兰高地,这位英雄的无数传说依然广为流传。芬格尔之子莪相,同样广为人知,以至于苏格兰民间有一句谚语,当一个著名的家族的最后继承人绝嗣时,他们就会说:"莪相,是最后仅剩的一位英雄。"

———————————

① 事实上,"译者"麦克弗森确实见过这样的手稿,例如重要的《里斯莫尔院长之书》(*Book of Dean of Lismore*),是一份 16 世纪早期的手稿,多亏麦克弗森保存,我们在今天才能看到。【英编者加斯基尔注】

1762 年,麦克弗森在出版商书店橱窗里展示了据称是记录诗歌原稿的盖尔语手稿。这一手稿可能是 The Books of Clanranald,一份 18 世纪记录苏格兰家族史的手稿,也可能是麦克弗森本人对他所听到盖尔语的记录。似乎没有人仔细审读过那份展览的手稿。参考 Howard Gaskill,"*What did James Macpherson really leave at his publisher's shop in 1762?*",*Scottish Gaelic Studies*,16(Winter 1990):67 – 89.

毫无疑问,这些诗歌是吟游诗人们创作的:这个群体一直广为人知,传承至今,在爱尔兰和苏格兰北部都可寻踪迹。每一位首领或重要人物,其家族都要请一位吟游诗人,用诗体来记下家族的光辉事迹。在诗人代代继承的过程中,这些诗歌也随之代代流传下来。有些被写成了书面手稿,但更多则存留在口头传统中。而正是在这个几乎从未和外国人混杂过的国家中,在这些如此强烈地与祖先的记忆产生共鸣的人民中,许多文化传统才得以通过这种不朽的方式传承直至今天。

这些诗并未配乐,也并不是用来唱的。原诗的韵律很简单,非常流畅而优美。它们很少押韵,但是节奏和句子长短变化,足以给人独特感觉。在翻译这些诗歌时,译者采用的是极端的字字直译,就连词语的原本顺序也尽可能地加以模仿:原诗中的倒装句是其风格之一,应该是有意而为之,否则原作者就不会用这种写法了。①

这些诗歌片段的诗学价值在此就不再赘述,让公众自己来评判吧。② 我们相信,如果加以仔细调查搜集,我们在这个国度中,还能发现更多古代的天才作品,其水平绝不亚于这些已呈现给世界的诗作。我们特别有理由相信,如果得到足够的鼓励和支持,我们也许就能够重新发现和翻译之前提到的那部长度可观的、配得上被称作英雄史诗的作品。它的主题是洛赫林(盖尔语中的丹麦)之王斯瓦坦③入侵爱尔兰的故事。库楚莱,爱尔兰部落的总司令或首领,得到这次入侵

---

① 着重号为译者所加。

② 麦克弗森本人在行文中也尤其喜欢用这种说法。

③ 原文如此,拼法与后面诗歌不同。下同。

的情报后,召集起他的军队,召开会议,展开战斗。但是在几次不成功的交战后,爱尔兰人只得屈服。终于,苏格兰(诗中被称作"群山中之荒原")之王芬格尔,率领他的舰队来救援库楚莱。他将丹麦人从这个国家中赶走,然后胜利地回到故乡。这首诗大概会比其他任何诗作都更加古老:叙述者说他自己就在芬格尔军事行动的现场。这里的最后三首诗,就是译者得到的这首长诗的片段。虽然它们支离破碎,然而我们认为把它们插在这里绝不是毫无价值的。如果诗的全篇被复原,也许能够帮助我们更清楚地阐明苏格兰和爱尔兰的古代历史。

古老诗歌片段

收集自高地苏格兰

以及

翻译自苏格兰及爱尔兰盖尔语

第二版

"还有吟游诗人们

在他们的韵律中赞颂

沙场捐躯的著名英雄,

自如地吐出众多诗句。"①

——卢坎②

---

① 原文为拉丁文。

② 卢坎（Lucan,39—65），古罗马诗人。以上赞美诗人的诗句即选自他最有名的诗作《法萨利亚》，被誉为仅次于《埃涅阿斯纪》的罗马史诗。

诗歌片段

一

希尔里克，文薇拉①

文薇拉

我的爱人是山岭之子。他追逐那飞奔的鹿群。他的灰色猎犬在身旁喘气；他的弓弦在风中鸣响。在岩石中的泉水边，在山峦里的河流旁，你躺在那里歇息；当激流在风中频频点头，当云雾飞过你的上方，让我悄悄靠近我的爱人，从石上偷看他的脸庞。我看见你了，多么可爱，在布拉诺的老橡林里；你们从追猎中回来，而你是他们中最俊美的。

希尔里克

我听见了什么声音？这声音就像夏风吹拂。我不能再坐在溪流

---

① 这并不是标题，只是选取诗剧中对话的人物——显然麦克弗森在《古代诗歌片段》中只用罗马数字表明章节，各篇之间并非都有联系，即使有连贯关系也常常戛然而止。值得注意的是，此处选译的内容，被几乎原封不动地收入了日后出版的《莪相集》篇目《卡里克－图拉》（Carric－Thura）中，作为引子，但是这一段和《卡里克－图拉》篇的主干情节关系不大，只是吟游诗人克罗南（Cronnan）唱的插曲。这种插曲的形式在其他篇目中也很常见。

边,我不能再听见泉水响。远方,文薇拉啊,我要去远方,去参加芬格尔的战事。我的猎犬无法再陪伴我,我也不能再登上山丘。我不能再从高处俯瞰你,看你美丽的身影在平原上河岸边行走,像天上的彩虹一样明亮,像明月从西海波浪上升起。

文薇拉

哦,希尔里克!那么你就要走了!我却独自留在山丘上。我眼见到鹿群,它们吃着草,并不感到恐惧。鹿群不再害怕风声,不再为木叶萧萧而惊慌,那位猎人已经远远离开了。他在那坟墓般的战场中了。异邦人啊!波浪之子啊!放过我心爱的希尔里克吧!

希尔里克

如果我命定要战死疆场,文薇拉啊,请将我的坟墓高高筑起。灰色的石头,堆积的土丘,将在未来把我纪念。当猎人在午间猎食,坐在土冢旁,"有位战士安息于此。"他将这样说道。于是我的声名将借着他的赞颂得以复生。记着我啊,文薇拉,若我的身体倒在地上!

文薇拉

一定!——我一定记着你——可是要是你真的倒下了,我该怎么办啊,我的爱人!如果你永远离去,我将在晌午穿山越岭,我将翻过那寂静的丘陵。那时我将看到你安息之处,你安卧着,就像刚从追猎中归来。要是我的希尔里克倒下了,我会依然记着他。

二

我①坐在青苔密布的泉边,在风声呼啸的山顶上。一棵树在我的头上作响,黑暗波涛滚滚流过荒原。低处的湖面翻滚不安。鹿群从山上奔下,却看不见远方的猎人了,也不再有呼哨的牧牛人。正是日中,但一切却安静得很。我孤独得憔悴。我的爱人!那是你吗,那荒原上的旅人?是你的长发在风中飘荡?是你的胸膛起伏?是你的眼中满含泪水,因为你的友人都被山中迷雾所遮蔽?我会安慰你啊,我的爱人,我将带你回到你父亲的家中。但是那出现在我视线中的是你吗,明亮如秋天夜月,如夏雨后初晴?那美丽的姑娘是你吗,翻过岩石,穿过山岭来到我面前?她在说话!但是这声音多么细微啊,就像池边芦苇微微作响。听啊!

是你从战争中安全归来了吗?你的朋友们呢,我的爱人?我听说你在山上战死了;我闻此悲哀不已,希尔里克!

是的,我的美人,我回来了,但所有人只剩下我一个。你再也看不到他们了:他们的坟墓已在平原上堆起。可是为何你独自站在荒岭上?为何在荒原上,你独自一人?

---

① 说话者是希尔里克。根据段中的"长发""姑娘""她"和下文的回应,第一段应是希尔里克所说的话。

我独自一人啊,哦,希尔里克!我在寒冬中独居一室。我哀悼你,最后郁郁而终了。希尔里克啊,我躺在坟墓中,面容惨白。

她的冥船起航了,她远远离去,如同大风刮起前的灰暗雾气!——难道你不驻足于此,我的爱人啊!留下来啊,看我为你掬得泪水!你那么美丽,我的爱人!在你生前,你曾那么美!

我坐在青苔密布的泉边,在风声呼啸的山顶上。正午如此寂静,可我的心却相反,请和我在一起啊,我的爱!乘着暴风之翼来吧!让我听见你的声音!可是你却离去了,在这寂静的正午时分。

三

山上的夜晚是灰色的。北风在树林里回响。白云在天空中升起,薄薄的雪在落下。河水在远处吼叫,沿着蜿蜒曲折的河道。悲伤地在空洞的岩石旁独坐的,那是灰白头发的卡里尔。干蕨草在他头上飘舞;他坐在一棵老桦树干上。他扬起了悲伤的声音,在咆哮的风中清晰可闻。

被扔在波涛汹涌的海洋上的是他,岛屿的希望;马尔科姆,穷困者的倚仗;骄傲战士的敌人!你为什么把我们留在身后?为什么让我们为你的命运而哀悼?如果我们和你一起前去,那么此时已经听到了深渊的声音,看到了海底淤泥中的岩石。

在波浪拍打的海岸边,你的爱人悲伤地等待着你的归来。你许诺过的时间到了,夜色正在聚集。但海上没有白帆,除了咆哮的风声听不到其他声音。战争的灵魂沉默了！年轻人的长发已经潮湿！在海底岩石的脚下你躺倒了；海浪到来，冲刷着你的身体。为什么，风啊，你们没把他带回荒原的岩石旁？为什么，海浪啊，你们要翻滚淹没他？

但是，哦！那是什么声音？是谁乘着飞火流星！他空气般的四肢绿光莹莹。是他！是马尔科姆的鬼魂！——休息吧，可爱的灵魂，在岩石上休息；让我听到你的声音——他走了，就像夜晚的梦。我看到他穿过树丛。雷诺的女儿啊！他离开了。你的爱人不会再回来了。他的猎犬不会再从山上奔下，为它们的主人开路。你再也听不到他的声音，从遥远的岩石上传到你的耳朵。他在深渊中从此沉默了，不幸的雷诺之女啊！

我将坐在平原的溪流旁。岩石啊！你们靠着我的头颅。树林啊！你们听着我的声音，当你们在绿茸茸的小山上弯腰时①。我的歌声要留存对他的赞美，他是岛屿的希望。

……

六②

高贵的芬格尔之子，莪相③，人中之王④！为何眼泪从你年老的脸

---

① 指被风吹弯。
② 《古代诗歌片段》的编号。下同。
③ 此处的拼法 Oscian 和之后的 Ossian 不同。
④ 用各种称号或绰号等作为同位语，代指某人，在诗中极为常见，在荷马史诗中也是非常常见的现象，这被一些评论者认为是麦克弗森模仿荷马营造古代感的一种写作手法。

颊上流下？是什么遮蔽了你强力的灵魂？

记忆，阿尔平之子啊，是记忆刺痛了老人。我的思绪想到了过去的时光；我想起了高贵的芬格尔。国王的家族回到我的脑海里，记忆就刺痛了我。

有一天，从山上打猎回来，追逐山岭之子①，我们的青年布满了这片荒野。强大的芬格尔就在这里，还有我的儿子——善战的奥斯卡。一瞬间，我们从海上看到，一位美丽的处女来了。她的胸脯就像下过一夜的白雪，她的脸颊像玫瑰的花蕾。温婉的是她转动的蓝眼睛，但非常悲伤的是她的内心。

在战争中享有盛名的芬格尔！她哭了，国王的儿子们啊，请保护我！安心地说吧，国王回答说，美丽的女子，说吧：我们的耳朵对所有人敞开，我们的剑为受伤者纠正不公。我从乌林②那里逃来此，她哭诉道，在战争中著名的乌林。我逃离他的怀抱，因他会贬低我的血脉。克雷莫尔，众人之友，他是我的父亲；克雷莫尔是因弗内的国主。

芬格尔年轻的儿子们起身了；卡里尔，弓箭的专家；菲兰，美人的所爱；还有弗格斯，竞赛中的第一。谁从最遥远的洛赫林而来？谁去到了莫洛查斯奎的海洋？谁敢伤害芬格尔儿子们所保卫的女子？美丽的女子啊，安心休息；安心休息吧，众女中最美的。

在遥远的蓝色深渊那边，出现了一些小点，就像在波浪的背脊上。但很快这些船在我们眼中的形象就增大了。乌林的手将船驶向

---

① 指鹿。【英编者注】

② 诗中有大量同名为"乌林"，原文拼法也同为 Ullin 的人物和地名，易于混淆，之后会一一标出。

了陆地。当他移动的时候，山岭也在颤抖。山丘随着他的脚步而摇动。他身上的盔甲恐怖地作响。在他眼中有着死亡和毁灭。他的身形像莫文①的橡树。他在钢铁的闪电中移动。

我们的战士纷纷倒在他面前，就像庄稼倒在收割者身前。他抓住了芬格尔的三个儿子。他把剑插进美丽女子的胸口。她倒下了，就像雪的花环在春日阳光前消散。她的胸脯上堆积着死亡，她的灵魂从血液中迸出了。

我的儿子奥斯卡下山了！这位强力的战将来到了。他的盔甲如雷电般鸣响，他的眼睛发光如同闪电，令人胆寒。一时间，这边刀剑交错，那边钢铁铿锵。他们②来袭，又被击退；他们用刀剑自掘坟墓。但死亡的路途太远，还没有那么快到来。太阳开始落下，畜群般的敌人开始思乡。这时，奥斯卡锐利的铁剑插进了乌林的心脏。他就像山中橡树一样倒下了，身披闪闪冰霜，又如平原中石头落下。——那美丽的姑娘倒在一旁；这边则卧着男人中的最勇敢者。只一天时间，那美丽的和那勇敢的，都死去了。那追逐者和逃跑者，都安息了。

阿尔平之子啊！老人的痛苦有很多，他们常为过去而哭泣。勇士啊，这激起了我的哀愁；记忆唤醒了我的悲伤。我的儿子奥斯卡曾多么勇敢，可是他已不在了。请听我讲述我的悲伤啊，阿尔平之子，请原谅老人的眼泪。

---

① 地名，芬格尔英雄们的大本营。
② 指敌人。

七①

　　阿尔平之子啊,为何让我的悲伤之泉再度喷涌呢?为何问起奥斯卡倒下的经过?我的眼睛因哭泣而瞎了,但我心中的记忆却依然发光。我怎能将悲哀的死亡和那人中豪杰联系上!勇敢的王子,吾儿奥斯卡,我再也看不见你了!

　　他倒下了,就像暴风雨遮蔽月亮;就像正在日中时,乌云从波浪最深处升起,遮住了太阳;就像阿达尼德的岩石,被极黑的暴风雨所笼罩。我呢,则像莫文的一棵老橡树,独自静静腐烂!暴风将我的树枝通通折断,我在北风中瑟瑟发抖。勇敢的王子啊,吾儿奥斯卡!我再也看不见你了!

　　德尔米德和奥斯卡曾亲如一人:他们在战场上一同斩获功绩。他们的友情曾如钢铁般牢固,在战场上他们带来死神。在敌人面前,他们就像从阿德文山上砸下的两块巨石;他们的宝剑沾满了勇者的血,提到他们的名字就让勇士吓晕。还有谁呢,配合奥斯卡搭档,除了德尔米德?谁能配上德尔米德呢,除了奥斯卡?

　　他们在战场上杀死了强大的达尔戈,后者之前未尝败绩。他的女儿像晨曦一样美丽,又如夜晚月光一样温柔。她的眼睛,就像细雨中的明星闪烁;她的呼吸,就像春风吹拂;她的乳房,就像初雪覆盖在

---

　　①　这篇片段是麦克弗森 1759 年在莫法特呈现给约翰·霍姆的第一篇凯尔特诗歌样本。【英编者注】

原野上。两位勇士见到她,就立刻爱上了;他们的灵魂被这位姑娘掳去了。每个人都像爱惜荣誉一样爱慕她,每个人若不占有她都简直要死去。可是她的心只爱着奥斯卡,我的儿子,他的青春年少为她所爱。她立刻忘记了父亲的鲜血,爱上了这只曾杀死至亲的手。

"莪相之子!"德尔米德说道,"我爱她,哦,奥斯卡,我爱这姑娘。可是她的心灵紧贴着你,德尔米德的哀痛无药可治。来吧,奥斯卡,刺穿我的胸膛吧。我的朋友,用你的剑,给我解脱吧。"

"莫尔尼之子啊,我的剑,永远不该沾上德尔米德的血。"

"可是还有谁配得上杀死我呢?奥斯卡,莪相之子?别让我不为人知地死去,只能让奥斯卡杀死我吧。让我光荣地死去,让我的死亡倍享盛名。"

"德尔米德啊,用你的剑啊。莫尔尼之子啊,挥动你的钢铁吧!让我被你杀死吧!让我死在你的手下!"

他们在山上的河边决斗,在布拉诺激流边。银色的水流染上了血色,流过那长满青苔的石头。优雅的德尔米德倒下了,他倒下了,笑着死去了。

你倒下了,莫尔尼之子,死在了奥斯卡的手上!战无不胜的德尔米德,我竟然看着你死去!——他离开了,回到他所爱的姑娘那里。回来了,可是她却察觉到了他的悲伤。

你为何悲伤,莪相之子?是什么遮蔽了你那强力的灵魂?

哦,姑娘啊,我曾因为弓箭而出名,可如今我已名誉扫地。看啊,在河边的树上,钉着勇者戈穆尔的盾牌,我在战争中杀死了他。我白白尝试了一天,可我射出的箭再也无法将它穿透。

让我来试试,莪相之子啊,让达尔戈的女儿来试试。我曾被教过箭法,我的父亲为我的射术而高兴。

她去了。他竟站在盾牌后,她射出的箭飞出,刺穿了他的胸膛。①赞美洁白如雪的手;赞美紫杉木制的弓! 我已决心一死,可除了达尔戈的女儿,有谁配得上杀死我呢? 让我躺在地上吧,我的美人,让我躺在德尔米德身旁。

奥斯卡! 我身上流着强力的达尔戈的血。我为我能有一死而高兴。愿我的悲伤从此结束! 她用铁剑刺穿了她自己洁白的胸膛。她倒下了,颤抖着,终于死去。

在山中河边,他们的坟墓已筑起。桦树参差的树荫遮盖着他们的坟墓。在他们翠绿的土坟上,枝繁叶茂的山林生长着,在阳光普照的正午,所有的山岭一片寂静。

---

① 比起被一位高贵或有名的人而杀死,没有什么对古代高地人来说更能增添他们的荣耀了。这里就是奥斯卡设法被他的情人所杀害的时刻,因为此时他已厌倦了活着。在古早时代,这些人完全不知道自杀的概念,在古代诗歌中也没有发现任何它的痕迹。译者怀疑达尔戈的女儿自杀的内容,是后来晚近的诗人所加入的。【麦克弗森原注】(此注在 1762 版被删去。)

《莪相集》

各章概要①

---

① 据 *The Poems of Ossian and Related Works*（Edinburgh University Press，1996）译出。此处的篇目顺序是麦克弗森在 1773 年调整后确定的。这些各章概要都是麦克弗森本人写的。

CATH – LODA

卡赫－洛达

Cath 在凯尔特语中有"战争"的意思,洛达是故事中反复出现的神名,也是地名,故 CATH – LODA 意为"洛达之战"

CATH – LODA— DUAN I

卡赫－洛达——段歌①第一章

当英雄芬格尔还很年轻时,他驾舟去奥克尼群岛②,却为天气所迫,躲进了斯堪的纳维亚的海湾,那里离洛赫林国王斯塔诺的宫殿很近。斯塔诺请芬格尔赴一场盛宴,芬格尔却起了戒心,怀疑这位国王

---

① 在古凯尔特史诗中,叙事中经常插入一些呼告诗。吟唱的诗人们会把这些不同的成分分开,把这些插曲称作段歌/杜安(duan)。【原注】
② 苏格兰北部一群岛。

的真诚:他记得斯塔诺之前也曾经伪装好意,于是拒绝赴宴。斯塔诺便纠集起他的手下军队;芬格尔也决定保卫自己。当夜晚降临时,手下杜赫－马鲁诺向芬格尔建议,应该观察敌军的动向。于是芬格尔决定亲自去侦查。在向敌军方向前进的途中,他偶然进入了图托尔山洞:斯塔诺把之前战争的俘虏,邻近部落首领的女儿康班－卡拉囚禁在那里。(关于她的故事并不完整,原文的一部分已经遗失。)芬格尔又走到了一处祭祀用的地方。在那里,斯塔诺和他的儿子斯瓦兰向洛达的精魂求问有关战事的神谕。这时,芬格尔遭遇了斯瓦兰。

杜安部分描绘了克鲁赫－洛达的通风大殿。这位神应该就是北欧神话中的奥丁。

CATH－LODA—DUAN II
卡赫－洛达——段歌 第二章

芬格尔在白天匆匆向回赶,并将他军队的指挥权交给了杜赫－马鲁诺。后者与敌人交战,把他们赶过了图托尔河。召回他的军队后,芬格尔祝贺了杜赫·马鲁诺,却发现在刚才的交战中,后者已经身负致命伤——杜赫－马鲁诺死去了。诗人乌林为了向死者表示敬意,唱起了关于科尔格姆和斯特林娜－多娜的歌曲(也就是段歌)。

CATH – LODA—DUAN III
卡赫 - 洛达——段歌 第三章

在作了一些大体的回顾后,莪相描述了芬格尔所处的情况和洛赫林军队的位置。——斯塔诺和斯瓦兰的对话。——关于科尔曼 - 特鲁纳和福娜 - 布拉加的插曲。——斯塔诺打算发动攻击,也建议斯瓦兰突袭芬格尔。芬格尔此时撤退到了附近的一座山上。被斯瓦兰拒绝后,斯塔诺自己领军出击,被芬格尔战胜,自己也被生擒。芬格尔怒斥了斯塔诺之前的暴行,最后把他打发走了。

COMALA, A DRAMATIC POEM
科玛拉, 一首戏剧式的诗歌

这首诗非常有价值,是因为它揭示了莪相诗作的古老性。诗中提到的卡拉库尔应该就是指历史上的卡拉卡拉①。他是塞维鲁皇帝的儿子,在公元 211 年,进行了一次对卡莱多尼亚②人的远征。从体式的多样性可以看出这首诗原本是配乐歌唱的,而且有可能是在庄严的场合,在首领们面前演唱。事实上,从传说中流传下来的故事比这首诗更加详细。"在阿甘德卡死去后,康姆哈尔的儿子芬格尔,从

---

① 罗马帝国第二十二任皇帝,塞维鲁皇帝之子,曾多次发动对外战争。
② 即今苏格兰地区在罗马帝国时期的称呼。

洛赫林回来了。萨尔诺是因尼斯托尔即奥克尼群岛的国王,他邀请芬格尔去参加一场宴会(见《芬格尔》第三卷)。在宴会上,萨尔诺的女儿科玛拉对芬格尔一见钟情。她的爱情太强烈了,为了能跟随芬格尔,她女扮男装,想参加芬格尔的军队,随他征战。但很快,她的伪装就被拉莫尔的儿子希达兰发现了。希达兰是芬格尔手下的一位英雄,他曾经爱过科玛拉,却被轻视了。她的爱情和美貌深深地打动了芬格尔王,使得他下定决心要娶她。正在这时,卡拉库尔要征伐此地的消息传来,于是芬格尔进军御敌,科玛拉则服侍他。芬格尔把科玛拉留在一处山头上,自己前去参战,并许下誓言,如果自己能够在交战中活下来,就一定在夜晚归来。没有料到的是,科玛拉暴露在了卡拉库尔大军的视线里。"故事的结局可以从诗中读到。

CARRIC – THURA
卡里克－图拉

芬格尔远征攻入罗马帝国的行省里,然后乘船回师。他决心去拜访因尼斯托尔的国王卡图拉,也就是科玛拉的兄弟。他的故事和之前的那首诗剧很有关系。当他望见卡里克－图拉,也就是卡图拉的宫殿的时候,他发现宫殿顶上燃烧着火焰。在那个时代,这是悲伤的标志。大风使他被迫停靠到离宫殿有一定距离的一个海湾里,而且不得不在海滩上扎营度夜。第二天,他向索拉之王弗洛塔尔进攻,因为后者之前包围了卡图拉的宫殿。芬格尔一对一地与弗洛塔尔对战,并擒获了他。这首诗的主题是拯救卡里克－图拉的过程,然而也有别的插曲穿插在其中。从传说中看来,这首诗曾经被寄给库尔迪,或者其他的某个最早来到此地的基督教传教士。莪相介绍了洛达的精魂(洛达应该就是北欧神话中的奥丁),并以此与库尔迪的基督教信条相对。虽然如此,在莪相的观念中,他还是相信有一个超越万物的存在。这告诉我们,尽管之前基督教没有被介绍到这里,莪相也并没有耽于当时盛行的迷信中。

CARTHON
卡尔逖

这首诗是完整的,而它的主题也是有着悲剧色彩的,如同莪相的大多数其他作品一样。康姆哈尔是特拉塔尔的儿子,同时也是著名的芬格尔的父亲。克莱萨莫尔是塔都的儿子,也是芬格尔母亲莫尔娜的兄弟。在他们生活的年代里,有一次,克莱萨莫尔的船遇上一阵暴风雨,不得不躲进克莱德河。河岸上有着一座布立吞人①的小镇,名叫巴克卢塔。这座小镇坐落在两墙②之间。克莱萨莫尔被本地的首领罗塔米尔盛情款待,后者还把自己唯一的女儿莫伊娜嫁给了他。可是,一个布立吞人,科尔莫的儿子罗多,之前就深爱着莫伊娜。罗多冲进罗塔米尔的房子,非常傲慢地冒犯了克莱萨莫尔。于是一场争端随之而来,罗多

---

① 英格兰人的古代泛称。
② 这里的两堵高墙并不是指小镇建造的城墙,似指罗马帝国为防御北方民族而在不列颠修筑的两座长城(防御性工事):安敦尼长城和哈德良长城。两墙之间大概是这两座长城中间的地区,今不列颠岛中北部,大致从格拉斯哥到纽卡斯尔的区域。

被杀;而和罗多同来的布利吞人愤怒地追赶克莱萨莫尔,逼得他跳进克莱德河里,一直游到自己的船旁边。他扬帆起航,幸亏当时的风向正好,把他送进海里。之后,他一直想回来,在夜间带走自己心爱的莫伊娜,可是这时风向却与他作对,他只好断了这个念想。

莫伊娜之前已经怀孕了,在她的丈夫不在身边时,她生下了一个儿子之后很快死去了。罗塔米尔给孩子起名叫"卡尔通",意思是"海浪的私语"。这是因为当初一场暴风将孩子的父亲克莱萨莫尔吹走,而且他可能从此抛弃了这个孩子。当卡尔通三岁的时候,芬格尔之父康姆哈尔一次率军远征,进攻布立吞人。他攻下了巴克卢塔,并将这座城镇付之一炬。罗塔米尔在战斗中身亡,卡尔通则被他的保姆安全地带走,逃进了布立吞人国度的深处。当卡尔通长大后,他决心要为巴克卢塔的毁灭向康姆哈尔的后人复仇,于是沿着克莱德河而下,在莫文①滩上登陆,击败了芬格尔派来阻挡他的两位英雄。最后,克莱萨莫尔在不知情的情况下与他单挑,杀死了自己的亲生儿子。这个故事是下面这首诗的基础,描绘的是卡尔通死后的夜晚。之前发生的事情则以插曲的形式在诗中进行了介绍。这首诗是致玛尔维娜的,她是托斯卡的女儿。

---

① "莫文"作为芬格尔和莪相等人的大本营经常出现;它在凯尔特语里有"群山"的含义,但同时也是一条河的名字。

OINA – MORUL

奥纳 – 莫鲁

在为玛尔维娜献诗后,莪相说起了自己对一座名叫福阿菲的北欧小岛的远征故事。岛的国王叫马洛科尔,他正遭受萨德隆托首领通托莫的猛烈进攻(通托莫之前要求马洛科尔将女儿嫁给他,却被拒绝了)。芬格尔派莪相去救援马洛科尔。莪相到达后一天,就和通托莫大战一番,并且活捉了他。马洛科尔希望将他的女儿奥纳 – 莫鲁嫁给莪相,但当莪相发现她其实深爱着通托莫的时候,就慷慨地将她交给她爱的男人,并促成了两位国王之间的和解。

COLNA – DONA

科尔纳 – 多娜

芬格尔派遣莪相和托斯卡去克罗纳河畔立一块石碑,以此来让自己在那里的辉煌胜绩永世流传。托斯卡是康洛赫的儿子,也是玛尔维娜的爸爸。当他们正在工作的时候,卡鲁尔,一个附近的首领,请他们参加一场宴会。他们去了。在那里,托斯卡无可救药地爱上了首领的女儿科尔纳 – 多娜,而她也同样迷恋托斯卡。在一场狩猎大会上,一件小事让他们终成眷属。

OITHONA
奥托娜

　　莫尔尼的儿子高尔①,在拉特蒙于莫文被击败后,陪伴他回到自己的国家。这在之前的诗中有所叙述。高尔被拉特蒙的父亲努阿特盛情款待,并且爱上了他的女儿奥托娜。这位女士也同样爱恋高尔,于是他们定下了婚期。同时,芬格尔正在策划一次向布利吞人的远征,于是派人召回高尔。他遵守命令去了,但是临走之前,他向奥托娜承诺只要自己在战争中活下来,就一定会在某个特定日期回来。拉特蒙也不得不参与其父努阿特的战事,而奥托娜就被孤零零地留在了顿拉特蒙②,家族原本的所在地。乌塔尔的王叫唐罗马特,他大概管辖奥克尼群岛的某个岛屿。他趁奥托娜的亲友们都不在,于是入侵并用武力夺走了奥托娜。奥托娜之前曾经拒绝过他的求爱,他将奥托娜带到了一个荒岛特洛马顿,并且将她藏进一个山洞里。

　　高尔在约定的日期归来了,却听见了这次抢夺的消息。他立刻乘船驶向特洛马顿,要向唐罗马特复仇。当他登陆时,他发现了悲戚的奥托娜,于是下决心要为她夺回尊严。她不停地讲述了自己的悲惨经历,但突然停止了——因为唐罗马特和他的军队出现在了岛的另一端。高尔于是准备作战,并叫奥托娜撤退到后面去,直到战斗结

---

　　① 即 Gaul,是人物名,与英语名词"高卢"同形。
　　② 原文是"Dunlathmon"。这很明显是一个合成词:Dun 是古凯尔特人的一种独特建筑——丘堡,这个地名也就是"拉特蒙的丘堡"的意思。

束。她看起来听从了，却偷偷拿起武器，冲到作战最激烈的地方，并在乱战中受了致命伤。高尔不断追赶逃窜的敌军，却在战场上发现了已经断气的她。他为她哀悼，立起了坟墓，之后回到了莫文。这个故事是一代代由传说传下来的，并且和下面这首诗的内容没有什么本质区别：诗歌的叙述是从奥托娜被抢走后，高尔回到顿拉特蒙开始的。

CROMA
克罗马

托斯卡的女儿玛尔维娜，无意中听到了莪相为她的恋人奥斯卡唱的哀歌①。为了排解她的哀痛，莪相讲起了自己在芬格尔领导下的一次远征。这次远征是为了救援一个爱尔兰小国克罗马的小王②克罗塔尔，因为罗特马尔正在进攻他的领地。这个故事也是由传说流传下来的。克罗马的国王克罗塔尔年老失明，而他的儿子又年纪太小，无法作战。特罗莫的大首领罗特马尔认为这是个天赐良机，就决意吞并克洛塔尔的土地。于是，他发兵进入克罗塔尔的领地，却被爱尔兰的最高王阿尔特（或阿尔托）暂时阻止。

克罗塔尔认为自己年老眼瞎，无法参战，于是派人向苏格兰王芬格尔求援。芬格尔派自己的儿子莪相来救援。但在援军到来之前，

---

① 这里的情节背景在后面的诗作中有交代。

② Petty king，是古凯尔特政治制度中，比最高王（Supreme King）低，但有自主权的地区首领。

克罗塔尔的幼子福瓦戈莫率兵进攻罗特马尔,结果自己被杀,他的军队也完败了。莪相到来,重新开启了战争,杀死了罗特马尔,并击溃了他的军队。克罗马得到了拯救,莪相也回到了苏格兰。

CALTHON AND COLMAL
卡尔顿和科尔玛

　　这首诗,和其他许多莪相的诗作一样,也是寄给(此地)最早的一批基督教传教士的。关于这首诗的故事也是经由传说传下来的:在芬格尔的时代里,两墙之间①的布利呑人的国度中,有着两位大首领:唐塔莫,图塔河之主,大概管辖今日推德河②一带;拉特莫,居住在克鲁塔,也就是众所周知的克莱德河。拉特莫因他的慷慨和好客而闻名,而唐塔莫则因其残暴和野心而有着同等程度的恶名。唐塔莫,因为嫉妒,或者由于某些私下对两家来很重要的世仇,在一次宴会上谋杀了拉特莫。但之后出于悔恨,他把拉特莫的两个儿子卡尔顿和柯马尔在自己家里抚养长大。他们长大成人,偶然流露出了某些想为父报仇之意,就被唐塔莫关进了两个图塔河畔的山洞,并打算私下把他们处死。可是,唐塔莫的女儿科尔玛却暗恋着卡尔顿,她帮助他越狱成功,并装扮成一个年轻勇士,和卡尔顿一起逃到芬格尔那里,并恳求芬格尔出兵进攻唐塔莫。芬格尔派莪相带着三百壮士去拯救柯

---

①　即哈德良长城与安敦尼长城之间。
②　Tweed,是英格兰和苏格兰的地理分界线。

马尔。可唐塔莫之前已经杀死了柯马尔,并与莪相展开一场激战。英雄莪相杀了唐塔莫,完胜了敌军。卡尔顿迎娶了他的救星科尔玛,而莪相也回到了莫文。

THE WAR OF CAROS
卡罗斯之战

卡罗斯可能指的就是著名的篡夺者卡劳修斯,他是一个梅尔皮人①,在公元 284 年②篡夺并自立为罗马皇帝。之后,他控制了不列颠,还在多次海战中击败了当时的正统皇帝马克西米安·赫库里乌斯,因此得到了诗中"战舰之王"的美誉。他重修了哈德良长城,目的是防止来自卡勒多尼亚人的进攻。而在他着手做这件事的时候,他遭到了一支受莪相之子奥斯卡指挥的军队的进攻。这场战役是下面这首诗的基础背景。这首诗是献给托斯卡之女玛尔维娜的。

CATHLIN OF CLUTHA
克鲁塔的卡赫林

这首诗是献给托斯卡之女玛尔维娜的。诗人讲述了卡赫林到达塞尔玛③,请求援军以对抗克鲁巴的杜赫－卡莫的事情。杜赫－卡莫

---

① 古代高卢人中的一支,活跃在今比利时一带。
② 此处麦克弗森记忆有误,实为 286 年。【英编者注】
③ 芬格尔的宫殿。

为了抢夺卡赫莫尔的女儿拉努尔,把卡赫莫尔杀了。芬格尔难以决定由他的哪位英雄去指挥这次远征,因为他们都很想参战。英雄们退到"各自的灵魂之山"上,让当晚的梦来决定。特伦莫尔①的灵魂向莪相和奥斯卡显现了。于是他们从卡莫纳湾起航,在第四天登陆因尼斯胡纳的拉科尔山谷。在这里,杜赫－卡莫修好了他的宫殿。莪相派遣出一位诗人,去向杜赫－卡莫约战。夜晚到来。克鲁塔的卡赫林悲伤的独白。莪相把指挥权移交给奥斯卡,奥斯卡按照莫文诸王的惯例,在战前先退到附近的山上。白天到来,战斗开始。奥斯卡夺来了杜赫－卡莫的铁甲和头盔,把它们交给卡赫林,而杜赫－卡莫本人撤离了战场。他发现卡赫林其实就是卡赫莫尔的女儿,她先前被掳去,而后又从杜赫－卡莫处逃脱,伪装成男人来求救。

SUL – MALLA OF LUMON
卢蒙的苏马拉

这首诗,准确地说,是上一首诗的延续。诗以对苏马拉的献诗开始,她是因尼斯胡纳之王的女儿。莪相追击完毕后,从拉科尔回来,苏马拉就请莪相和奥斯卡参加一场宴会,地点是她父亲的宫殿;她父亲当时正在外打仗。听到客人的名字和家族后,她讲述了芬格尔对因尼斯胡纳的一次远征。她无意间提到了阿塔的首领卡赫莫尔(当时帮助了她父亲对抗敌军),莪相则讲述了关于两位斯堪的纳维亚国

---

① 芬格尔的曾祖父,后面有交代。

王——库戈姆和苏兰‐德隆洛的插曲。在有关他们的战争中,莪相自己和卡赫莫尔分别为敌对的双方作战。这个故事并不完整,有一部分原稿已丢失。莪相在梦中得到特伦莫尔之灵魂的警告,于是航行离开因尼斯托纳。

THE WAR OF INIS – THONA
因尼斯托纳之战

对诗人年轻时的回忆。对塞尔玛的一首呼告诗。奥斯卡离开去因尼斯托纳,斯堪的纳维亚的一座小岛。有关阿尔贡和鲁罗的悲伤故事,他们是因尼斯托纳之王的两个儿子。奥斯卡为他们的死报了仇,并且凯旋至塞尔玛。诗人自己的独白。

THE SONGS OF SELMA
塞尔玛之歌

献给夜晚的星辰。致芬格尔和他的时代的呼告诗。米诺娜在国王之前歌唱不幸的科尔玛①。诗人们吟唱其他展示他们诗歌天赋的作品。展示这些诗作是一种一年一度的传统习俗:它由古老的卡勒多尼亚先王们所定下。

———————————

① 与之前几个相似人名所指均不同。

FINGAL：AN ANCIENT EPIC POEM

芬格尔：一首古老史诗

FINGAL——BOOK I

芬格尔——第一卷

在阿尔斯特①的图拉城堡门口，库丘林（爱尔兰部落的将军，在爱尔兰王科马克手下效力）独自坐在一棵树下（其他的首领都去附近的克罗姆拉山游猎去了）。这时，他的一个斥候，菲蒂尔之子莫兰，通报他洛赫林之王斯瓦兰已经带兵登陆了。库丘林召集首领们开会商议，但是他们就如何抗敌意见大相径庭。托格玛的小王康纳尔是库丘林的密友，他赞成先避其锋芒，直到居住在西北苏格兰的卡勒多尼亚之王芬格尔的救兵到来（之前他们已经派人向他求援了）；但马塔之子卡马尔主张立刻出击迎敌，他是拉拉之主，拉拉是康诺特②的一个国家。库丘林自己颇想大战一番，于是赞同了卡马尔的想法。在向敌人进军的过程中，他发现他的三位勇敢的英雄不见了，他们是弗格斯、杜科马尔和卡赫巴。弗格斯随后到来，告诉库丘林另两位首领已经死去。这里插入了关于科马克之女莫尔娜的感人插曲。库丘林的军队被斯瓦兰远远看见，于是斯瓦兰派阿诺的儿子去监视敌军移动，自己则指挥军队列阵，准备击敌。阿诺之子回来了，向斯瓦兰描

———————————

① 爱尔兰岛东北部一区域，今由英国和爱尔兰共和国分治。
② 爱尔兰西海岸一地区。

述了库丘林的战车以及这位英雄那令人战栗的外貌。两军短兵相接，然而夜晚到来，战斗尚未分出胜负便不得不停止。库丘林按照当时的好客惯例，派出他的诗人金费纳之子卡里尔去向斯瓦兰发出一份宴会的正式邀请，然而斯瓦兰拒绝了。卡里尔向库丘林讲述了格鲁达尔和布拉索利斯的故事。在康纳尔的建议下，一小股部队被派去观察敌军动向。第一天的事情就这样结束了。

FINGAL——BOOK II
芬格尔——第二卷

克鲁格尔是从前战死的爱尔兰英雄之一，他的鬼魂向康纳尔显现，预言了下一战中库丘林的战败，并恳切地建议他与斯瓦兰议和。康纳尔传达了这个意见，然而库丘林的决心不可动摇；从荣誉准则出发，他不会做第一个提议和平的人，而且他也坚定地想要继续打下去。早晨到来，斯瓦兰提出了很不光彩的和平条件，被库丘林拒绝了。战役开始，并胶着了很久。直到格鲁马尔率先逃跑，整支爱尔兰军队开始渐渐溃退。库丘林和康纳尔顶在前面，掩护大军撤退。卡里尔带领他们撤到一处邻近的山地，一会儿库丘林自己也撤到了那里。这时，他远远望见芬格尔的舰队正向他们的海滩驶来；可是夜晚到来，他又望不到了。在战败后非常沮丧的库丘林，把他的失败归罪于他的朋友菲尔达之死：因为先前是自己失手杀死了菲尔达。卡里尔为了告诉他那些失手杀死朋友的人并不总是会失利，于是讲述了科马尔和加尔维娜的插曲。

FINGAL——BOOK III

芬格尔——第三卷

　　库丘林听了卡里尔讲的故事之后,觉得挺高兴,于是请求他再讲一些别的诗歌。卡里尔讲述了芬格尔在洛赫林的历险以及斯瓦兰的姐妹阿甘德卡之死。他突然停止了讲述,因为此时,马塔之子卡马尔,也就是第一战前的主战派,从战场上负伤归来,告诉他们斯瓦兰想突袭剩余的爱尔兰军队的计谋。他提出,自己愿意在一处狭窄的路口独自抵挡整支敌军,直到全军安全撤退。库丘林被这大无畏的提议所感动,决心与他并肩作战,并命令卡里尔带领剩余的爱尔兰军撤离战场。白天到来,卡马尔因伤死去了;正在这时,卡勒多尼亚的船队抵达了,斯瓦兰停止了对爱尔兰人的追击,回师以面对芬格尔的登陆。因自己的战败而感到羞耻不已的库丘林,在芬格尔到来之前就躲进了图拉山洞。芬格尔出击,把敌军击退,然而黑夜又到来了,这场小胜也没能决出胜负。芬格尔王目睹了孙子奥斯卡在激战中的英勇表现后,给了他在和平时与战时行事的一些建议。他告诉奥斯卡,要时刻想到他父亲的行为,因为其父是奥斯卡最好的行事榜样。他讲述了关于克拉卡公主菲娜索利斯的插曲,年轻时芬格尔曾保护过她。菲兰和奥斯卡被派去观察敌人的动向;而莫尔尼之子高尔则想获得下一场战役的指挥权,因为芬格尔曾经承诺过。第三天以一些诗人笼统的回忆结束。

FINGAL——BOOK IV

芬格尔——第四卷

　　诗歌中的战事在夜间暂且停息。莪相得以有机会讲述自己在莱戈湖畔向艾薇拉琳求爱的故事。艾薇拉琳是奥斯卡的母亲,然而她自己在芬格尔出征爱尔兰之前不久去世了。她的灵魂出现在莪相面前,提醒他,在夜幕初降时被派去监视敌军的奥斯卡,现在正和敌军的先锋军展开搏斗,而且已经渐渐不支了。莪相救出了自己的儿子奥斯卡,并且发出警报,提醒芬格尔斯瓦兰正在来袭。芬格尔起身,召集军队,并且按自己前夜承诺过的那样,让莫尔尼之子高尔指挥军队。而他自己,在鼓励儿子们奋勇冲锋并保卫自己的人民后,到附近的一座小山上静观战局发展。战斗开始了,诗人描述了奥斯卡的英勇举动。但是在奥斯卡与其父一同攻克一翼敌军时,被斯瓦兰亲自率军攻击的高尔,却在另一翼独木难支,即将溃退。芬格尔派自己的诗人乌林①去用一首战歌鼓舞士气,但尽管如此,斯瓦兰还是占了上风,高尔和他的军队被迫后退。芬格尔从山上冲下,再次聚拢军心;斯瓦兰停止追击,占据一处高地,摆好阵列,等待芬格尔主动进攻。芬格尔王鼓舞了他的将士们,发出必要的命令,重新投入战斗。库丘林和他的朋友康纳尔以及诗人卡里尔,先前撤到了图拉山洞里,现在听见外面的交战声,于是来到山顶俯视战场,发现芬格尔正在与敌军激烈交战。他想加入芬格尔的作战,然而被康纳尔阻止了,因为芬格

---

　　①　此处的乌林不是之前提到的恶人乌林。

尔马上就要靠自己取得一场完胜了。于是,他派卡里尔去祝贺英雄的胜利。

FINGAL——BOOK V
芬格尔——第五卷

库丘林和康纳尔依然站在山上。芬格尔和斯瓦兰见面了。诗歌描述了他们之间的决斗。斯瓦兰被击败了,被绑起来,作为战俘,被莪相和高尔看管着。芬格尔、他的幼子们以及奥斯卡依然在追击敌军。诗歌讲述了关于洛赫林的一位首领奥尔拉的插曲,他在这场战役中受了致命伤。芬格尔被奥尔拉之死所感动,命令手下停止追击,并召集起他的儿子们。这时他得到了自己最小的儿子莱诺战死的消息。芬格尔哀悼了他的死,听了关于兰德格和格尔科萨的故事,然后回到了自己关押斯瓦兰的地方。之前被派来祝贺胜利的卡里尔这时也来到莪相身旁。两位诗人之间的对话结束了第四天的叙事。

FINGAL——BOOK VI
芬格尔——第六卷

夜晚来临了。芬格尔为他的军队举行了一场宴会,斯瓦兰也列席其中。芬格尔王命令他的诗人乌林唱一首"和平之歌",这是通常在战争结束时进行的一项习俗。乌林讲述了芬格尔曾祖父特伦莫尔在斯堪的纳维亚的征战历史,他与一位洛赫林公主英尼芭卡的婚姻。

她的父亲洛赫林王也是斯瓦兰的祖先。斯瓦兰同时也是芬格尔年轻时曾爱过的阿甘德卡的兄弟，他思考后，请求芬格尔王放了他，让自己带着剩余的残兵回到洛赫林，并保证以后绝不再入侵爱尔兰。这个夜晚最后在送别斯瓦兰中度过，诗人们唱起歌，在对话中，芬格尔谈起了格鲁马尔的故事。早晨到来，斯瓦兰离开了。芬格尔展开了一次游猎，在图拉山洞里找到了库丘林，安慰了他，然后在第二天起航驶回苏格兰，这首诗就以此结束。

LATHMON
拉特蒙

拉特蒙，一位不列颠王子，趁芬格尔远征爱尔兰的时候偷袭了莫文，一路进军到能用肉眼看见芬格尔的王家宫殿塞尔玛的地方。正当这个时候，芬格尔回来了，拉特蒙撤退到附近一处山丘上，没想到在夜间被突袭了，他自己也被莪相和高尔抓住，成了俘虏。这首诗是从芬格尔出现在莫文的河滩上开始的，然后大概在第二天的正午时候结束。

DAR – THULA
达尔－图拉

在这里先讲述一下这首诗的背景故事也许更妥当；同样地，这个故事也是由传说流传下来的。埃塔之王乌斯诺特,大概控制阿吉尔郡①靠近洛赫埃塔的一部分,洛恩附近的一个伸入海中的半岛地区。他有三个儿子,纳托斯、阿尔托斯和阿尔丹。他们的母亲是斯利萨玛,塞莫之女,也是著名的库丘林的姐妹。这三兄弟在很小的时候就被父亲送过海去,在舅舅库丘林手下学习如何使用武器。库丘林在王国里可是个大人物。但是,当他们刚刚在阿尔斯特登陆时,就听到了库丘林的死讯。虽然当时年纪轻轻,但纳托斯果断地接过库丘林手下军队的指挥权,正面迎击篡位者凯巴尔,并在几场战役中击败了他。凯巴尔最后用某种手段谋杀了合法的国王科马克,纳托斯手下的军队倒戈,而纳托斯不得不回到阿尔斯特,然后才能返回苏格兰。

科拉的女儿达尔－图拉被凯巴尔所爱,她一度居住在阿尔斯特地区的塞拉玛城堡,在此期间,她邂逅了纳托斯,爱上了他,并且和他一起逃离此地。但是他们在海上遇到风暴,结果不幸被吹回了阿尔斯特海岸,而凯巴尔恰好驻军于此处。这三位兄弟以极大的勇气进行了防御,然而实在寡不敌众,全数阵亡。而不幸的达尔－图拉选择了自杀,倒在她所深爱的纳托斯的尸体上。

这首诗从乌斯诺特三兄弟战死之后的晚上开始,通过插曲的形式讲述了之前发生的事情。它讲述了达尔－图拉那不同于传统的死法。这最有可能说明了自杀这种死法在很古老的时候是不为人知的,因为在古老的诗歌里根本找不到它的痕迹。

---

① 苏格兰西北部一地区。

THE DEATH OF CUTHULLIN
库丘林之死

  在芬格尔的军队把斯瓦兰赶出了爱尔兰之后,库丘林继续以年幼国王科马克的摄政人的身份处理着王国内的大小事务。在库丘林统治下的第三年,坎特拉之子托拉赫在康诺特起兵叛乱了。他带兵向特莫拉前进,要推翻科马克。库丘林则率兵对抗他,并在莱戈湖附近交战,将叛军彻底击败。托拉赫在战斗中被库丘林杀死;然而由于追赶过于心急,库丘林不幸受了致命伤。科马克在事务上虽然得到了上一首诗中提到的纳托斯的帮助,然而在库丘林死后还是变得一团糟。科马克自己惨遭叛乱的凯巴尔之毒手;而在芬格尔帮助下爱尔兰王室的重建,则是史诗《特莫拉》的主题。

THE BATTLE OF LORA
洛拉之战

  芬格尔赶走了斯瓦兰,从爱尔兰回来后,为他所有的英雄们准备了一场大宴会;他忘记了邀请两位没有参加远征的首领,马隆南和阿尔多。他们因为遭到忽视而感到非常愤慨,于是跑到斯堪的纳维亚某国索拉的国王厄拉贡那里,并且宣称为芬格尔之敌。阿尔多的英勇很快让他在索拉国中获得了巨大的声誉,而厄拉贡美貌的妻子洛尔玛也爱上了他。他想办法和她一起逃亡,又来到了芬格尔在苏格兰西海岸的宫殿塞尔玛。于是厄拉贡入侵苏格兰,拒绝了芬格尔提供给他的和平提议,而后在战争中被莫尔尼之子高尔杀死。但在这场战争中,阿尔多也战死了;他在与死敌厄拉贡的决斗中被杀。不幸的洛尔玛之后在深深的悲哀中郁郁而终。

TEMORA—BOOK I

AN EPIC POEM

特莫拉——第一卷

一首史诗

凯巴尔,博巴尔 - 杜图尔之子、康诺特之地阿塔之主、菲尔伯格族最有力的首领,在爱尔兰的王家宫殿特莫拉杀死了爱尔兰的幼主,阿尔托之子科马克,并篡夺了王位。科马克是科纳尔的直系后代,后者是芬格尔的曾祖父特伦莫尔之子①。芬格尔就是那些在苏格兰西海岸居住的卡勒多尼亚人之王。芬格尔对凯巴尔的所作所为愤怒不已,并决心率一支大军进入爱尔兰,重新树立起爱尔兰王室的正统。很快关于他计划的情报传到了凯巴尔那里,后者便召集起他在阿尔斯特的部落,同时命令自己的兄弟卡赫莫尔带领一支特莫拉的军队迅速跟随自己。这就是卡勒多尼亚进攻者出现在阿尔斯特海滩上时的战事局势。

这首诗从早晨开始。凯巴尔从他的一个侦察兵那里得到芬格尔登陆的消息,于是脱离自己的军队撤退了。他召开了一次首领大会。

---

① 此处诗歌将爱尔兰人的祖先追溯到苏格兰血统上。

莫玛的首领福尔达赫傲慢地鄙视敌军,然而遭到马尔托斯的一顿猛烈训斥。凯巴尔在听了他们的争辩后,命令手下筹备一场宴会,并且派他的诗人奥拉去邀请莪相之子奥斯卡。他决心要在宴会上挑起争端,以此获得谋杀奥斯卡的借口。奥斯卡来参加了宴会,争端被挑起了,而且他们的随从激烈交战,凯巴尔和奥斯卡都因为致命伤而倒下了。战斗的嘈杂声一直传到了芬格尔的军队那里。国王带兵来救援奥斯卡,而爱尔兰的军队逃到了卡赫莫尔的部队那里,后者正在向莫伊－莱纳荒原中的卢巴尔河的河岸进军。芬格尔在哀悼了自己死去的孙子后,命令他的首席诗人乌林将奥斯卡的尸体带回莫文,并在那里埋葬。夜晚到来了。科纳查尔之子阿尔坦,向国王讲述了科马克被暗杀的详情。芬格尔之子菲兰,被派去在夜间监视卡赫莫尔之军队的动向。第一天的行动就这样结束了。这一卷故事发生的地点在莫拉山旁的一处平原上,而莫拉山又耸立在阿尔斯特地区的莫莱纳荒地边界上。

TEMORA—BOOK II
特莫拉——第二卷

　　我们大概可以推测出这一卷诗歌是从午夜开始的。莪相离开了全军,展开了一串独白,哀悼自己的儿子奥斯卡。突然,他听到卡赫莫尔的军队接近的声音,于是去寻找在军队最前方,在莫拉山上放哨的兄弟菲兰。在兄弟间的对话中插入了关于特伦莫尔之子科纳尔,也就是爱尔兰第一任国王的插曲。这向我们展示了凯尔特人和菲尔伯格人,这两个最早定居爱尔兰岛的民族之间冲突的起源。莪相在莫拉山顶点燃了烽火:看到这一情景,卡赫莫尔意识到他突袭卡勒多尼亚人的企图已经被发现,于是停止了进攻。他召开了一次首领大会:训斥了提议夜袭的福尔达赫——毕竟爱尔兰人的士兵数量远胜对手①。诗人福纳尔介绍了国王的先祖克罗塔尔②的故事,更加清晰地揭示了爱尔兰的历史和阿塔家族古已有之的对王位的主张。爱尔兰的首领们躺下来休息,而卡赫莫尔自己负责放哨。他在绕军队巡视的时候遇见了莪相。诗歌描述了这两位英雄的会面。莪相答应了卡赫莫尔会有人在凯巴尔的墓前唱一首葬礼挽歌。在那个时代的看法中,如果没有诗人为亡灵唱一首挽歌,那么亡灵们就永无幸福解脱。早晨到来。卡赫莫尔和莪相分别,而后者无意遇见了金费纳之子卡里尔,就派他去凯巴尔的坟墓上唱一首挽歌。

TEMORA—BOOK III
特莫拉——第三卷

早晨到来了。芬格尔对他的将士们发表了一番演说,之后将指挥权交给莫尔尼之子高尔。在那时的习俗中,除非形势危急,只有靠国王超人的勇气和执行力才能扭转乾坤,否则国王一般是不应参战的。国王和莪相退到了科穆尔山上,俯视着整个战场。诗人们唱起

---

① 夜袭在传统中被视作不光彩的战争计谋。
② 和之前诗歌里的盲人小王克罗塔尔应是两个不同的人。

了战歌。诗歌从大体上描述了两军的相互厮杀。莫尔尼之子高尔大显身手:他击杀了莫鲁赫的首领图拉通,还杀死了许多其他名气更小的首领。另一方面,指挥爱尔兰军的福尔达赫(卡赫莫尔就像芬格尔所做的那样,也没有亲自参战),也骁勇善战,他杀死了顿洛拉的首领康纳尔,并且一路挺进,最后直面高尔本人。高尔此时被流矢伤到了手,于是芬格尔之子菲兰以惊人的勇气掩护了他。夜晚来临。召回军队的号角响起。诗人们用一首祝贺的诗歌欢迎他们,尤其赞扬了高尔和菲兰。首领们坐下享受一场盛宴。芬格尔思念康纳尔。诗中插入了一首关于康纳尔和杜赫–卡隆的插曲,让爱尔兰的历史更加明晰了。卡里尔被派去为康纳尔堆起坟墓。这一卷结束了。这是从全诗开始算起的第二天的行动。

TEMORA—BOOK IV
特莫拉——第四卷

　　第二夜还在继续。芬格尔在宴会上讲起了自己第一次对爱尔兰的远征,以及自己与那里的国王科马克之女罗斯克拉娜的婚姻。爱尔兰的首领们则在卡赫莫尔的主持下召开会议。诗歌描述了国王的处境。关于苏马拉的故事。她是因尼斯胡纳国王康莫尔的女儿,伪装成一位年轻勇士,也跟随卡赫莫尔来参战了。诗歌描述了之前一天战役的指挥官福尔达赫愠怒的行为,他和马尔托斯之间的分歧越来越大了,但是卡赫莫尔调解了他们的争端。首领们的宴会,以及大家聆听诗人福纳尔的歌唱。卡赫莫尔返回,在一个离军队有点远的地方休息。他的兄弟凯巴尔的亡灵在梦中向他显现,含糊其辞地预言了战争的结果。国王的独白。他发现了苏马拉。早晨到来。苏马拉的独白结束了这一卷。

TEMORA—BOOK V
特莫拉——第五卷

诗人先是唱了一首给科纳之竖琴的简短颂歌,然后描述了分居卢巴尔河两岸的两军的布置。芬格尔让菲兰负责指挥,但同时也让之前手上受伤的高尔为他参谋。菲尔伯格的军队则由福尔达赫指挥。诗歌描绘了进攻的大致发端。菲兰的英勇作战。他杀死了罗特马尔和库尔明。但是当菲兰在一翼占上风时,福尔达赫在另一翼猛烈进击。他击伤了杜赫诺之子德尔米德,并且将整个侧翼军队都击溃了。德尔米德独自思考了一段时间,最后决定以一场单挑来阻止福尔达赫的不断进攻。当两位首领各自向着对方前进的时候,菲兰赶来救援德尔米德;他与福尔达赫交战,并且杀死了对方。马尔托斯对倒下的福尔达赫的所作所为。菲兰把菲尔伯格的全军完全击溃了。这一卷以向英雄之母克拉托的献诗结束。

TEMORA—BOOK VI
特莫拉——第六卷

这一卷以芬格尔的一番演讲作为开端。他看见卡赫莫尔下山援助他那溃退的军队。国王派莪相去援助菲兰。他自己则退到科穆尔之岩的后面,避免看见自己的儿子与卡赫莫尔的短兵相接。莪相不断前进。诗歌描述了卡赫莫尔的到来。他重整了军队,让他们再次投入作战,并且在莪相到来之前,就与菲兰接战。莪相到来的时候,卡赫莫尔与菲兰的决斗已经告一段落。莪相和卡赫莫尔准备交战,但是夜晚阻止了他们。莪相回到前面两人交战处,发现菲兰靠在一块石头上,已经身负致命伤。他们之间的对话。菲兰死去了,他的尸体被莪相放进了附近的一处山洞里。卡勒多尼亚的军队回到芬格尔面前。他向他们询问自己儿子的情况,明白了他已经被杀,于是沉默地退后到科穆尔之岩后面。在芬格尔军队后退的同时,菲尔伯格的军队则在前进。卡赫莫尔找到了芬格尔的一条忠犬布兰躺在菲兰的盾牌上,恰在这位英雄尸体所在的山洞入口处。他随即的反应。他在悲伤的情绪中回到自己的军队中。马尔托斯想以卡赫莫尔父亲博巴尔-杜图尔的例子来宽慰他。卡赫莫尔后退并休息。苏马拉的歌声结束了这一卷:这是从诗歌开始算起的第三天的午夜。

TEMORA—BOOK VII

特莫拉——第七卷

这一卷从第三天的午夜开始。诗人描绘了夜间从莱戈湖上飘起的一种特别的雾气。这种雾气,亡灵常常寓居其中。当他们已经死去,却还没有得到挽歌的时候,亡灵就在这里游荡。菲兰的鬼魂从他的尸体所在的山洞上方显现。他的声音传到了在科穆尔之岩上的芬

格尔耳边。国王用长矛狠狠地撞击了特伦莫尔之盾。这面盾牌是他
自己在全副武装时万无一失的一种象征。这面盾牌巨响的巨大影
响。被震醒的苏马拉叫醒了卡赫莫尔。他们之间感人的对话。她坚
持请求他去提议和平;他一定要打到底的决心。他指令她退到附近
的洛纳山谷里去,那里有一位老德鲁伊①的住所。他让她在那里一直
等到明天战争应该已经结束之时。他用自己盾牌的敲击声唤醒了自
己的军队。关于盾牌的描写。由于卡赫莫尔想听,福纳尔就给他讲
述了菲尔伯格人在领袖拉尔通的领导下,在爱尔兰建立第一个定居
点的故事。白天到来了。苏马拉退到了洛纳山谷里。一首抒情诗歌
结束了这一卷。

TEMORA—BOOK VIII
特莫拉——第八卷

从全诗开始算起的第四个黎明。芬格尔依然待在前夜他曾休息
的地方,他透过笼罩科穆尔之岩的迷雾,看到其中的间隙。诗歌描写
了国王下山的过程。他命令高尔、德尔米德和诗人卡里尔离开卡勒
多尼亚大军,前往齐纳②山谷,去寻找凯巴尔之子菲拉达托,他是爱尔
兰建国之王科纳尔家族的最后一名成员了。国王自己则亲率大军,
准备战斗。在向敌军前进的过程中,他来到了卢巴尔山洞口,也就是

---

① 德鲁伊,或译督伊德,原意为"橡树贤者",他们是凯尔特人中的僧侣祭司阶
级,但同时也是医生、教师、先知与法官。
② 原文是"valley of China",但此处与中国无关,只是词语恰巧同形。

菲兰尸体放置之处。他看见了自己躺在洞口的爱犬布兰,又陷入了悲伤之中。卡赫莫尔布置好爱尔兰军队,准备迎接大战。英雄的出现。交战的概括描述。芬格尔与卡赫莫尔的壮举。一场暴风雨。菲尔伯格军的全面溃退。两位国王在卢巴尔河畔的迷雾中交战,他们的态度和交谈。卡赫莫尔之死。芬格尔将特伦莫尔之矛交给莪相。在这一场合举行的庆典。同时,卡赫莫尔的魂魄向洛纳山谷中的苏马拉显现。她的悲伤。夜晚到来了。一场盛宴已经准备好。一百位诗人齐声歌唱,宣告菲拉达托的到来。全诗以芬格尔的一番演讲结束。

CONLATH AND CUTHONA
康拉赫和库托娜

康拉赫是莫尔尼最年幼的孩子,也是著名的高尔的弟弟。他爱上了鲁马尔之女库托娜。这时,肯费纳之子托斯卡,在他的朋友费尔库赫的陪同下,来到了爱尔兰的莫拉,康拉赫居住的地方。他被热情款待,并且按照当时的习俗,和康拉赫一起大宴三天。第四天,他启程返航,在赫布里底群岛①之一的波浪之岛滩边,他看见了打猎的库托娜,爱上了她,并强行把她带上了自己的船。他迫于天气变化,到了一个荒凉小岛伊托纳上。与此同时,康拉赫听到这次抢劫,于是驾船跟在他后面,并在他起航前去爱尔兰时发现了他。他们大战一番。

---

① 苏格兰西部一群岛。

他们和他们的随从全都受了致命伤而死。库托娜也没有活下来，三天后她就因悲恸而亡了。听说他们不幸死亡后，芬格尔派莫兰之子斯托马尔去埋葬他们，然而忘记了派一位诗人去他们墓前唱挽歌。康拉赫的亡灵久久跟随着我相，恳求他把自己和库托娜的名声传扬于后世。因为那时的观念是，死者的灵魂如果得不到诗人谱写的哀歌，就不会快乐。

BERRATHON
贝拉通

芬格尔被阿甘德卡之父斯塔诺所邀请，驶向洛赫林。在途中，他停靠在一个斯堪的纳维亚小岛贝拉通，在那里他得到了当地小王拉特莫尔的热情招待，后者是洛赫林的最高君王的封臣。拉特莫尔的好客使他赢得了芬格尔的友情，并在之后得到显示。当拉特莫尔被自己的儿子关起来了的时候，芬格尔派出我相和我们常常提到的玛尔维娜之父托斯卡去拯救拉特莫尔，并且惩罚乌塔尔这违反人伦的行径。乌塔尔长得非常英俊，广受女士们的爱慕。邻近一位王子托尔－托马的女儿妮娜－托玛，就爱上了乌塔尔并与他私奔了。事实证明，他是个见异思迁的家伙：当他爱上另一位没有提到名字的女士的时候，他就把妮娜－托玛关押在贝拉通海滩附近的一个荒岛上。她被我相救出，而我相和托斯卡一起在贝拉通登陆，击败了乌塔尔的军队，并且在一对一交战中杀死了他。妮娜－托玛听到他的死讯，尽管饱受他的恶行之害，却依然没有磨灭自己的爱情，于是在悲伤中死去了。与此同时,拉特莫尔恢复了自己的统治,于是莪相和托斯卡胜利地回到了芬格尔处。

这首诗以一首为托斯卡之女玛尔维娜所作的哀歌作为开端,并以莪相本人对死亡的预感结束。

CATH – LODA
卡赫 – 洛达①

---

① Cath 在盖尔语中有"战争"的意思,洛达是故事中反复出现的神名,故 Cath – Loda 意为"洛达之战"。

CATH – LODA—DUAN I

卡赫－洛达——段歌①第一章

  这是一曲古时的传奇！——哦,你们这些隐形的浪子②! 为什么弯折洛拉③的蓟草? ——哦,你这山谷的微风,为什么将故事交托我的耳朵? 我听不到远处激流的咆哮! 也听不到巨石中竖琴的奏鸣!

---

  ① 在古凯尔特史诗中,叙事经常被一些呼告的插曲打断,吟唱的诗人们会把这些不同的部分分开,把这些插曲称作段歌。自从吟游诗人的团体消失,段歌就已经成为所有古代诗歌的一般通称。这首诗突然开始,可能使一些读者难以理解;因此,我在这里并不会不恰当地,给出传统的前言,虽然这通常应该放在正文之前。在他娶了爱尔兰国王科马克的女儿罗斯克拉娜两年后,芬格尔远征奥克尼群岛,探访了他的朋友,因尼斯托尔国王卡图拉。在卡里克－图拉住了几天后,国王起航返回苏格兰,但是一场猛烈的暴风雨袭来,他的船只被吹进斯堪的纳维亚的海湾,靠近戈马尔,即他的宿敌洛赫林国王斯塔诺的所在地。斯塔诺发现他的海岸出现陌生人,就召集了邻近的部落,并带着敌意向乌托诺海湾前进,芬格尔正在那里栖身。他在发现了陌生人是谁之后,害怕芬格尔的勇气——他决定通过背叛来取胜,因为他害怕在公开战场上失利。因此,他邀请芬格尔参加一场盛宴,他打算在那里暗杀他。国王谨慎地拒绝前去,斯塔诺把自己武装起来。——这个故事的续集可以从这首诗中读到。【原注】

  ② 指下文的山谷的风。

  ③ 洛拉,以及下面的卢塔、马维娜,都是高卢－凯尔特的名字。其中有些是麦克弗森自己创造的。

来吧,卢塔的女猎手! 将这位诗人的灵魂召回肉身!

我望见湖泊密布的洛赫林,望见黑暗而汹涌的乌托诺海湾,在那里芬格尔从汪洋大海,从狂风怒吼中降临。莫文①的英雄们啊,在这未知之地势单力薄! ——斯塔诺派出洛达的使者,邀请芬格尔参加宴席,但芬格尔王牢记着过去,不禁怒火中烧②:

不论戈马尔那青苔密布的山群,或是斯塔诺,都不可能料到芬格尔所想。死亡就像阴影,在他灼热的灵魂上徘徊! 难道我忘记了那阳光一般的,那位素手纤纤的公主?③ 去吧,洛达的儿子斯塔诺,他的言语对芬格尔来说就像风,在秋天昏暗的山谷中,那风来来回回吹动着蓟草。

杜赫－马鲁诺④,死亡的武器! 克罗马－格拉斯,钢铁的盾牌!

① 莫文是苏格兰高地凯斯内斯郡的一座山峰。
② 以下按理说是芬格尔的独白,然而人称多有混乱。这在吟游诗人的诗篇中常常出现。
③ 这里指的是斯塔诺的女儿阿甘德卡,她由于向芬格尔透露一个谋害他性命的阴谋,被其父杀死。她的故事在《芬格尔》第三卷中提到过。【原注】
④ 杜赫－马鲁诺(Duth－maruno)是传统中一个非常有名的名字。他的许多伟大壮举都代代相传,但是包含它们细节的诗歌早就失传了。据说,他住在苏格兰北部的某个地方,在奥克尼群岛的对面。杜赫－马鲁诺、克罗马－格拉斯(Cromma－glas)、斯特鲁特莫(Struthmor)和科尔马尔(Cormar),作为康姆哈尔(Comhal)的随从,参加了他在与莫尔尼(Morni)部落的最后一场战斗。一首描述此事的诗如今依然保留下来了。那首诗并不是我相的作品,因为其中的用词暴露出它是现代的创作。它就像许多琐碎的作品一样,都是爱尔兰吟游诗人在 15 和 16 世纪以我相的名义伪造的。杜赫－马鲁诺的含义:黑色和稳定;克罗马－格拉斯的含义:弯曲和黑暗;斯特鲁特莫的含义:咆哮的小溪;科尔马尔的含义:航海专家。【原注】

斯特鲁特莫,战争之翼!科尔马尔,你的舰队开往海洋,轻松如同流星在黑云中划过!在我身边站起,英雄的子孙们——我们正身处一片未知之地!每个人都盯着他的盾牌,如同特伦莫尔①,战争之神!——少安毋躁,特伦莫尔却说,你们这些久闻战琴的人!② 你们将随激流翻滚流逝,或与我在凡间虚度光阴。

在芬格尔王周围,勇士们暴怒而立,肃杀无言。他们紧攥自己的长矛,每个灵魂都在激烈翻滚。终于,寂静打破,他们的盾牌当当回响。到了晚上,每位勇士登上一处山丘,他们阴沉地站立,互相间隔着山谷。他们唱出阵阵战歌,盖过风声咆哮;歌声嘹亮足以将月亮举起。——高大的杜特 – 马鲁诺带着武器走来,他从克罗马岩山来,是威风凛凛的野猪猎手!他曾从黑船上掀起波涛,唤醒了克拉特莫 – 克劳洛岛上的树林;他曾追击敌人,恐吓敌军,而你自己却毫不畏惧,杜特 – 马鲁诺!

哦,亲爱的康姆哈尔之子③!我将在夜间前进,我将从盾牌后面,观察那闪闪发光的敌方部落,斯塔诺,众湖之王,就在我的前方;还有斯瓦兰,一切异乡人之死敌。他们的凶狠言语并非徒有其表,因为洛达之石给了他们力量。——要是我杜赫 – 马鲁诺此去不复返,

---

① 特伦莫尔生前是芬格尔的祖先。
② 凯尔特人在战场上弹奏竖琴,为战歌伴奏。
③ 芬格尔的父亲名康姆哈尔(Comhal,一作 Cumhall)。

我寡居在家的妻子将看见两条激流,从克鲁姆托莫特①的平原上冲下。周围的群山,其上的森林必作响;海洋也在一旁翻滚哀唱。我的儿子必在田野中孤独徘徊,看着那尖声哀鸣的海鸟飞翔。把野猪的头颅交给我的儿子,坎多那②,告诉他其父曾是何等甜畅,当他在乌托诺湾举起长矛,而矛尖穿过重重敌人尸身,告诉他我的辉煌战绩,告诉他其父牺牲的战场。

我从未忘记我的祖先,芬格尔说,我曾多次航行穿过汪洋。过去

---

① 奥克尼或设得兰群岛中的一岛。这个名字并非来自盖尔语。岛上由自己的小王统治,在莪相的一首诗中曾经提到。【原注】

② 坎多那,即凯恩 – 道那(Cean – daona),人民的首领,是杜赫 – 马鲁诺的儿子。在芬格尔去世后,他在莪相的远征探险中是一位后来扬名的人物。关于他的传统故事非常多,而且,从这些故事中人们给他的绰号(野猪的坎多那)看来,他自己非常擅长狩猎,这也是他的父亲在这一段中急于向他推荐的。正如我已经提到过高地的传统故事,在这里介绍一些记录可能并不会合适。在吟游诗人遭到驱逐之后,他们被当作一个懒惰的职业从首领的房屋中被赶出来,他们之后所有的生活供给都依赖于普通民众的慷慨解囊。他们重复前辈们的老故事,将他们艺人的家谱追溯到他们的首领家族。然而,由于这个主题很快就开发完了,他们不得不转向新发明,并且创造没有事实基础的故事,这些故事被无知的群众非常轻信地接受了。通过频繁的重复,他们不断增加故事的夸张程度,尤其是每当他们认为这样做有助于提高他的听众的钦佩时,最后这些故事变得如此空洞,即使是粗俗的人们都不相信了。然而,他们却非常喜欢这些故事,这些吟游诗人发现了自己的优势,开始变成职业的讲故事家。然后他们开始进入最狂野的小说和浪漫主义的领域。我坚信在高地,有比欧洲任何国家更多的巨人、魔法城堡、矮人和棕榈树的故事。关于这些故事,可以肯定的是,就像其他浪漫主义作品一样,其中有许多不自然的东西,因此令有真正品味的人们厌恶。但是,我不知道为什么,它们比我遇到的任何其他虚构作品都更能引起注意。——这些作品的长度是非常令人惊讶的,其中一些需要好几天才能重复一遍,但是它们在记忆中牢牢留存下来,即使是那些仅仅从口头传统中接触它们的人都几乎不曾错过什么片段。更令人惊讶的是,吟游诗人的传统语言仍然保留下来了。我们很好奇地看到,这些故事中的华丽描述甚至优于所有那些浮夸地描写东方的虚构作品。【原注】

我曾经历过无数危险，面前敌人从未使我陷入黑暗，虽然我当时年纪尚轻。——克鲁姆托莫特的大首领①啊，在夜晚作战正是我所擅长。

芬格尔迅速下山，装备着全部武器，一路直接冲向图托尔河。图托尔河的轰鸣中满是忧伤，在云雾缭绕的戈马尔山谷里回荡。——透过云雾，一束月光照在岩石上，正中映出一位女子，庄肃的形象；这影像上飘动着锁链，如同洛赫林的那位白衣少女②。——她的脚步不协调又细碎，她将一首断续的歌儿掷入风中。她不断摇动着自己洁白的双臂，因为她的心中满是悲伤。

头发灰白的托库－托诺③，她自言自语，你在卢兰④河边的脚步，

---

① 指来自克鲁姆托莫特的杜赫－马鲁诺。
② 指芬格尔年轻时的爱人阿甘德卡。
③ 托库－托诺（Torcul－torno），按照传统中所说，是克拉特伦的国王，瑞典的一处地方。卢兰河流过托库－托诺居所旁。如今瑞典有一条河仍称为卢拉，与卢兰可能所指相同。斯塔诺和托库－托诺之间的战争以后者的死亡而终结，最初是在狩猎聚会中起了争端。斯塔诺以友好的方式受到了托库－托诺的邀请，两位国王和他们的追随者都去了斯蒂瓦摩尔（Stivamor）山区去捕猎。一只野猪在国王面前从灌木中冲了过去，而托库－托诺杀死了它。斯塔诺认为这种行为违背了客人应享有的（率先打猎的）特权，客人的特权总是受到尊重，正如传统所表达的那样，虽然也伴随着打猎的危险。因此发生了一场争吵，国王们和他们的所有侍从一起战斗，而托库－托诺的部下完全被击败了，他自己也被杀了。斯塔诺扩大他的胜利战果，毁灭了克拉特伦，并且来到托库－托诺的住所，以武力掳走了他的敌人美丽的女儿康班－卡拉斯。他将她拘禁在靠近戈马尔宫殿的一个山洞里，由于受到残忍对待，她变得心烦意乱。
刚才我们看到的段落是康班－卡拉斯唱的歌曲，当时她被芬格尔发现。这首歌是抒情的，要配乐演唱，它既狂野又简单，因此非常适应这位悲伤女士的心情，很少有人能听到它而不落泪。【原注】
④ 克拉特伦（今瑞典）的一条河。【原注】

现在走到哪里呢？康班－卡拉的慈父啊，竟倒在自己黑暗的水流中！——我看到了你，卢兰的首领，竟在洛达的大殿①里竞技，此时镶着黑边的夜色充满了天空。

你有时用盾牌遮挡住月亮。我看到她在天空中黯淡无光。你这最仁慈的，你的头发变成流星，你在夜空中驾舟航行。为什么我在山洞中被遗忘了，蓬毛的野猪之王？请从洛达的大殿中看我一眼吧，看看你的孤独的女儿。

"你是何人？"芬格尔说，"这夜晚的声音？"——她颤抖着，转身离开了。"你是何人，在黑暗中？"——她蜷缩回山洞中。——芬格尔王解开她手上的捆绑，问起她的祖先。

托库－托诺，她说，曾经居于卢兰河泡沫的水流中②。他曾经活着——但是现在，他已在洛达的天庭中摇晃贝壳，发出巨响。他在战争中遇到洛赫林的斯塔诺；他曾与那黑眼睛的国王鏖战许久。我的父亲倒下了，倒在自己的血泊中，持蓝色盾牌的托库－托诺啊！

那时，我在一块岩石旁，在卢兰的河边，我用矛刺穿了一只跑来的獐；我用洁白的手拢起我的头发，它们被呼啸的风儿吹散了。我听

---

① 此处指英雄前往的死后世界，类似北欧神话的瓦尔哈拉。
② 凯尔特人喜欢以水流做比喻。此处喻指家族。

见一阵响声传来,我的眼睛抬起,我的胸脯挺起,我的脚步轻快向前,在卢兰,去见他,父王托库－托诺。

但那是斯塔诺,残暴的国王！ ——他的眼神在我身上怀着歹意游走,他浓密的眉毛眉飞色舞,他挤出坏笑。我的父亲呢？我说,他才是战争中的强者啊！现在你被孤独地扔在敌群中,哦,托库－托诺的女儿！

他抓住我的手,他起航远去,在这个山洞里他把我关入黑暗。有时他从云雾中来到这里,他举着我父亲的盾牌向我炫耀。但有时一束年轻的光①从远处射入我的山洞,那是斯塔诺的儿子进入我的视线。他使我的灵魂更加寂寞。

卢兰的少女,芬格尔说,你这有着洁白双手的悲伤之女！一片乌云,有着火焰条纹的标记,在我的灵魂里翻滚浮动。不要再看那穿深色长袍的月亮,不要再看那些天上降下的流星。我闪光的钢铁意志在你周围,令我的敌人感到恐怖。

这绝不是软弱者的钢铁,不是灵魂中的黑暗,少女们不会被禁闭在我们的山洞中!② 她们不再会悲伤地摇晃着手臂。她们将从枷锁

---

① 从后文可以看出,康班－卡拉斯此处用"年轻的光"指斯瓦兰,即斯塔诺的儿子,当她被囚禁时她爱上了斯瓦兰。

② 从芬格尔使用的这一对比可以看出,他自己的民族和斯堪的纳维亚居民相比,前者与后者比不那么野蛮。这一区别在莪相诗歌中经常可见,因此我们不必怀疑,他描述的是这两个民族在当时的实际性格。另外,在这段芬格尔的演讲后,原作品的很大一部分遗失了。【原注】

中获得公正,在塞尔玛①的战琴声之中。让她们的声音不再游荡在荒野中,让我们一起唱出愉悦的歌曲!

芬格尔又一次出发,在夜幕掩护下大步前行,他要去的地方,洛达之树在大风中摇晃。三块苔顶的巨石,放置于彼处;一条泡沫的激流经过那里:更有黑红色的洛达之云,它恐怖地在万物周围翻滚。在山的高处,能看见一张幽灵面孔,它隐隐形成于阴暗的风交错处,时而咆哮,混合在喧嚣的激流声中。在一旁,一棵被风折断的树边,两位英雄在听那鬼神的话语:他们是湖泊之王斯瓦兰,和异乡人之敌斯塔诺。他们倚靠着自己暗褐色的盾牌,他们的矛在夜间依然伸向前。风声凄厉,黑暗中,斯塔诺的胡子飘动。

他们听见了芬格尔在树丛间的踩踏声,英雄们拿起武器起身。"斯瓦兰,把那游荡者击败!"斯塔诺骄傲地说道。"带上汝父的盾牌! 它在战争中坚如磐石。"——斯瓦兰掷出闪光的飞矛,深深插进了那棵洛达之树。于是为敌的双方持剑向前,他们的钢铁武器交击乱撞。卢诺的剑锋②飞速刺穿斯瓦兰的盾牌挽带,那盾牌翻滚着掉到了地上。他的头盔③也被劈裂落下,芬格尔便收起了竖起的武器。斯瓦兰狂怒地站着,却已毫无防御。他不出声地转了转眼睛,将他的剑

---

① 塞尔玛是芬格尔的驻地。

② 卢诺之剑是芬格尔的佩剑,这个名字来源于剑的制作者,洛赫林的卢诺。【原注】

③ 此处芬格尔的行为和英雄的慷慨精神是一致的。他并不趁敌人失去武装时攻击。

也掷入了土中。接着,他长啸一声,跟随着河流走远。

斯瓦兰的父亲并非没有看见这一幕,斯塔诺也愤怒地转身离开。他双眼透出怒火,浓眉黑漆。他用长矛敲击洛达之树,低声地哼着歌曲。他们两人是洛赫林的主宰,各自走着黑暗的小径。他们就像两股泡沫密集的激流,从两个暴雨山谷中涌出。

芬格尔则回到了图托的平原。那位东方的光亮①美人来了,她之前屈为洛赫林之王的战利品。托库－托诺的美貌女儿,她从山洞里出来,在风中聚拢她的秀发,她高声地唱起歌来。那是贝壳②的卢兰的歌谣,她的父亲生前居于此处。

她看见了斯塔诺的沾血盾牌,顿时喜形于色,脸上有了光亮;她又看见斯瓦兰裂开的头盔③,却又畏缩而悲哀地从芬格尔身边退开。——"你倒在了你统领的百川之中吗? 哦,悲伤少女的爱人啊④!"——

---

① 这里用从东方升起的太阳做比喻。
② 贝壳在诗歌中有非常多的用途,用于装饰、发声、宴会饮酒等。
③ 康班－卡拉斯看到斯瓦兰染血的头盔后,认为这位英雄被杀了。——原作的一部分在此丢失。但是,从后篇看起来,托库－托诺的女儿在惊恐地推断她的爱人死去后并没有再活多久。——这里对洛达(推断是和奥丁所指相同,斯堪的纳维亚的主神)通风大厅的描述比埃达史诗,或是其他北方诗人的作品,有着更加图像化的描述。【原注】
④ 此处指她所爱的斯瓦兰。

海中耸立的乌托诺岩啊！夜空中的流星，站在谁的一边？我望见黑色之月降落到你那回响的森林后方。雾中的洛达，居于你的峰巅，洛达之屋是人类死后灵魂的居所！在他云雾缭绕的大殿最里端，天神克鲁赫－洛达举着宝剑。在他波浪般的雾中，能隐约看见他的形貌。他的右手按在盾牌之上，左手握着半无形的贝壳号角。他那可怖的大殿屋顶，装饰着夜火！

克鲁赫－洛达的家族快速前进，他所经之处有一道不成形状的阴影。他到达回声贝壳的海滩，去那些战争英雄所在之处。在弱者看来，他的盾牌如同昏暗的锈迹。对那些不善战者而言，他就像一颗暂歇的陨星。溪流上的彩虹多么明丽！卢兰的白衣少女康班－卡拉来了。①

---

① 到此第一章结束，如麦克弗森所说，康班－卡拉的故事并不完整。

CATH – LODA—DUAN II.
卡赫 - 洛达——段歌 第二章

　　你在哪里啊,国王之子?深色头发的杜赫 - 马鲁诺说。你在哪里止步了,年轻的塞尔玛之光? ——夜幕隐去时,他并没有出现!乌托诺的早晨已经来到,在晨雾中,太阳从山峦后升起。——勇士们,在我面前,举起盾牌!他必不会像天上落下,不知落在何处的火流星一样坠落。——他像雄鹰一样回来了! 在那狂风的裙摆①之中。他的手上握着从敌人处缴获的战利品。——塞尔玛之王啊,我们的心灵曾多么难受!

　　敌人就在我们附近,杜赫 - 马鲁诺。他们来了,就像海浪隐藏在薄雾中,泡沫的浪尖时而从低垂的雾幕后出现。——远行的旅人蜷

---

　　① 此处将风的气流比喻为裙摆。

缩成一团,不知去往何处才能逃生。——我们才不是那战栗的旅人!——唱起英雄之歌,唤起钢铁武器!芬格尔的剑应当出鞘,还是由别的勇士来率领?①

古代英雄的事迹,杜赫－马鲁诺说道,就好像在我们眼前指明道路。哦,芬格尔!直到后来他年近迟暮,依然看见持巨盾的战神特伦莫尔②。国王的灵魂毫不软弱!再没有什么行动要在黑暗中秘密隐藏。——从一百条河流那边而来的部落,来到芳草萋萋的科格兰－克罗纳海滩。他们的首领站在队前,争相要求指挥战斗。他们的宝剑已半出鞘,他的眼中翻滚着通红怒火。哼着粗暴的战歌,他们分开站立。——"谁会向其他人屈服? 他们祖先们在战争中本就不分上下。"

特伦莫尔和他的随从,也庄严地看着这场战斗,他们的头发永远

---

① 在这短短的一段中,我们看到一段非常可信的记录,告诉我们卡莱多尼亚君主制的起源。拥有凯尔人或高卢人,占据着爱丁堡湾以北的地盘,他们最初是一些不同的部落或部族,每个部落都拥有自己的首领,他们是自由的,独立于任何其他势力。当罗马人入侵他们时,共同的危险或许可能会诱使小王们聚集在一起,但是,由于他们不愿屈服于某一个与他们同等地位之人的命令,他们的战斗缺乏组织,并且因此难以成功。特伦摩尔是第一个向首领们阐明道理的人,关于他们以这种不规则的方式进行战争的不良后果,并建议他们自己应该在战斗中交替领导。他们这样做了,但他们依然没有成功。直到轮到特伦莫尔时,他完全击败了敌人,凭着他的高贵勇气和行为,这使得他在部落中获得了如此的尊重,以至于他和他家族的继承人被视为国王;或者,用诗人的语言表达,权力的话语从塞尔玛的国王口中涌出来。——然而,除了在战争时期,王室权威通常是无足轻重的。对于每个首领而言,在他自己的领地内,他们是绝对的、独立的首领。——从这一部分中描述的战斗场面来看(在克罗纳山谷,在阿格里科拉的墙壁以北一点点),我推测卡莱多尼亚人的敌人是罗马人,或罗马行省中的布立吞人。【原注】

② 此处叙事者指后面的故事中,芬格尔直到老年时依然亲自战斗。

如年轻时。他看见了前进的敌人，心灵悲哀，便吩咐首领们轮流领军，却被击退。——持蓝盾的特伦莫尔，亲自从多苔的山巅下来，他在广大的战场上指挥，将敌人打败。黑眉的勇士们来了，围绕着他，他们敲着盾牌，快乐无比。塞尔玛之王喊出有力的命令，如同一股爽快的大风直冲向前。首领们继续轮流指挥战斗，直到强大的危险出现：现在是轮到王者们征服战场的时候了。

"我们祖先的事迹，"持盾的克罗马－格拉斯①说，"无人不知。——但是现在，谁来指挥战斗，对抗那王者辈出的家族？这里有四座被云雾遮盖的黑色小山，让每位勇士登上其中一座，敲响他们的盾牌。英灵们将从黑暗中降临，为我们指引战争。"——他们去了那雾气弥漫的山坡，吟游诗人们评判盾牌的响声。最响亮的是你，杜赫－马鲁诺首领，应当由你来指挥战斗！

————————

① 在传统中，克罗马－格拉斯在这场战斗中成为一个伟大的人物，康姆哈尔在这场战斗中输给了莫尔尼部落，并失去了自己的性命。我手头收集到一首爱尔兰作品，根据语言判断是很现代化的创作，其中关于这场决定性战斗的各种叙事传统都被混杂在了一起。为了对这首诗公平见记，我本应该在这里向读者呈现它的翻译，要不是吟游诗人在诗中提到一些非常荒谬的情况，而其他部分则完全不雅。莫尔纳，是康姆哈尔的妻子，在她丈夫失败和死亡之前的过程中都插了一手。使用吟游诗人的话说，她是爱林女性的指路明星。希望吟游诗人歪曲了他国家的女士形象，因为根据他说的内容，莫娜的行为丝毫没有体现得体和美德，难以想象她能成为指路明星。这首诗由许多诗节组成。语言多用比喻、数字；但这部作品充满了时代错误，描绘如此不均，以至于看起来，作者在写作时，要么是疯狂了，要么是喝醉了——值得注意的是，在这首诗中，康姆哈尔被叫作阿尔比昂的康姆哈尔（Comhal na h'Albin, or, Comhal of Albion），这充分证明，基廷（Keating）和奥弗拉赫提（O'Flaherty）等人宣称的芬－麦克康姆纳尔（Fion Mac－Comnal）只是后来的发明。【原注】

此注中麦克弗森和爱尔兰的论战对手争论英雄康姆哈尔的原名和所归属的民族。

仿佛水声轰鸣，乌托诺的家族下山来了。斯塔诺指挥着战斗，与那暴风岛的斯瓦兰一起。他们从铁盾后向前望去，眼神如火，仿佛天神克鲁赫－洛达从黯淡的月亮后面俯视人间，在夜空中洒下他的流星。

敌对的两军在图托尔河边会战，参差的阵型如同隆起的波浪。武器交锋，回响混杂，幽暗的死神从牺牲者上空飞过。他们就像云雾和冰雹，狂风劲吹着他们的裙摆。他们一起咆哮，如同暴雨，在他们脚下的黑暗血海翻滚涨起。

在阴沉的乌托诺，战争正在进行。我为何记录你们所受的创伤？你们和那过去的岁月一起消逝了，在我记忆里也渐渐淡去！斯塔诺带上自己的战裙，斯瓦兰指挥自己黑暗的侧翼。可杜赫－马鲁诺的宝剑，就像火焰，绝不是虚张声势。——洛赫林的河流在翻滚不停。愤怒的国王们正在沉思对策。他们沉默的视线一转，撤回自己的国土。芬格尔的号角声传来，多树的阿尔比昂之子回来了。但是许多战士已经倒在图托尔河边，静默地卧于血海之中。

克拉赫莫的大首领，国王说道，"杜赫－马鲁诺，野猪的狩猎者！你就像我的猎鹰，从敌人战场归来，你所斩获可谓不少！为了你的功绩，白衣的拉努尔将在河边欣喜不已，坎多那行走在克拉赫莫的田间时，也将感到高兴！"

科尔格姆，①首领回答，"是我家族的创始者；科尔格姆是海洋的驾驭者，他穿过波峰和波谷。他在伊托诺②弑杀了自己的兄弟，离开了祖先们所在的土地。他沉静地选择了自己的埋葬之处，就在崔嵬的克拉赫莫克劳洛山边。他的家族子孙后代不断繁衍，他们挺身而出参加作战，却总是死于战争。如今我祖先的创伤也属于我了，回声岛屿的国王啊！"

他从自己的胸口拔出一支利箭！他面色苍白，倒在了异乡的土地上。他的灵魂逸出身体，回到他的祖先那里，去到他们暴风雨不息的岛屿。在那里，他们追猎迷雾形成的野猪，穿着风缝成的战裙。——首领们静默地站着，围绕在他的身边，在山上不动，如同洛达之石一样。芬格尔在暮光中孤独地看着他们，想起那些古时的魂灵，它们正在构想未来新的战争。

夜幕笼罩着乌托诺。首领们依然悲哀地站着。疾风呼啸，轮流穿过每一位勇士的头发。——良久，芬格尔从思绪中回过神来，他唤来弹琴的乌林，吩咐他唱起歌来。——他不是流星，稍纵即逝，然后

---

① 看来杜赫－马鲁诺的家族最初来自斯堪的纳维亚半岛，或者至少来自一些北部岛屿，并对洛赫林的国王效忠。从未错过对莪相的作品发表评论和补充的高地诗人们给了我们杜赫－马鲁诺祖先的一长串清单，并特别介绍了他们的行为，其中很多相当奇妙。有一位北方的故事创作者之一称斯坦莫尔（Starnmor）是杜赫－马鲁诺的父亲，考虑到他曾率领后者的冒险经历，这既不会令人不愉快，也没有那种不令人信服充满那种虚构。【原注】

② 斯堪的纳维亚的一处岛屿。【原注】

在夜间消失;他不是陨石,他的结局并非如此落寞。他是放出强光的太阳,在山巅上欣快不已,从祖先们栖居的古代召唤回他们的名字!

伊托诺岛①,诗人说,从大海中陡然升起! 为何它的高处在雾中如此阴暗? 从山谷中,一个家族来到这里,他们毫不惧怕,就像双翼强劲的鹰,这是铁盾的科尔格姆家族,他们是洛达大殿的居民。

在回声的托尔莫赫岛上,多河流的卢坦山高高耸起。森林覆盖的山头上,有一个静谧的山谷。在那里,在泡沫的克鲁鲁赫河源头,住着野猪猎手鲁马尔! 他的女儿就像阳光一样白皙,那是白衣的斯特林娜－多娜!

许多英勇的国王,许多铁盾的英雄;许多有着浓密头发的少年,来到鲁马尔的回响大堂。他们想博取少女的芳心,她是托尔莫赫庄严的女猎手。——但是胸脯高挺的斯特林娜－多娜,从你的脚步就能看出,你对他们并不关心。

---

① 这一部分在原作中极为美丽。它配上一种狂野的音乐,一些高地人称其为 Fon Oi－marra 或美人鱼之歌。咏叹调的某些部分如同地狱般困难,但是收到了(艺术上的)回报,那就是无法形容的狂野和美丽。从音乐天赋来看,我认为它最初来自斯堪的纳维亚半岛,因为关于 Oi－marra 的传说(她们被称为音乐的作者)完全符合北方国家的概念,关于他们的 dire 或死亡的女神。——在这一部分中出现的所有名字中,除了斯特林娜－多娜(Strina－dona)之外,没有盖尔语的原文描述英雄的纷争。【原注】

如果她要去那平原上,她的胸脯比卡纳草①的根更洁白;如果她要去那海滩边,她的胸脯比滚滚海洋的水沫更白亮。她的眼睛就像两颗明亮的星星,她的脸如同雨后的天弓②。她乌黑的头发在她脸庞周围飘拂,就像流云在天空中飞过。——你是无数人心灵的归宿,素手纤纤的斯特林娜－多娜!

科尔格姆驾船而来,与贝壳之王科库－苏兰一道。这一对兄弟从伊托诺岛来,为了追求托尔莫赫荒野的阳光③。她看见他们带着作响的武器,她的心灵被蓝眼的科尔格姆掳获了。乌尔－洛赫林④星在夜间瞪大眼睛,看见了斯特林娜－多娜身边武器交锋。

愤怒的兄弟俩紧皱着眉头,他们怒火燃烧的眼睛无声地对视。他们各自回转身去,敲击盾牌,他们握剑的手仍不时颤抖。他们冲向对方,相互交战,英雄之争发生在长发的斯特林娜－多娜身旁。

科库－苏兰倒在了血泊中,他们的父亲在家乡岛上狂怒满腔。他禁止科尔格姆回到伊托诺,任凭他在风中无助游荡。在克拉赫莫克劳洛,那崔嵬的山上,他最终定居于一条陌生河流旁。这位王者在

_____

① 卡纳草指的是一种在北方荒原沼泽地里肆意生长的草本植物。它的茎是干燥的,它带有一簇羽绒,非常类似于棉花。它非常白皙,因此,吟游诗人在他们关于女性美的比拟中经常提到。【原注】

② 指彩虹。

③ 即前面所说的斯特林娜－多娜。

④ 意为"去洛赫林的引导星",是一颗星的名字。【原注】

夜幕时并不孤单，他身旁有一束耀眼的光亮。那是回响的托尔莫赫平原之女，手臂洁白的斯特林娜－多娜。①

———————————

① 我手头有这部分的后续内容，但其中的语言过于不同，表现的概念也配不上我相，因此我认为它不过是现代诗人添入的。

CATH – LODA—DUAN Ⅲ.
卡赫 - 洛达——段歌 第三章

　　岁月之川,从何处至? 时间之河,往何处去? 你们那些浓墨重彩的篇章啊,现在在雾中何处躲藏? 我望向过往时光之流,但它们在莪相眼中日渐黯淡,就像遥远的湖面上反射的月光。这里,曾经散发出战争的火光! ——那里,安静地居住着一个已衰微的家族。他们的事迹却未曾镌刻在时间中,而只是缓缓地代代相传。居住在盾牌间的战士啊! 快唤醒你们沮丧的心灵! 科纳的竖琴声①从高墙上传来,你的声音一再回荡! 快带来那点燃过去时光的故事:快将他们从沉

---

　　① 莪相的代称。

睡已久的黑暗中唤起！①

乌托诺，暴风之山，我与族人同在汝之上！芬格尔整夜都靠在杜赫马鲁诺的坟墓上。他身边是英雄们，野猪猎手们的脚步。——在图托尔河边，洛赫林的主人躲在阴影之中。两位暴怒的国王分别站在两座山丘之上，他们从浮雕的盾牌后向前望去。他们看着夜星，它发着红光，在西天徘徊。克鲁赫－洛达从高处弯下身来，就像云雾中的无形流星。他在风上写下预兆记号，并将它们送出。斯塔诺看见了，预见到莫文之王②是不会屈服的。

他愤怒地敲击了两次树木，便赶向儿子那边。他唱着一首粗暴

---

① 吟游诗人随时准备在他们认为莪相诗歌中有缺陷的地方加以补充，在卡赫－洛达的第二段歌和第三段歌之间插入了许多事件。他们的插入很容易与莪相的真实遗留作品区别开来，我花了很少的时间就把它们标记出来，并完全删除它们。现代的苏格兰和爱尔兰吟游诗人缺乏判断力，从这一点可以看出来：那就是把他们自己的作品归于古代的名字，因为通过这种方式，他们自以为逃脱了那种蔑视——这种徒劳的行为的作者从真正有品位的人那里得到的蔑视。我刚才在手头一首爱尔兰诗中就发现了这一点。它涉及洛赫林国王斯瓦兰在爱尔兰的登陆，并且在传统的序言中，称它属于莪相－麦克－芬传统。然而，从进出的几个虔诚的词中可以看出，它更像是在 15 或 16 世纪某个好牧师的作品，因为他以极大的朝圣般的投入程度，描述了修道院的蓝眼睛的女儿。尽管这位作者富有宗教感情，他在描述斯瓦兰和孔库利昂（Congcullion）的妻子之间的场景时并不完全正派。他们两人都是巨人。不幸的是，孔库利昂只有普通大小的身材，他的妻子毫不犹豫地更喜欢斯瓦兰，因为他更适合她自己庞大的身材。从这种致命的偏好中，产生了如此多的淘气恶作剧，使这位优秀的诗人完全忘记了他的主要行为，并且以对男人提出关于他们选择妻子的建议而结束了这件作品。这一建议无论多么好，我都会将它继续埋没在默默无闻的原作里。【原注】

② 指芬格尔。

的歌,听见风中空气作响。两人互相背对站着①,如同两棵橡树,被两股不同的风所弯折;每棵树笼罩着一条河流,又各自在暴风中挥动树枝。

阿尼尔②,湖泊之王斯塔诺说,是一簇火焰,却因年老而日渐衰竭。在战场上,他目光所及之处,便洒下死亡。他以杀戮人为快乐,对他而言,人血就如同夏天的溪流,从长满青苔的岩石上流下,给本已无生机的山谷带来欢乐。——他来到卢赫-科莫湖,要与高大的科尔曼-特鲁那会战,后者来自乌洛尔的河川,常年居住于战争之翼下。

乌洛尔的首领来到戈马尔,率领着他那黑色的舰队。他看见了阿尼尔的女儿,手臂洁白的福娜-布拉加。他看见了她! 她也目不转睛地看着这位风暴和波浪的骑手。在黑暗中,她逃到了他的船上,就像月光穿过了夜的河谷。——阿尼尔沿着海边追逐,他唤来了天上的暴风。——这位国王并非孤身一人! 我斯塔诺就在他的身边。像乌托诺的雏鹰看着雄鹰,我转过眼睛,看着我的父亲。

---

① 斯塔诺和斯瓦兰的态度很契合他们凶悍和不苟言笑的性格。乍一看,他们的角色似乎并非不同;但仔细读过,我们发现,诗人已巧妙地区分了他们。他们既黑暗、顽固又傲慢、保守;但斯塔诺极其狡猾,有报复心,很残忍;斯瓦兰的性格虽然是野蛮的,却不那么血腥,而且偶尔慷慨。如果说莪相没有描述各种各样的角色,那是不公平的。【原注】

② 依下文,为斯塔诺之父,斯瓦兰之祖父。

我们冲进咆哮的乌洛尔,科曼－特鲁那带来了他的军队。我们大战一番,但是敌人占了上风。我的父亲狂怒地挺立,他用宝剑砍折那些小树。他红色的眼睛愤怒地滚动。我看到国王的灵魂,决定在夜间退避。从战场上下来,我戴着一顶破头盔,一面被钢铁刺穿的盾牌,我手中的矛也已磨钝不尖。我去找寻敌人。

在一块岩石上,坐着高大的科曼－特鲁那,在一株火红的橡树边上。而在他附近一棵树下,坐着胸脯高耸的福娜－布拉加。我把我破裂的盾牌掷在她面前!我讲出和平的言辞。"在翻滚的海洋旁,躺着统领湖泊的阿尼尔。这位国王在战争中被刺杀,斯塔诺要为他筑起坟墓。我,一位洛达的子孙,受祂的神启来找素手的福娜,恳求她取下一缕头发,可以与父亲一起埋葬。——还有你,轰鸣的乌洛尔河之王,请停止战斗吧,直到阿尼尔的灵魂,升到那火眼的克鲁赫－洛达身边,吹奏贝壳。"

①她痛哭流涕,站起来,取下了一根头发。这一缕细发,在风中飘荡,在她起伏的胸脯旁。——科曼－特鲁那递给我贝壳,愿我重获欢愉。我退后到夜的阴影里,将我的脸深深藏进头盔。——敌人们睡着了。我一跃而起,像一个盯梢已久的鬼魂。我刺穿了科曼－特鲁那的胸膛!福娜－布拉加也别想逃!她翻滚着,胸口沾满血迹。为

---

① 我相非常偏袒女性。即使是残酷的阿尼尔的女儿,即复仇和血腥的斯塔诺的妹妹,也并没有分得她家族独特的令人不快的性格。她温柔而细腻。在所有古代诗人中,荷马是描述女性时最不尊重女性的。他的冷漠蔑视甚至比现代人对女性的谩骂还要糟糕;谩骂至少暗示着拥有一些优点。【原注】

什么呢，英雄的女儿，你竟唤醒我的怒火？——早晨来到。敌人已散去，如同晨雾消弭。阿尼尔敲着他那浮雕的盾牌。他叫来了黑发的儿子。我来了，手上沾的血还在流淌。这位国王大吼三声，如同夜晚从云中爆破而出的狂风。我们在敌人尸体上狂欢三天，还叫来天上的老鹰。它们从四方风中而来，享食阿尼尔敌人的尸体。——斯瓦兰！——在夜里，芬格尔正独自站在山冈上①，快在暗中用你的矛将他刺杀！我的心灵将畅快不已，如同当年的阿尼尔！

哦，戈马尔的阿尼尔之子，斯瓦兰说，我绝不会在暗影里杀人。我只在亮光中进军，雄鹰从四方风中冲来，它们惯于追踪我的行程。战争不可能毫无牺牲。

那位国王的怒火熊熊燃烧，他三次举起了自己闪光的长矛。但是，他放过了自己的儿子，而冲进夜幕之中。——在图托尔河边，一处黑暗的洞穴，那曾是康班－卡拉的居所。他曾把国王之盔放于彼处，他呼喊那卢兰的少女，但是她已远去了，正身处洛达的回声大殿。

他的怒气更浓，大步走到芬格尔卧处。那位国王正躺在盾上，在自己隐秘的山上。——长毛野猪的严酷猎手啊！没有娇弱的少女睡在你身前，没有男孩睡在蕨丛上，在这潺潺的图托尔河边。这河岸就

---

① 根据卡莱多尼亚国王的习俗，芬格尔独自退到山上，因为他本人将在第二天指挥军队。斯塔诺可能收集到了国王退却的情报，这里是他向斯瓦兰要求刺伤他，正如他预见的那样，他的占卜表明，他无法在公开战斗中胜过他。【原注】

是强大者的卧床,起来后他们将投入生死战斗！长毛野猪的猎手没有叫醒恐怖之人。

斯塔诺念念有词地来了,芬格尔拿起武器跃起。"你是谁,夜晚之子！"他在沉默中扔出飞矛。他们进行黑暗的搏斗,斯塔诺的盾牌坠下,裂成两半。他被捆绑到一株橡树上。晨光熹微。——芬格尔注视着戈马尔的王,不出声地转着眼睛。他想起过去,胸脯洁白的阿甘德卡来临,如同歌曲的乐声。——他松开了手中紧握的皮鞭。——阿尼尔之子！他说,快走开！快逃回那可寻贝壳的戈马尔山；我的眼前仿佛一道亮光回归,我想起了你那胸脯洁白的女儿。可怕的国王,快走吧！去你那乌烟瘴气的家里,你这与美为敌的黑暗者！让异邦人躲避你吧,你在宫中独自阴郁！

这是一曲古时的传奇！

COMALA, A DRAMATIC POEM

科玛拉，一首戏剧式的诗歌

人物表

芬格尔

科玛拉

希达兰

梅丽尔科玛①
德萨格蕾娜②
} 莫尔尼的女儿

诗人们

　　德萨格蕾娜:战争结束了! 除了激流的轰鸣,阿德文山上再也没有别的声音。莫尔尼的女儿,从克罗纳的河岸边来啦。放下弓箭,拿起竖琴。让夜晚伴着歌声到来吧,让我们在阿德文山上尽情欢乐。

---

① 梅丽尔科玛(Melilcoma),意为温柔转动的眼睛。【原注】
② 德萨格蕾娜(Dersagrena),意为阳光的明亮。【原注】

梅丽尔科玛:夜晚来得真快,蓝眼睛的少女!平原上灰色的傍晚渐渐变得昏暗,我看见克罗纳河边的一只野鹿。它在夜色中跑过长满青苔的河岸,轻捷地跃过河流。一颗流星仿佛在它分枝的鹿角上盘旋;古时可怕鬼魂的脸①,从克罗纳上空的云中俯视世间。

德萨格蕾娜:这是芬格尔死亡的预兆。盾牌之王要倒下了!卡拉库尔要获胜了。科玛拉②,从你等待的岩石上起身吧,萨尔诺的女儿呀,满眼泪水!你所爱的年轻人倒下了,他的鬼魂来到了我们的山上。

梅丽尔科玛:科玛拉绝望地坐在那儿!在附近,两条灰色猎犬摇动多毛的耳朵,捕捉着微风中飞扬的声音。她红红的脸颊靠在手臂上,山风穿过她的秀发。她转动蓝色的眼睛,望着他所承诺过的等待之处。哦,芬格尔?黑暗正在聚集,夜要来了。

科玛拉:哦,卡伦河③啊!为何我看见你的水流中翻滚着鲜血?你听见战争的嘈杂了吗,莫文之王沉睡了吗?天空之女月亮,升起来吧!从你的云间投下光来,这样我或许能望见,诺言之处他武器的闪亮。要么,让拖着红色火光的流星,那在夜间照亮先祖灵魂者,给我

----

① 维吉尔《埃涅阿斯纪》,2.522f.,——我听见恐怖的声音/然后敌意神灵的可怕形象出现了。【原注】

② 科玛拉(Comala),意为美丽眉毛的少女。【原注】

③ 卡伦(Carun or Cara'on),意为弯曲的河流。——今天这条河依然保留了卡伦的名字(Carron),从法尔科克(Falkirk)北边数英里处流入海湾。【原注】

指明道路,去找我那倒下的英雄。谁能帮我排遣悲哀?难道是希达兰的爱吗?不,科玛拉将长久地等待,直到她能看见芬格尔从战场中出来;他的到来,如同早晨来到一样光明,在一场晨雨后云雾消散时。

希达兰①:黑暗的克罗纳之雾啊,停留吧!在国王的来路上停留!挡住他的脚步,不要叫我看见,免得我再想起我的朋友。战斗的阵列被打散了,他挥动作响的武器时,身边不再是战友的身躯。哦,卡伦河啊!你这血河,翻滚吧,人群的领袖已经倒下了。

科玛拉:雾夜之子啊,是谁倒在了卡伦河轰鸣的河岸边?他是否皮肤白皙如阿德文的雪?精神焕发如雨后的彩虹?他的头发是否茂密如山上云雾,在阳光中柔软而卷曲?他在战斗中是否如天雷般勇猛?迅疾又如荒原中的獐鹿?

希达兰:哦,我大概望见了他的爱人,楚楚动人地靠在岩石上!她的眼睛因哭泣红肿而黯淡,她红红的脸颊半藏在长发中!哦,轻柔的微风,吹拂吧!把那位少女的头发吹起,这样我才能看见她白皙的手臂,和那悲痛中依然可爱的脸颊。

科玛拉:康姆哈尔之子芬格尔倒下了吗?这将是最悲伤的事情!

---

① 芬格尔派希达兰告诉科玛拉自己回来的消息。希达兰为了报复之前她对自己爱情的轻蔑,告诉她国王在战斗中死去了。他甚至假装他从战场上带回来尸体,在她面前掩埋。这一内容说明这首诗可能是非常古老的。【原注】

雷鸣在山顶翻滚！闪电展开火翼劈下！可是科玛拉不害怕它们，而害怕芬格尔倒下。说吧，带来悲伤消息的人，倒下的是那破盾者吗？

希达兰：各个小国在山上都乱成一团了！他们再也听不到国王的声音了。

科玛拉：在平原上，混乱和废墟追逐着你，你这世界之王啊，被它们赶上了！愿你通向安息的路不再漫长，让一位处女来哀悼你吧！她就是科玛拉，她年轻的岁月中满是泪水！希达兰，为什么你要告诉我，告诉我我的英雄倒下了？我本还怀着最后一丝希望，希望他能回来；我本还期待着远远地望见岩石上的他；有时晃动的树影让我以为是他出现；山上的风在我听来以为是他的号角声。哦，我本以为在卡伦河的河岸上，我的泪水能在他的脸颊上得到温暖。

希达兰：他并非躺在卡伦河岸边；英雄们在阿德文山上筑起了他的坟墓。看吧，哦，月亮啊！从你的云间投下光来，照着他的胸膛，科玛拉或许能望见他铠甲的闪光。

科玛拉：住嘴，你们这些坟墓之子，我要等到爱人来临！战争来临时他把我一人留在这里，我不知道他是去参战了。他说在夜里他会回来的，莫文之王会回来的！为什么你们不告诉我他会阵亡呢，你们这些颤抖的石中居者①？你们本该看见年轻的他倒在血泊中,可你们却没有告诉科玛拉。

梅丽尔科玛:是什么声音,从阿德文那边传来? 是谁,在山谷里闪着光芒? 是谁如同江河之力,聚集起水流映照着月光?

科玛拉:还能是谁呢,除了科玛拉的冤家,世界之王芬格尔的幽灵! 你是否拿着科玛拉的弓,从云层中向敌人射去,让他们倒下,如原中野鹿被猎人射中! 芬格尔被簇拥在他率领的鬼魂之中。你为什么要来呢,令我又惊恐又喜悦?

芬格尔:吟游诗人们,唱起歌来吧! 歌颂这卡伦河边的战役! 卡拉库尔在我们的武器前已经逃跑了,他在战场中已颜面扫地。他逃得远远的,如一颗流星,裹挟着夜灵,荒原上的风驱赶着它远遁,而黑暗的树林在周围闪着光。我听见了什么? 是人声,还是山上的风声? 是阿德文的女猎手,那位素手纤纤的萨尔诺之女吗? 快从岩石上看我,我的爱人啊,让我听听科玛拉的声音!

科玛拉:带我去你安息的洞穴吧,哦,你这可爱的鬼魂啊。

---

① "石中居者"是指德鲁伊。也许在芬格尔统治开始时,某些德鲁伊的教团还存在。科玛拉也许向他们询问了卡拉库尔之战的事件。【原注】

芬格尔:跟我去我休息的山洞吧。暴风雨已经过去了,太阳已在田野上空照耀。来到我休息的山洞吧,回响的阿德文山的女猎手!

科玛拉:他载誉而归了!我就能触到他那饱经战创的右手了!但我还是得在石边暂歇,因为我刚才实在惊魂未定!哦,让竖琴声响起来吧!唱起歌来吧,莫尔娜的女儿们。

德萨格蕾娜:科玛拉在阿德文山上猎获了三头鹿。岩石上燃起了篝火,森林茂密的莫文的君王,快去参加科玛拉的宴会吧!

芬格尔:唱起来吧,歌之子们,歌颂奔腾的卡伦河边发生的战争!我的素手佳人会高兴起来的,我已看见我爱人的宴席。

诗人们:奔腾吧卡伦河,欢乐地奔腾,好战的敌人已经逃离!我们领土中再无敌人铁骑,他们将去征伐别的土地!太阳将会和平地升起,黑夜来临也令人神怡!战争的故事将得以传扬,不用的盾牌会挂在殿里。我们的心灵会在海战中欢愉,双手将在洛赫林沾满鲜红血迹!奔腾吧卡伦河,欢乐地奔腾,好战的敌人已经逃离!

梅丽尔科玛:朦胧的光啊,快从高处降临吧!啊,月光啊,把她的魂魄抬起!石上的少女已面无血色!科玛拉完了!

芬格尔:什么?萨尔诺之女死了吗?我所爱的素手佳人?快来

见我啊,我就在我的荒原中,孤独地坐在河流旁。

希达兰:怎么听不见阿德文女猎手的声音了? 我为何要去惊扰少女的心神呢? 我何时才能快乐地见到你,追逐那黑棕色的母鹿?

芬格尔:你这眉头阴郁的年轻人! 再也别想在我殿中参加宴会了! 你不能再参加我的军队,也别想再与我并肩持剑杀敌①。

带我去她安息的地方,我得以见她美丽的脸庞。她躺在石边面色苍白,寒冷的风吹起她的头发。她的猎弓弓弦在狂风中作响,当她倒地时,她的箭矢也在地上折断。追颂萨尔诺之女吧! 让她的名字在天空来风中传扬。

诗人们:看哪! 流星在少女周围闪耀! 看哪! 月光托起了她的魂魄! 在云中,在她的旁边,显出她父亲那可怖的面孔:那是眉头阴郁的萨尔诺②! 那是转动红眼的菲达兰!

你的素手何时能再伸出? 你的声音何时才能再回荡于我们的岩石中? 少女们将长久在荒原中寻找你,而她们却无法找到你。你会时常来到他们的梦中,向他们的心灵中注入和平。你的歌声将在他们耳中长存,他们在休眠时的梦中,将常常欢乐地想起你。流星在少女周围闪耀,月光托起了她的魂魄!

---

① 依后文,此处芬格尔杀死了欺骗科玛拉的希达兰。
② 萨尔诺是科玛拉的父亲,他在科玛拉走后不久死了。——菲达兰是统治因尼斯托尔的第一位国王。【原注】

THE SONGS OF SELMA

塞尔玛之歌

献给夜晚的星辰。呼告诗：致芬格尔和他的时代。米诺娜在国王面前歌唱不幸的科尔玛。诗人们吟唱其他作品，尽情展现他们的诗歌天赋。吟唱这些诗作是一年一度的传统习俗，它由古老的卡勒多尼亚先王们所定下。

　　与夜幕一同降临的星辰！你这西天星光，多么美丽！你从云纱后扬起未梳妆的脸，庄严地在山峦间行走。你在旷野间看见了什么？暴风骤雨初歇。远处传来激流轰鸣。更远处，咆哮的波涛欲攀上岩石。夜虫摇动着无力的翅膀，它们飞过田野上空，嗡嗡作响。美丽的星光啊，你看见了什么？但你只是笑笑，便转身离开。波浪欣喜地簇拥着你，洗濯你那可爱的秀发。那么再见吧，你这恬静的光芒！——让莪相的诗魂在灵光中显现吧！

　　于是莪相果然顿时诗兴勃发！我看见了分别已久的朋友们。他们在洛拉重聚首,正如往昔岁月里的每次聚会。——芬格尔来了,如同水汽弥漫的迷雾之柱,他的英雄们环绕着他:看哪,吟唱的诗人!灰发的乌林!庄严的莱诺!歌喉美妙的阿尔平①!幽怨哀伤的米诺娜!——自从塞尔玛的盛宴时日后,我的朋友,你们发生了何等变化?当我们相互角逐时,就如同春天的狂风,沿着山坡呼啸飞过,轮流吹弯软弱的苇草!

米诺娜走向前②,那样美丽,却面色哀伤,眼中含泪。她的秀发在风中缓缓飘拂,那不同寻常的风从山上降下。她开启那婉转哀怨的歌喉,使得英雄们都黯然神伤:因为他们都曾多次见过萨尔加的坟墓,那黑暗的墓穴中,也埋葬着白衣的科尔玛。科尔玛独自留在山坡上,她有着无比美妙的歌声;萨尔加曾承诺过,一定会来到这里,可此刻夜幕已降临,环绕四周。听,科尔玛独坐在山上,这是她的歌唱!

科尔玛

已是夜了。——我孤单一人,绝望啊,留在这风雨大作的山冈

---

① 阿尔平(Alpin)与阿尔比昂(Albion)的词源相同,或者更确切地说是阿尔宾(Albin),英国的古老名称;Alp 指高的土地或国家。我们岛屿现在的名称源于凯尔特语,那些说这一词是从任何其他词源而来的人,显露出了他们对我们国家古老语言的无知。不列颠(Britain)来自 Breac't in,指斑驳的岛屿,来自于国家的地形面貌,或来自于当地人自己的画作,或来自他们缤纷的披风。【原注】

当代对这两个词的词源研究中,有一派也大致延续了麦克弗森在这里的考证说法。

② 我想在这里介绍了米诺娜,并非在这里形容他脑海里的理想场景,而是在塞尔玛的盛宴上,诗人在芬格尔面前背诵诗作。【原注】

上。狂风之声在山上清晰可闻,巨流从岩石上倾泻而下。没有一座棚舍能让我避雨,绝望啊,我在这狂风四起的山冈上!

出来吧,月亮!从你的云幕后出来!显现吧,夜晚的星辰!请给我一丝光亮,领我去我良人躺卧的地方!其他猎人已经离开,只留下他一个;弓落在他身旁,未来得及上弦;他的猎犬在他身旁喘气。但我却定要独坐在这里,在岩石边,遍布青苔的水流旁。水声、风声,如此嘈杂;我已听不到我良人的声音!我的萨尔加,群山的首领,为何延宕了你的诺言?这里,就是约定之处,就是在这块岩石,这棵树,这条河边!你曾承诺过,夜晚前一定来到这里啊!啊!你去何处了,我的萨尔加?我会和你一起逃离我的严父,我会和你一起逃离我那傲慢的兄长。我们的家族世仇不断,长相为敌,可我们两个人,却并非仇敌啊,哦,萨尔加!

哦,狂风啊!请停止一会儿呼啸!河流啊,请安静一会儿!让我的声音能够传到周围,让我所爱的流浪者听到我!萨尔加!科尔玛在呼唤你。这就是那棵树,那块岩石。为什么你这么晚却还没有来?瞧!宁静的月亮已经出来了。山谷中的巨流也在闪闪发光。陡坡上的岩石灰暗无光,我眼前未看见他的身影!我没有看见他身前的猎犬,也听不到他走近的脚步声。我定要独坐在这里!

是谁躺卧在荒山之下?我的爱人和我的兄长?——请对我说话吧,哦,我的朋友!他们未曾向科尔玛作一声回答。——请对我说话吧,我孤身一人在此!我的灵魂正经受恐惧的煎熬!——啊!他们死了!

他们的佩剑因激战而染血。哦,我的兄长!我的兄长!你为何杀了我的萨尔加?为什么,哦,萨尔加!你真的杀了我的兄长吗?你们都是我最亲密的人,我本该说什么来赞美你们?在山上众人中你们鹤立鸡群!他在战斗中遍体鳞伤。对我说话啊,请听我的声音;听我说话呀,听我唱爱你的歌!你们沉默无声,从此永远沉默!冰冷啊,冰冷啊,你们的胸口如泥土般冰冷!

哦!无论在山上的岩石中,还是在狂风大作的悬崖上,请你们死后的鬼魂说话吧!说啊,我不会害怕的!——你们往何处去安息?在哪个山洞里,我可以找到离去的你们?在狂风中未曾传来一丝私语,在山上暴雨里没有被淹没的回答。

我在极度悲恸中枯坐,我在泪水中等到天明。死去的朋友们,你们在坟墓的后面吧?在科尔玛进来前,请别关上墓门。我的生命如同幻梦一般飞去;为什么我还要留步于人世?就在这里,我要与我的亲友同眠。在这河水撞击轰鸣的岩石边。当夜晚黑暗至极时,当狂风再度呼啸时,我的鬼魂也将在疾风中站立,哀悼我的亲友们之死。那位猎人将在他的棚亭中听见我,他听见我的声音,将恐惧却喜爱!我为亲友而唱时,歌声必甜美动听:科尔玛多么爱她的亲友!

①托尔曼之女米诺娜啊,这歌也是为你而唱啊。她的脸颊绯红,而我们的眼泪也为科尔玛而落,我们的心中真是悲伤!乌林带着竖琴走向前,他为阿尔平之歌伴奏,其声美妙;莱诺的灵魂如同一束灵感的火光,然而他们如今已安息在狭窄的墓穴中。塞尔玛宫殿里歌声已息。在英雄们未故去之时,有一天,乌林打猎归来,听见他们在山上竞相歌唱,歌声轻柔却哀伤!他们哀悼人中之杰莫拉尔的死去。他的灵魂如同芬格尔一样高尚,他的宝剑如同奥斯卡的剑一样锋利。——但是他不幸死去,他的父亲哀悼他,他的姐妹米诺娜,眼里满是泪水。——要下小雨了,她已预见,没有与乌林一起歌唱,而离开了,如同西天之月将自己美丽的脸掩藏于云中。我,莪相,与乌林一起弹奏竖琴,哀歌开始了!

莱　诺

风雨初歇,午间宁静。天空中,云朵散布;青翠群山之上,飞行的太阳时而照耀大地,时而被云朵遮挡。从山间红石谷中,河流奔腾而下。你的潺潺水声多么动听啊,河流!

但是,我耳边听到的人声更加动听。这是"诗歌之子"阿尔平的声音,他正在为死者致哀歌。他的头颈因年老而低垂,他的泪眼因哭泣而红肿。阿尔平,诗歌之子,你为何在这寂静山岭独自徘徊? 为何你的哀怨如同树林间的暴风,你的控诉如同冲上僻远海滩的波涛?

---

①　这段诗句中夹杂有对当时场景的追忆和莪相对当下情境的感叹。

阿尔平

哦,莱诺啊! 我的眼泪,乃是为了死者而流;我的歌声,乃是为了那逝者而唱。在山间居民中,你身材魁梧;在河谷儿女里,你出类拔萃。然而你也终将像莫拉尔那样死去,将有人坐在你坟头吟唱哀歌。你的名字,群山将不再知晓;你的弓,将挂在堂中不再张。

哦,莫拉尔! 你迅捷如同沙漠上的野鹿跃过,你如同飞火流星一样令人恐惧。你的愤怒如同暴风雨来袭,你的战剑如同战场上一道霹雳。你的声音如同暴雨后的山洪,又好像远山中的雷电轰鸣。许多敌人在你的武器下死去,他们被你的怒火之焰吞噬。但是当你从战争中归来,你的眉间又显露出何等的宁静! 你的脸如同雨后初晴的太阳,又好比寂静夜间的月亮,宁静如同湖面,在呼号狂风停歇之后。

现在,你的住处多么狭小! 你的居所多么黑暗! 只需走三步,我就绕着你的坟墓走了一圈。哦,你以前是多么的伟大! 而你仅剩的纪念物,不过是四块长满青苔的石头。一株一叶难寻的枯树,在风中吟啸的长长野草,向过路猎人标示出英武的莫拉尔的坟墓。莫拉尔啊,你真是太可悲了。没有母亲来哀悼你,也没有少女为你洒下爱情之泪。那生你的母亲已经死去,莫格兰的女儿也已离开人世。

那么,这拄杖者是谁? 是谁,因年老,头已白发斑斑;因哭泣,眼已红肿不堪？是谁，每走一步就颤颤巍巍？这是你的父亲啊，莫拉尔!① 他除了你，已无一子嗣！他曾听闻你在战争中的荣光，听说敌人已作鸟兽散；他曾听闻莫拉尔的赫赫威名，但为何未曾听说他身受之伤？哭吧，莫拉尔的父亲，哭吧，但是你的儿子将永远无法听见了。死者沉沉睡去，低枕灰烬尘土，他再也无法听见你的声音，再也不能被你唤醒。什么时候，坟墓深处才能迎来早晨，你这人中勇者才能从永诀的沉睡中苏醒？你是战场的征服者，却再也无法出现于战场，夜晚黑暗的树林，再也不会被你剑锋的火花照亮。你没有留下任何子嗣，那就让这首歌留存你的名字。死去的莫拉尔，未来之光阴将听见你的声名。

　　所有人都悲恸不已，然而最哀伤的当属阿明②。他悲叹一声，想起自己死去的爱子：他在青春年华里逝去。著名的加马尔之地大首领，卡莫尔，他坐在阿明身边。阿明，你为何猛然悲叹？他问道。是什么原因，勾起了你哀悼的心弦？这首诗歌与它的配乐，使灵魂安乐融化。这首诗歌，如同湖上薄雾，弥漫在寂静山谷中。青翠花草上沾满露珠，但当太阳普照之时，薄雾也将完全散去。你为何如此哀伤呢，阿明，海洋环绕之地戈尔马的首领？

---

　　① 托尔曼(Torman)，是卡图尔(Carthul)之子，西部群岛之一伊莫拉(I - Mora)之主。【原注】
　　② 阿明(Armin)，是一位英雄。他是戈尔马的首领或小王，应该是赫布里底群岛中的一岛。【原注】

的确,我悲痛不已,个中缘故绝非平常! ——卡莫尔,你不曾失去爱子吧? 你的美丽女儿也不曾死去。汝子科尔加,在世而英勇;汝女阿尼拉,可称人中最貌美。卡莫尔! 你的家族兴旺一如枝叶繁茂,而我,阿明,已是全族最后一人。哦,道拉,你的卧床多么黑暗! 你在坟墓中睡得多么深沉! ——什么时候,你能再用那美丽歌声将我唤醒? 用你音乐般的歌喉吟唱?

兴起吧,秋风! 兴起吧,在荒原上席卷而过! 咆哮吧,山中的激流啊! 咆哮吧,暴风雨,穿过我的橡树林! 哦月亮,在这碎裂的云中走过,时而露出你那惨白的脸! 让我回想起我的儿女们死去的那一夜,那时,勇武的阿林达尔死去了,可爱的道拉也倒下!

道拉,我的女儿啊! 你那么美,如同福拉①上空的月亮;你那样白皙,如同洁白的积雪;你的声音甜美,如同吹拂的微风。阿林达尔,你的弓强劲有力,你的长矛在战场上迅疾生风。你的外貌如同波涛上的海雾,你的盾牌如同暴风雨中的火红云层。在战争中扬名的阿尔马来到此处,想寻求道拉的芳心,他起初被拒绝,但她之后终于开启心扉,朋友们的希望,本该是多么美好!

奥德加之子俄拉赫心中苦怨:他的兄弟被阿玛尔无情斩杀。于是他装扮成船夫出现,波涛之上他的小舟有着洁白颜色,他的头发也

---

① 福拉(Fura,Fuar－a),意为寒冷的岛。【原注】

装成年老的苍白,他严肃不展的眉头看似沉静。众女中最美的,他说,当属阿明的可爱女儿!不远处,海中一块岩石上竟长出果树,在那地方,累累果实红彤彤闪光。那里,阿马尔等待着道拉。我来到这里,就是为了接你!

她来了,呼唤她的阿马尔。不,没有人回答,只有岩石之子应声①。阿马尔,我的恋人啊!我的恋人!你为何用恐惧折磨我呀!听啊,你这阿纳特之子!请听啊,是道拉在呼唤你呀!俄拉赫这个骗子狂笑着逃到了岸上。道拉提高了嗓音:她呼唤她的兄弟,以及父亲。阿林达尔!阿明!为什么没有人来拯救你们所爱的道拉!

她的声音传过大海,我的儿子阿林达尔听见了!他从山丘上狂奔而下,追逐俄拉赫,他的弓箭发出嘎嘎的声响;他将强劲的弓紧紧攥在手中。五条黑灰色的战犬,跟随着他的脚步。他在海滩边看见了凶狠的俄拉赫,抓住了他,把他捆绑在橡树上。皮革带捆住了俄拉赫的四肢,后者的呻吟声在风中痛苦回荡。

阿林达尔又登上小船,要将道拉带回领地。阿马尔也怒气冲冲而来,射出灰羽飞箭,竟射中一人心脏,射中了阿林达尔,哦,吾儿啊!你被当作叛徒俄拉赫而误杀!船桨顿时停了,他喘着气倒在石上,立

---

① 诗人用"岩石之子"指代从岩石上反射回来的人声之回音。平民百姓认为回声是由石头中的灵魂发出的,于是他们称此为 mac – talla,意为居于岩石中之子。【原注】

刻死去。哦,道拉,你该多么伤心,此时你的足边流满了哥哥的鲜血!

小船断裂成两半,阿马尔一头扎进海里,不顾自己性命安危,要救出他的道拉。这时山上兴起一阵狂风,卷起巨浪,阿马尔沉了下去,再也没能浮起。

海浪凶猛撞击岩石,我的女儿孤身一人。我听见她控诉悲惨命运,她频频放声大哭。而她的父亲又能做什么呢?我整夜伫立在海岸上,看见她在黯淡月光下。整夜,我听见她号哭不止。风声狂作,雨击群山,黎明到来之前,她的声音越发微弱。这声音渐渐消失,就如同岩石苇草间晚风渐渐衰竭。悲伤中,她用尽最后一丝气力,终于气竭而亡,告别世间。留下我阿明,孤身一人。我那战阵中勇武的儿子去了!我那众女中最美的女儿死了!

当高空中风暴骤起,当北风高高卷起波涛,我坐在喧嚣的海岸边,凝视着那块死亡的岩石。夜空中一轮残月,我的儿女幽灵显现。他们的身影若隐若现,一同悲怆地行走。他们不言悲悯,不向父亲看哪怕一眼。我心伤悲啊,哦,卡莫尔,我伤心的缘由非同寻常!

这些就是诗歌之节日里,诗人们所吟唱的全部了。这一天里,国王聆听竖琴乐声,旧时传奇。所有山峦上的首领们在此齐聚,一同欣赏美妙乐声。他们赞赏了科纳河的歌喉①，莪相是无数诗人中的第一！

但是我的巧舌随岁月老去，我的诗魂日渐衰微。有时我听见诗人们的魂灵吟唱，就学习他们的美妙诗歌。但是我的记忆力越来越差了。我听到岁月对我说话，他们说啊，既然诗艺代代相传，为何莪相你还要继续歌唱呢？很快你也会躺在狭小墓中，没有诗人会来传扬你的名声！

奔腾吧，黑褐色的时间之流！你们所流经之处，再没有欢乐！就让墓门朝莪相打开吧，他的精力已经衰微了。诗歌之子要去安息了。但是我的声音尚存——如同喷薄而出的呼啸疾风，在海中孤岩上劲吹。黑暗的苔藓也在那儿鸣叫。远处的水手，将望见随风摇动的树枝！

---

① 莪相有时被诗化地称作"科纳河的歌喉"。【原注】

FINGAL: AN ANCIENT EPIC POEM

芬格尔：一首古老史诗

FINGAL—BOOK I

芬格尔——第一卷

在阿尔斯特①的图拉城堡门口,库丘林②(爱尔兰部落联盟的统帅,此时爱尔兰大王科马克还年轻)独自坐在一棵树下(其他的首领都去附近的克罗姆拉山游猎去了)。这时,他的一个斥候,菲蒂尔之子莫兰,通报他洛赫林③之王斯瓦兰已经带兵登陆了。库丘林召集首领们开会商议,但是他们就如何抗敌意见大相径庭。托格玛的小王康纳尔是库丘林的密友,他赞成先避其锋芒,直到居住在西北苏格兰的卡勒多尼亚之王芬格尔的救兵到来(之前他们已经派人向他求援了);但马塔之子卡尔玛主张立刻出击迎敌,他是拉拉之主,拉拉是康

---

① 爱尔兰岛东北部一区域,今分属英国和爱尔兰共和国。
② 更为准确的人名库丘林(Cuchullin, Cu Chulainn)在 1773 年版中被麦克弗森用库图林(Cuthullin)取代。【英编者注】
此处保留库丘林。
③ 洛赫林是盖尔语中对北欧斯堪的纳维亚地区的统称。狭义指日德兰半岛。【原注】

诺特①的一个国家。库丘林自己颇想大战一番,于是赞同了卡尔玛的想法。在向敌人进军的过程中,他发现他的三位勇敢的英雄不见了,他们是弗格斯、杜赫马尔和卡赫巴。弗格斯随后到来,告诉库丘林另两位首领已经死去。这里插入了关于科马克之女莫尔娜的感人插曲。库丘林的军队被斯瓦兰远远看见,于是斯瓦兰派阿诺的儿子去监视敌军移动,自己则指挥军队列阵,准备迎敌。阿诺之子回来了,向斯瓦兰描述了库丘林的战车,以及这位英雄那令人战栗的外貌。两军短兵相接,然而夜晚到来,战斗尚未分出胜负便不得不停止。库丘林按照当时的好客惯例,派出他的诗人,金费纳之子卡里尔,去向斯瓦兰发出一场宴会的正式邀请,而斯瓦兰拒绝了。卡里尔向库丘林讲述了格鲁达尔和布拉索利斯的故事。在康纳尔的建议下,一小股部队被派去观察敌军动向。第一天的事情就这样结束了。

库丘林②坐在图拉城堡的墙边,在他头上,树叶正沙沙作响。他

---

① 爱尔兰西海岸一地区。

② 库丘林(Cuchullin),或者更确切地说是(Cuth - Ullin),意为 Ullin 的声音,是吟游诗人给塞莫的儿子的一个诗化的名字。他指挥着阿尔斯特省的军队对抗拥有康诺特的菲尔伯格或者贝尔盖人。库丘林非常年轻时与索格兰的女儿布拉盖拉结婚,并且前往爱尔兰腹地,与康纳尔同住了一段时间,后者是阿尔斯特小王康加尔的外孙。在短时间内,他的智慧和勇气使他获得了如此的声誉,以至于在爱尔兰最高国王科马克的手下中,他被选为年轻国王的保护人,并且是对抗洛赫林国王斯瓦兰的战争中的唯一总指挥。完成过一系列伟大的壮举后,他在康诺特某个地方的战斗中被杀,时年27 岁。他的力量如此引人注目,以至于在形容一个强壮者时有一句谚语,"他有库丘林的力量"。在斯凯岛的顿斯凯赫有了他宫殿的遗址,还有一块石头,他用来拴他的狗卢阿特,仍以他的名字命名。【原注】

的长矛倚靠着岩石,盾牌放在身旁草地上。思绪中,他追忆起强大的卡巴尔①,一位曾被自己斩杀的敌方首领。这时,"海上斥候"②,菲蒂尔之子莫兰来了!

"快起身!"年轻人说道,"库丘林,快起身! 我看见从北方来的敌舰了! 敌人的首领为数众多,他们都为海洋之王斯瓦兰效劳!"

"莫兰!③"这位蓝眼睛的将军答道,"菲蒂尔之子啊,没想到你也会打哆嗦! 正是你的恐惧让你草木皆兵了。想必来人是荒野之王芬格尔④,他们是来救援河川密布的爱林⑤的。"

"不,我认出了他们的统帅,"莫兰说,"他高如一块闪光巨石。他的长矛用枯松制成,盾牌则如同升月。他坐在海滩上,就如同寂静山岭上空飘荡的迷雾。他手下的英雄数不胜数,正如我说过的,都是我们的战争对手。强大的库丘林啊,你诚然声名远播,然而要是从图拉城墙上冒着大风远望,看到的勇士可数不胜数!"

———————

① 意为强壮的人。【原注】

② 我们可以从库丘林如此早地请求外援得出结论,那时爱尔兰人的数量并不如近日那么多。这是一个很好的假设,反对有些人提出的古老起源论。我们有塔西陀的证词:在阿格里科拉时期,他认为只派一个罗马军团就足够将整个岛屿置于罗马枷锁下;如果这个岛屿在过去几个世纪以来一直有人居住,那么情况可能并非如此。

库丘林之前得到斯瓦兰想要入侵的情报,就向乌林或阿尔斯特的整个海岸派出斥候,为了第一时间发现敌人出现。同时他又派了斯蒂马尔之子穆南向芬格尔求援。他自己则将苏格兰的年轻人召集到图拉,那是海岸上的一座城堡,他想在芬格尔从苏格兰到来前阻滞敌人的进攻。【原注】

③ 莫兰(Moran)意为很多;菲蒂尔(Fithil, Fili),意为次等的诗人。【原注】

④ 芬格尔是康姆哈尔之子,莫娜是塔都(Thaddu)的女儿。他的祖父是特拉塔尔,曾祖父是特伦莫尔,这两人都在诗中常被提到。【原注】

⑤ 爱林(Erin),即指爱尔兰,是一个源自古爱尔兰语的别称,带有女性化色彩。【原注】

如同岩石震动，库丘林厉声说道："这里有谁与我匹敌？只要我在，那些什么英雄将无立足之地，在我手下他们纷纷倒地而亡。但是，谁能与斯瓦兰对战呢？除了暴风之城塞尔玛的王者芬格尔？有一次我跟随他在马尔默一同与斯瓦兰交手，战士们的脚跟踏翻了树林。石头从交战处坠落逃离，连溪流也喃喃叫着，绕道从我们身旁逃跑。三天过去我们酣战不休，到了第四天，据芬格尔说，海洋之王斯瓦兰倒下了！斯瓦兰则说他还站着。让黑色的库丘林为他①效劳吧，他仿佛异国的闪电一样强大无比！"

"不！"蓝眼睛的首领又回答自己，"我永远不会屈服于任何有朽的人类！黑色的库丘林要么成就伟业，要么就死去！菲蒂尔之子，快带上我的矛走吧！用它敲响塞莫的鸣声盾，它就挂在狂风席卷的图拉城中。它的声音就是战争之声！我手下的英雄们会听见这声音，服从我的命令。"

莫兰遵命而去，他敲响那救命之盾，山峦和岩石中传来回音。这声音直穿过森林，母鹿湖边的鹿儿也被惊动。英雄库拉赫②从作响的岩石上跃身而下，而英雄康纳尔带着染血长矛！克鲁格尔③挺起他那白森森的胸膛。法维之子跳下黑褐色的坐骑，他就是"战盾"罗纳特。还有"库丘林之矛"，卢加！海的子孙们，拿起武器来！卡尔玛，举起你那作响的铁剑！普诺，毫不留情的英雄，起来！凯巴尔④，从你克罗

---

① 指芬格尔。
② 库拉赫，意为战争中疯狂的。【原注】
③ 克鲁格尔，意为肤色洁白的。【原注】
④ 和后面诗歌中的凯巴尔同名但并非同一人。

姆拉的红树林里出来吧！屈膝吧，噢，埃赫！从勒那考特河顺流而下，当你经过莫拉荒原时，看你身旁；你身旁翻腾的海洋掀起白色泡沫，被黑暗之风裹挟着倾倒在崔嵬的库顿①山上。

现在我召集了所有的首领们，他们个个都因自己以往的事迹而骄傲。他们的灵魂之火熊熊燃烧，就像在过往的每次战役前一样。他们的眼睛如同火焰，他们向四周看，寻找侵略者的踪迹。他们强有力的手握着利剑，钢铁武器闪光如同雷电。他们就像山间激流那样，个个咆哮着从山上冲下。战争中的首领们，披挂着他们祖先的铠甲，身上也闪闪发亮。英雄们在阴沉的黑暗中行走，如同天降的火红流星划过阴雨密布的天幕。武器的碰撞声传向天际，中间夹杂着战犬的怒吠。参差错落的战歌声逐渐响起。崔嵬的克罗姆拉山②回声呼应。他们站立在昏暗的莱纳荒原上，就像秋天遮蔽住群山的云雾：当破晓之时，它们昂然飞升，直通云霄。

"欢呼吧！"库丘林说道，"隘谷的子孙们！欢呼吧！山鹿的狩猎者！另一场大戏就要来临，就像黑暗翻滚的波涛即将冲上海岸！战士们！我们是应该战斗呢，还是应该把青翠的爱林之地拱手相让？哦，'破盾者'康纳尔③，你这人中豪杰，你来说一说！你是否常常提

---

① 库顿，意为波浪的悲伤之声。【原注】

② 克罗姆拉(Cromla，Crom－leach)是德鲁伊举办崇拜仪式的一处地方。在这里它是乌林即阿尔斯特海岸上的一座山丘的专名。【原注】

③ 康纳尔，库丘林之友，是卡赫巴特(Cathbait)之子，后者是通格马(Tongorma)，即蓝色海浪之岛的国主，也许是赫布里底群岛之一。他的母亲是康加尔之女菲昂科玛(Fioncoma)。他与科纳查尔－妮萨的福巴(Foba of Conachar－nessar)结婚生下一子，后来成为阿尔斯特的小王。因为他在对战斯瓦兰战斗中的贡献，他获封领地，这些地方后来以他的名字命名为 Tir－chonnuil 或 Tir－connel，即康纳尔的土地。【原注】

起父亲的长矛,与洛赫林交手?"

"库丘林!"这位首领冷静地回答,"我康纳尔的长矛十分锐利,它渴望在战斗中闪光,沾满千万敌人的血。但是尽管我的双手渴望作战,我的心却希望爱林①能得和平。看啦,保卫吾王科马克的战争领袖,看斯瓦兰那黑压压的舰队。舰队的桅杆围绕着我们的海岸,如同芦苇围绕着勒格湖。他的舰队桅杆摇动,如同披上薄雾的森林,树木被阵阵狂风轮流摇晃。他手下的首领数不胜数。我康纳尔赞成先求和!芬格尔会躲过对方的武器②,他可是人中龙凤!芬格尔能够击溃强大的敌军,他就像科纳山谷中的暴风雨,就像黑夜携着乌云降临于山上!"

"逃吧,你这求和的人!"马塔之子卡尔玛说道,"逃,逃呀,康纳尔,逃到你那寂静的山上去,在那里,你的长矛永远别想再在战斗中发亮!去追克罗姆拉山的黑褐野鹿,用你的箭去射倒那些勒纳湖边的母鹿。但是塞莫的蓝眼儿子库丘林,你是平原的主宰,去击溃那些洛赫林的子孙吧!朝他们耀武扬威的队伍怒吼。别放北方雪国的一艘战舰逃回因尼斯托尔③的滚滚波涛。起风吧,爱林的黑暗风暴,起风吧!怒吼吧,母鹿聚集的拉拉国的旋风!让我在暴风雨中阵亡,在

---

① 爱林(Erin),爱尔兰的别名。词源来自 ear 或 iar,意为西,in 意为岛屿。这个名字并非只指爱尔兰,有一种可能性:古代的 Ierne 指北部不列颠而非爱尔兰。参照 STRABO, l. 2. &4. CASAUB. l. 1.【原注】

② 从而击败敌人。

③ 因尼斯托尔,意为鲸鱼之岛,是奥克尼群岛的别称。【原注】

由于奥克尼群岛是在不列颠岛北部的群岛,大约在往返斯堪的纳维亚和爱尔兰的路线中段,这里所说阻止战舰到达因尼斯托尔,应是阻止对方返回的意思。

乌云中粉身碎骨，和那些狂怒的鬼魂一起！让我卡尔玛在暴风雨中阵亡吧，如果对我而言狩猎是一项运动，那么在盾丛中战斗同样如此！"

"卡尔玛！"科纳尔缓慢地回答道，"马塔的年轻儿子啊，我绝没想过逃跑。我曾与同伴们一起参战，动作迅捷，我的声名并不彰显；我目睹了战役的胜利，勇敢者得以取胜。但是，塞莫之子，听我一言，想想科马克国王那传自远古的王位。给他们金钱吧，给他们一半的土地吧，暂时换取和平。直到芬格尔来到我们的海岸边！或者，如果你选择作战，我就举起剑和矛参战！在千人战阵中我快乐无比，在战斗的尘霾中我的灵魂将大放光彩！"

"对我来说，"库丘林回答，"快乐就是听见武器的嘈杂声！就像春天阵雨前的天雷一样快意！如果我不把你们当作战争的子孙，怎么会召集你们这些光荣的部落！让我们穿过荒原吧，就像暴风雨前的阳光那样明亮①；当西风聚拢了云朵，莫文山和她的橡树林互相呼应！"

"但我的战友去哪了？在危急关头支持我的人呢？你在哪里，白衣的卡赫巴？'战场之雾'杜赫马尔②？你也离开了我吗，哦，弗格斯！在这暴风雨之日？弗格斯，宴饮中最快乐的人！罗萨的儿子！死亡的武器！"

"你怎么像马尔默来的一头母鹿？又像从回声山谷来的雄鹿？

---

① 原文如此。
② 杜赫马尔，意为黑色的英俊男子。【原注】

啊,你这罗萨之子! 是什么让你战斗的灵魂心气低落?"

"四块石头①",这位首领答道,"已被放在卡赫巴的坟墓上了。我这双手还将'战场之雾'杜赫马尔也埋葬在土里。卡赫巴,托尔曼之子! 你本是爱林的阳光啊。还有你,哦,勇敢的杜赫马尔! 你是拉诺沼泽的一团迷雾。你曾经在秋天的平原上行军,一人杀死了几千敌军。莫尔娜②! 最美丽的女子! 你在那石洞中睡得多么安详啊。你在黑暗中倒下了,就像一颗流星飞越过荒漠。当旅人独行时,将哀悼你这瞬间消逝的光芒!"

"说吧,"塞莫的蓝眼儿子说道,"告诉我们爱林的首领们是怎么死的。是在英雄的激战中,死于洛赫林子孙之手? 还是有别的什么原因,将强大的武士们送进了那黑暗狭窄的墓穴?"

"卡赫巴,"英雄弗格斯答道,"在喧闹的河流边,橡树旁,倒在了杜赫马尔的剑下。杜赫马尔去图拉山洞,对美丽的莫尔娜诉说:

莫尔娜! 最美丽的女子啊! 铁腕的科马克之女! 你为何在这乱石环绕处,为何在这石洞中孤身一人呢? 滚滚河流在低语,老树在风中叹息,湖水在恼怒,天上的云乌黑一片。但是你,你就像荒原上的白雪,你的秀发如同克罗姆拉山的薄雾,它时而微卷飞上山麓,时而迎着西边的天光! 你的乳房就像在布拉诺河中看到的两块光滑圆

① 这一段暗示了古代苏格兰人的墓葬方式。他们挖一个 6 到 8 英尺的墓坑;底部用细泥衬托,在上面放着死者的身体。如果死去的是一位勇士,那么还在他身边放上他的剑和 12 支箭的箭头。在这之上,他们再铺上一层泥土,并放上一只鹿角,这是狩猎的象征。之后再用土覆盖整个墓穴,最后在四角放上 4 块石头来标记坟墓的范围。这里暗示 4 块石头的来历。【原注】

② 莫尔娜,意为众人皆爱的女子。【原注】

石,你的手臂啊,就像伟大的芬格尔高堂前的那两根洁白石柱。

'你从哪来,'金发的少女答道,'杜赫马尔,你这最阴森的人,你从哪来的? 你的眉毛漆黑又恐怖! 你转动的眼睛是赤色的! 斯瓦兰在海上出现了吗? 敌人是怎样的,杜赫马尔?'

'哦,莫尔娜,我从山上回来,从那有着黑褐色母鹿的山上。在那里,我用我的紫剑杀死了三个敌人,和那久随我出猎的猎犬一起。可爱的科马克之女啊,我爱你就像爱着自己的灵魂一样。我还为你宰了一只神气的雄鹿呢,它高昂的头多角,它的脚迅疾如风。'

'杜赫马尔!'那少女沉静地答道,'我并不爱你,你这阴森的家伙! 你的心如石头般坚硬,你的眉毛漆黑。但是,年轻的托尔曼①之子卡赫巴,他才是我的所爱。他就像一束阳光,穿透了阴暗的暴风雨。你看见过英俊的托尔曼之子吗? 他是否在母鹿聚集的山上? 科马克的女儿在这里等待的是卡赫巴!'

'莫尔娜得等很久了',杜赫马尔说道,'莫尔娜得为卡赫巴等上很久了。看看这把出鞘的剑吧! 这上面流的是卡赫巴的血! 莫尔娜恐怕得一直等下去了。他已经死在布兰诺河边了。我在克罗姆拉山上堆起了他的坟墓,哦,持蓝盾的科马克的女儿! 快转过你的眼睛看我吧,我的手臂如同暴风一样强劲呀。'

'托尔曼之子真的死了吗?'少女突然尖叫起来,'那有着雪白胸膛的年轻人,真的死在了他的山上吗? 你这猎鹿竞赛的冠军,你这陌

---

① 托尔曼,意为闪电。这是高卢人的神朱庇特塔拉米斯的真正起源。【原注】

生海洋来客的敌人。你对我可真是黑暗啊①，杜赫马尔，你的手对我可真残忍！我的仇人！把那把剑给我！我爱着上面流淌的卡赫巴的血！'

'他把那把剑给了流泪的她。她刺穿了他那男人的胸膛！他倒下了，身躯就像山中激荡的河岸。他努力伸展自己的手，说道："持蓝盾的科马克的女儿啊！你在我尚年轻时杀了我。这剑在我胸膛里真是冰冷啊！莫尔娜，它太冷了。把我的尸体带给少女莫伊娜②吧。我是她的梦中所想。她会为我筑起坟墓，猎人们将传唱我的声名。但请把剑从我胸口拔出吧，莫尔娜，这钢铁太冰冷了！"她来了，她哭泣着来了，她把剑从他胸中拔了出来。他用最后一口气，夺过剑刺穿了她的肋部！她的秀发散落在地上，血从她肋中喷出，弄脏了她洁白的手臂。她翻滚着倒地而死，洞穴里回荡着她最后的叹息。'"

"安息吧，"库丘林说，"愿英雄们的灵魂得到安息。他们可是战功累累。愿他们在云中与我同在③。愿他们能展现出他们的战斗绝技！我的心灵将在危险中保持坚定，我的手臂将如天雷般有力！但是你会乘着月光的，哦，莫尔娜！你会出现在我休息时的窗边，那时武器的喧嚣已经过去，我所念及皆是和平。""召集众部落的军队！向爱林的战场进军！准备好我的战车！为前进路上的武器嘈杂声而欢呼吧！哪怕战争使我周围钢铁的反光都黯淡了，我的心灵会在战友

---

① 这里暗示着杜赫马尔的名字有"黑暗者"之意。Duch－mar 可解作 Dark man。
② 莫伊娜，意为性格温和的。【原注】
③ 当时的观念，甚至今天的许多高地人也这么认为，死者的灵魂会盘旋在他们生前朋友的上空。有时，当朋友们将要开始某项重大任务时，灵魂会向他们显现。【原注】

陪伴下更强大！"

他们进军，就像一条泡沫奔涌的河流从暗影重重的克罗姆拉山中冲出。当雷电般的军队在行进时，深褐色的夜幕已经覆盖了半山坡。在暴风雨的间隙中，可以看见鬼魂们的黯淡面庞。爱林的子孙啊，他们多么凶猛，多么众多，多么可怕。其中的领袖，好比大洋中的鲸鱼，所有的波澜都追逐着它，而它不断向前倾倒着勇气的巨浪，开辟出一条水道，让他强大的力量翻滚着撞上海岸。

洛赫林的子孙们听见了这声响，它如同冬天的暴风一样轰鸣。斯瓦兰敲响他的救命盾，叫来阿诺的儿子。"是什么东西在山的那边吵吵嚷嚷，就像夜晚聚集的蚊蝇一样？那是爱林的子孙们下山来了，还是萧萧的风在远处森林里刮着？这声音就像我在戈尔马峰听过的那样，我在它白雪皑皑的峰顶前唤起过波涛。哦，阿诺之子啊，上山去，看看那黑色荒原中的景象！"

他遵命去了。他很快颤抖着回来了。他的瞳孔放大，两眼不停转动。他的心脏猛烈地敲打着肋骨。他的声音颤抖，破碎而迟滞。

"起来，大海之子，快起来，持棕盾的，首领！我看见黑色的，山洪似的，军队，在山里！那是爱林子孙，前进的大军！战车也来了，就像死亡之火！那疾驰的车是库丘林的，塞莫的高贵儿子！它跟在队伍后面，像岩石边的海浪，像荒原上的雾被阳光刺穿。那战车两侧都有石制浮雕，闪着光，就像夜船边闪光的海面。它的横梁是打磨过的紫杉，上面的座位用最光滑的兽骨制成。它的两侧装满了长矛，底部有英雄们的脚凳！在战车的右前侧我看见了喘气的骏马！它高鬃、胸阔、骄傲、步伐大、来自山上。它的蹄声响亮而回荡，鬃毛蔓延如同岩石山脊上的烟雾！它的名字叫苏林－西法达！"

"在战车的左前方我看见了喘气的骏马，它薄鬃，昂首，步伐稳，来自山中；它的名字叫杜斯罗纳尔，战马身旁是那些刀剑的子孙①，如同暴风雨一般。一千条皮绳把战车高高捆牢，坚硬抛光的马衔形成泡沫般发光的花环。镶嵌着宝石的细皮绳，绑在那些庄严的战马颈脖间。那些战马啊，就像环绕的雾飞过溪谷！它们前方有狂野的鹿群，强壮的老鹰向猎物俯冲。它们的声音就像冬天的疾风，在雪覆盖的戈尔马峰两侧劲吹。"

"在战车里我看见他们的领袖，强壮有力的利剑之子。那位英雄名叫库丘林，是塞莫之子，贝壳之王。他的红色脸颊像打磨过的紫杉，蓝色的眼睛大睁，在他那拱弧般的黑色眉毛下方。他的头发飞扬如同火焰，他挥动着长矛向前伸去。逃吧，海洋之王啊，快逃吧！他要来了，就像暴风雨要来到溪谷！"

"我何曾逃跑过？"大王答道，"我什么时候从战斗的矛阵前逃跑？我什么时候临危退缩过，你这胆小的首领？当戈马尔峰风暴降临时，我激起泡沫巨浪应对。我直面过卷轴云和暴风雨，难道斯瓦兰会从一位英雄面前逃跑？当芬格尔本人站在我面前时，我的心灵也没有因为恐惧而黯淡。我的千万勇士们，准备作战！像回声山谷一样环绕着我，集合！围绕着你们大王的闪亮钢剑，像故土的磐石一样坚强，然后带着快意迎接前方的暴风，把对方的矛林连根拔起！"

就像秋天的黑暗风暴，从两座相向而立的山峰上同时倾泻而下，

---

① 古爱尔兰人的代称。

两军的英雄们向对方冲锋。他们像高山中两股激流对撞,汇聚成一股,在平原上咆哮。洛赫林和因尼斯菲尔①的战士们兵戎相见,高声,狂野而黑暗。首领和首领,士兵和士兵,各自相互交击:钢铁与钢铁相撞,其声铿锵。头顶的铁盔被劈开,鲜血飞溅,烟雾四起。战车上弓弦声大作,镖箭在空中乱飞。长矛刺下,闪光如月影,照亮夜幕,其声又如恼怒的海洋,将波涛高高卷起。好比天空中最后的雷声轰鸣,这就是战争的喧嚣!

虽然科马克派遣一百位诗人齐唱战歌,但这将亡灵送向往生的歌声,纵有百人,还是太过微弱! 许多英雄阵亡了,勇士的鲜血泼洒遍野!

哀悼吧,歌声之子啊,哀悼高贵的西塔林之死吧。让菲奥娜的子孙们来到这平原,来到她深爱的阿尔丹所在之处②。他们都倒下了,如同荒野中的两只母鹿,死于强大的斯瓦兰之手。斯瓦兰在千人战阵中怒吼,如同凄厉的风暴之魂。他坐在北方灰暗的云层下,以那位海上战士之死为乐。那位雾岛③首领,不也是死在你的手上吗! 塞莫之子,库丘林,不少人也死于你的手中! 他的剑如同天堂的一束光,洞穿山谷子孙的身体。当人们死去倒下,周围的群山都在燃烧。骏马杜斯罗纳尔在英雄们身躯上喷着鼻息,西法拉的马蹄浸浴在血中。

---

① 爱尔兰的诗化名字。

② 西塔林,意为英俊的男子。菲奥娜,意为美丽的女子。阿尔丹,意为骄傲。【原注】

此处的阿尔丹和之前诗歌中的阿尔丹同名,并非同一人。

③ 雾岛,即斯凯岛。称它为雾岛并不为过,因为岛上有高山,山顶直指大西洋上飘来的云雾,有时还引来连绵的雨。【原注】

战争让英雄逝去,就像暴风驮着夜灵席卷过荒原,将克罗姆拉荒原上的树林通通折断!

狂风大作的岩石上啊,哦,因尼斯托尔的少女①在哭泣!垂下你那洁白的面庞,对着海浪。你比山那边的鬼魂更美丽:那鬼魂在日光下移动,在月下潜行,穿过寂静的莫文山谷。他已死去,你所爱的青年已倒下!他面无血色,倒在库丘林的剑下。他的英勇再也不会激起你的爱意,它只与王者的热血相配。特雷纳尔,优雅的特雷纳尔死了,哦,因尼斯托尔的少女!他的灰色猎犬在家乡号叫:他们看见了他的亡灵走过。他的弓悬于堂中未张。他满堆母鹿的堂中,再无声音!

就像千股波浪撞击岩石,斯瓦兰的东道主来临了。就像岩石迎接千股波浪,爱林遇见了持矛的斯瓦兰。死亡唤起了他周围所有的声音,并与盾牌敲击声混响。每位英雄都是一尊黑暗之柱;他们手中正横持着火焰之剑。旷野上的声音从大军的一翼回响到另一翼,就像一百把大锤,高高举起,轮流砸在熔炉中的剑上。

这些在莱纳荒原上的人是谁啊,这些阴郁而黑暗的人?这些如同两片云的人是谁啊,他们的剑如闪电举在头顶?周围的山峦困惑不解,覆苔的岩石颤抖不已。他们还能是谁呢?除了海洋之子,与那乘车的爱林之主?无数目光交集投在他们的战友身上,等着他们在

---

① 因尼斯托尔的少女是因尼斯托尔或奥克尼群岛的格尔洛(Gorlo)国王的女儿。特雷纳尔(Trenar)是因尼斯康国王的兄弟,此地应该是设得兰群岛之一。奥克尼群岛和设得兰群岛当时都是洛赫林国王的属地。当特雷纳尔被杀的一瞬间,他在家的狗就感知到了主人的死。——当时的普遍看法是,英雄的灵魂在死后会立即回到他们国家的山丘,并光顾他们生命中度过最幸福时光的地方。人们还认为狗和马能看到死者的鬼魂。【原注】

荒原上交锋。但是夜晚将两位领袖遮掩在云中,结束了这可怕的战斗!

在克罗姆拉山树木丛生的一侧,多格拉斯把鹿置于此处①;这发生在战事的早些时候,在英雄们离开山中战场之前。一百位年轻人收集柴草,十位勇士点起火焰;三百个人选择打磨的石头。盛宴的炊烟越飘越远!

爱林的战争领袖,库丘林,恢复了他的强大精神。他站着,手持闪光的长矛,对诗歌之子说话;与他交谈的是年老的卡里尔,金菲纳②的灰白头发儿子。"这蔓延的炊烟,是独为我所见呢,还是也为爱林海岸上的洛赫林王所见? 他远离故土的鹿儿,远离自己的盛宴大厅。起来吧,长者卡里尔,将我的话带给斯瓦兰。告诉他在咆哮水域的这一侧,库丘林邀请他赴宴。在这里,让他听我树丛的声音,看那夜晚的云雾;在他泛起泡沫的海域中只有寒冷萧瑟的狂风大作。在这里,让他赞扬振动的竖琴,听那英雄的诗歌!"

老卡里尔用最柔和的声音,呼唤那持黑褐盾的大王。暂时离开你们战争的表象,起身吧,树林之王斯瓦兰! 库丘林提供了贝壳之乐③,来参加爱林蓝眼首领的盛宴吧!

他回答了,声音阴沉,一如克罗姆拉山在风雨之前。虽然在因尼

---

① 狩猎后准备盛宴的古老方式,是通过传统传下来的。——做一个用光滑的石头砌成的坑,靠近它摆放一堆燧石类的扁平石头。石头和坑都充分加热。然后他们在坑底部放一些鹿肉,在它上面放一层石头;鹿肉和石头这样交替地放,直到坑满了。整个坑要覆盖起来以防止蒸气冒出。这是否可行我并不能清楚;但平民们带我去看一些坑,据说就是这样使用过的。【原注】

② 金菲纳(Kinfena, Cean-feana),意为人民之首。【原注】

③ 之前称库丘林为贝壳之王,其意相类。

斯法尔,你们所有的女儿们,要伸展雪白的手臂,举起自己的乳房,轻轻转动娇媚的眼睛①,斯瓦兰之军就像洛赫林的千块磐石一样坚定不移。到明天早上,当东方的一缕阳光初现,它就将照亮我杀死库丘林。洛赫林的风声啊,在我听来多么悦耳! 它从我的海域一路刮来! 它把我的外衣高高吹起,诉说着,让我想起我那苍青的森林。那是戈马尔的森林,当我追猎野猪,矛头淌血,森林与大风交相呼应。快让黑色的库丘林把科马克那古老的王位拱手送上,否则,爱林的激流必在山上流淌,一路展示它裹挟的鲜血泡沫,那是库丘林骄傲的代价!

"斯瓦兰的话语真令人哀伤。"年老的卡里尔说。——"只不过是令他自己哀伤而已。"塞莫的蓝眼之子说。"但是,卡里尔,请高扬你的歌喉,讲述古时的事迹吧。在诗歌中,将这一整晚送走,讲述喜悦与悲伤。多少英雄和多情的少女曾到过因尼斯法尔,这些诗歌,在阿尔比昂②的岩石上听起来多么美妙。当战事的嘈杂已歇,科纳河③的流波回应着裁相的歌声。"

"从前④,"卡里尔回应道,"海洋的子孙们来到爱林。一千艘战船冲向波浪,要去那爱林的美丽平原。因尼斯法尔的子孙们奋起,要

---

① 想分散斯瓦兰军队的注意力。
② 不列颠岛的古称。
③ 这里提到的科纳河是苏格兰境内流经阿盖尔郡格伦科的一条小河流。这浪漫的河流的河谷旁有一座山,现在依然叫作 Scornafena,意思是芬格尔族人的山。【原注】
④ 这一部分的引入非常适当。两位爱尔兰英雄卡尔玛和康纳尔在与敌人交战之前曾激烈争吵。卡里尔努力使他们与凯尔巴和格鲁达的故事相协调;之前一度为敌,却在战争中并肩作战。诗人达成了他的目标,因为我们发现卡尔玛和康纳尔在第三卷中完全和解。【原注】

与持黑褐盾牌的家族战斗。凯巴尔，人中的俊杰，站在那里，还有高贵的年轻人格鲁达尔！在戈尔本①的回声荒原上，他们为那只被拖曳来此的斑点公牛②争斗良久，每个人都声称那是自己的。他们剑锋所指之处，常常伴随死亡。

英雄们并排战斗，海上的陌生来客遁逃了。还有谁的名字配得上被刻在山上呢？除了凯巴尔和格鲁达尔？但是，啊！为什么戈尔本的回声荒原上，那头公牛被从架上取下了？人们看到他像飞雪一样轻盈地跳跃，愤怒的首领们回来了！"

"他们在卢巴尔河③的青草河岸上战斗，格鲁达尔倒在了血泊中。凶猛的凯巴尔来到了山谷中，凯巴尔姐妹中最美丽者，布拉索利斯，一个人唱起了悲伤的歌。她讲述了格鲁达尔的生前事迹，那是她灵魂中的隐秘挂念。她在染血的土地上哀悼他，却还盼望着他能够回来。她洁白的乳房从长袍中露出，就像夜间月亮躲在云层后，黑暗的、遮住月亮的云边缘，露出一束束洁白的亮光。她的声音比为哀歌伴奏的竖琴更加轻柔。她的全部心灵都投注在格鲁达尔身上。她的眼睛总悄悄地看着他，'你这战争中的勇者啊，什么时候才能全副武装地来到这里？'"

"拿着，布拉索利斯④"凯巴尔回来了，对她说道，"布拉索利斯，

---

①　戈尔本（Golb – bhean）和 Cromleach 一样，都意为歪斜的山。这里是斯利戈郡的一处山名。【原注】

②　依下文，此处的公牛应是两人决斗后，胜利者所能得到的战利品。

③　卢巴尔河是阿尔斯特境内的一条河流，也称"拉布哈尔"，终日水声震响聒噪。【原注】

④　布拉索利斯意为拥有洁白胸脯的女子。【原注】

拿着,这沾满血的盾牌。把这盾牌高高安在我的大堂中,这是我缴获的敌人防具!"她的心顿时跳得飞快,敲击着她的胸肋。她心烦意乱,面色苍白,立刻飞奔而去。她在血泊中,找到了她所爱的青年,她自己也死在了克罗姆拉山上。库丘林啊,这里沉睡着他们的遗骸! 这些孤独的紫杉啊,从他们的坟墓上长出,遮挡着他们免遭暴雨侵袭。布拉索利斯在平原上多么美丽!格鲁达尔在山上多么庄严! 游吟诗人应牢记他们的名字,将他们的故事传颂于世!

"哦,卡里尔,你的声音太美妙了。"爱林的蓝眼首领说道,"旧时的故事真是美好。它们就像春天的一场小雨,太阳照着田野,轻盈的云朵在山顶飞行。哦,快拨动琴弦,赞美我所爱者,她是斯凯赫丘堡上的孤单阳光! 拨动琴弦吧,赞美布拉格拉,我将她留在雾岛上,她是塞莫之子的妻子! 你是否正从岩石上抬起美丽的面庞,远望着找寻库丘林的船帆? 海浪在远处翻滚着,它的白沫让你误以为是我的船儿。回去吧,我的爱,已经是夜里了呀。黑暗的风在你的秀发间叹息。回去吧,回到我那时常举办宴会的大堂,回忆那已经逝去的时间。如果战争的暴风仍未停息,我就不会回来。哦,康纳尔! 讲述战争与武器吧,让我暂且不思念她。她飘逸的秀发多美! 她是索格兰的白衣女儿。"

康纳尔慢慢地回答道:"应当警惕那海洋的民族。快派出你的军队去远处,盯牢斯瓦兰的军队。库丘林啊,在塞尔玛的民族到来之前,我都是赞成求和的。等到芬格尔来的时候——他是人中第一,他就像太阳一样,普照我们的土地!"这位英雄敲响警戒之盾,勇士就在夜间出发。剩下的人躺在野鹿荒原中,在昏昏的风中睡去。新近死者的鬼魂①靠近了,在天空的黑云中游动;而在莱纳寂静的夜间,更远处,死者微弱的声音隐隐传来。

---

① 古代苏格兰人一直认为,如果在某地听见鬼魂尖叫,那么死亡很快就要在这里发生了。平民对这一异乎寻常的事情的描述是非常诗意的。鬼魂驾着一颗流星,围绕这个人将要死去的地方飞行两次或三次;然后沿着葬礼通过的道路飞行,时而尖叫;最后,流星和鬼魂消失在墓地之上。【原注】

FINGAL—BOOK II

芬格尔——第二卷

康纳尔①躺在一棵老树下,在作响的山涧边。一块生满青苔的石头,枕在他的脑后。回荡在勒纳荒原上的凄厉风声啊,是他在此夜里所听见的声音。康纳尔独自一人躺下,手下英雄均不在身旁,因为身为"宝剑之子",他不惧怕任何敌人。

我们的英雄正在休息,突然看见一束黑红色的火焰从山上射下。在光芒中,克鲁格尔显现了,他是一位新近战死的首领。他死于斯瓦兰之手,在那场英雄之战中。他的脸庞闪光,如同月之将落,他的袍子就是山间的云雾。他的眼睛像两束衰弱的火,他胸前一片黑暗,是那旧时的伤口。

---

① 康纳尔休息的场景对于那些曾经在苏格兰高地住过的人来说很熟悉。诗人将他放在离军队有一段距离的孤寂之处,以增添接下来描述克鲁格尔鬼魂的恐惧。【原注】

"克鲁格尔，"强大的康纳尔说，"鹿岭上著名的德德格尔之子，你为何如此苍白悲伤，你这位破盾者？你从未被恐惧吓得面色苍白——那么是什么惊扰了你这山岭之子？"

在昏暗夜色中，鬼魂含着泪水，站着向英雄伸出他苍白的手——他发出虚弱的声音，就像勒戈湖上的风穿过苇丛。

"哦，康纳尔，我的鬼魂，在我家乡的山上徘徊，可我的尸体却横陈在那乌林①的沙滩上。你再也无法和活着的克鲁格尔说话了，也不能在荒原中找到他孤独的足迹。我如今像克罗姆拉山上的风一样轻盈，我移动迅速如同云雾的影子。科尔加之子康纳尔啊，我看见了死亡的黑云：它就悬停在勒纳荒原上空。青葱爱林的子孙们将倒下，他们将从鬼影重重的战场上消失——就像昏暗的月亮落下，在呼啸的疾风中。"

"等等，"强大的康纳尔说，"从黑红火焰中现身的朋友，风暴大作的克罗姆拉之子啊，请你躺在这天赐的溪水边。山岭中的洞窟，哪一个是你栖居的墓穴？山顶青葱的峰峦，哪一处是你安息的归宿？我们再也无法在风雨里听见你的声音了吗？或是在山中溪流的响声中？当那外强中干的风之子们出现，驾驭着风暴在沙漠上空飞行。"

声音柔和的康纳尔起身了，伴随着武器鸣响的声音。他在酣睡的库丘林头顶敲响盾牌，后者于是醒来。"什么事？"战车之王说道，"康纳尔，你夜晚跑来做什么？要是不小心，我可能已经把矛刺向声

---

① 此处的乌林即爱林，爱尔兰之别称。

音来处，我库丘林现在可能已经在哀悼战友之死了。快说吧，康纳尔，科尔加之子，说吧，你的忠告或许如上天谕示般重要。"

"塞莫之子啊，"康纳尔说道，"克鲁格尔的鬼魂从山洞中出来造访我了——黯淡星光透过他的身形闪烁，他的声音微弱，就好像远处的流水声——他是死亡的信使——他提到黑暗狭窄的墓穴。哦，斯凯克丘的首领啊，快议和吧，或离开这勒纳荒原。"

库丘林回答道，"科尔加之子啊，尽管你看见星光透过他的身形，但也许只是莱纳的洞穴中风在私语。或者——即使那确实是克鲁格尔的魂魄①——为何不命令他到我面前来？你可曾问过他的墓穴在何处？那风之子安息之处？我或将追踪那声音来处，然后用剑逼他说出他所知道的一切。他当然知道的很少，康纳尔啊，因为他到这儿不过一天，他不可能到过我们山脉更远处，那么又是谁，能告诉他我们将死于何处呢？"

"鬼魂在云上飞行，乘着风暴。"智慧的康纳尔说道，"它们一同在山洞中栖息，讲述凡人之事。"

"那么让他们去谈论凡人吧，除了爱尔兰的首领们。让它们别在山洞中提起我，因为我绝不会惧怕斯瓦兰而逃跑——如果我注定死去，我的坟墓也将立在未来的声名之中。猎人们将在我的墓石上泣泪；胸部高耸的布拉格拉啊，悲伤将萦绕在她的周围。我并不害怕死亡，却惧怕逃跑，因为在芬格尔眼中我常胜不败。山上的朦胧幻象

---

① 诗人告诉我们在他那个时代盛行的关于分离的灵魂状态的观点。根据康纳尔的说法，"黯淡星光透过他的身形闪烁"，以及库丘林的回答，我们也许认为，他们都认为灵魂是物质的，类似古代希腊人的观念。【原注】

啊,向我现身! 在天上光束中出现,告诉我自己死亡的情况。即使这样我也不会逃走,你们这些虚弱的风中之影! 去吧,科尔加之子,敲响凯思巴的盾牌,它就挂在长矛之间。让英雄们起身,当他们听见爱尔兰战事的声音! 虽然芬格尔不能按期抵达了,他的船队滞留在暴风雨和悬崖间;就让我们战斗吧,哦,科尔加之子,哪怕我们要在这英雄之战中阵亡。"

这声音传开了,英雄们纷纷起身,就像翻滚的蓝色海浪卷起。他们挺立在荒原上,就像橡树伸出所有树杈;它们回应着霜冻和激流,枯叶在风中萧萧。

克罗姆拉高山顶上,云层灰暗。晨曦在半明半暗的海洋上空颤抖。蓝灰色的云雾慢慢移动,遮掩住因尼斯法尔的子孙。

"起来吧!"持黑棕盾牌的国王说道,"你们这些从洛赫林波浪中来此的人! 爱尔兰的子孙已经在我们的武器威逼下逃跑——追击他们,追过勒纳平原! ——还有,莫尔拉,去科马克的大殿,命令他们向斯瓦兰投降,在他们全部进坟墓之前!"乌林的山峰一片寂静,他们起身,就像一群海鸟,被一阵冲上海滩的波涛惊起。他们的声音就像一千条河流汇聚在科纳河谷,就像暴风雨后的夜晚,河流在惨白的晨光下翻滚着黑色的漩涡。

当秋天的黑影从青葱山岭上飞过,同样阴沉黑暗的,是那从洛赫林回音森林深处来到的首领们。他们就像莫文丛林中的雄鹿那样高大。他们身旁闪光的盾牌,就像夜晚荒原上的野火,世界寂静黑暗,旅人在那些火焰中目睹到鬼魂行踪。不安的海洋中吹来一阵疾风,扫荡了阴沉的武器。因尼斯法尔的子孙们突然出现,就像海滩边陡然出现的山崖。

"去吧,莫尔拉,上前去,"洛赫林的国王说道,"向他们提出和平的条件。给他们的条件,就和那些曾屈服在我们面前的其他国家一样。那时勇者战死沙场,处女们在战场上垂泪。"

著名的莫尔拉来到了,他是斯瓦特的儿子,在盾牌之王面前庄严地大步行走。他对爱尔兰的蓝眼子孙,也对着其他的英雄们发话。

"接受斯瓦兰的和平条件吧!"这位战士说道,"他曾经给过许多国王这些条件,而他们在他面前都屈服了。把乌林的美丽原野献给我们,再奉上你们的妻子和猎犬。你们的姑娘胸部起伏真美丽,你们的狗快得能追上风。把这一切都献给我们,承认你们武力的弱小,你们就可以在我们的统治下偷生。"

"告诉斯瓦兰!告诉那颗骄傲的心,库丘林永不会投降! ——回到那翻滚的深蓝海洋中去,否则我会献给他军队的,唯有爱尔兰的一方坟墓!一个异邦人,永远别想占有斯凯克山的美丽阳光;洛赫林山上的鹿飞奔,也没有卢阿特灵活的步伐快!"

"战车之王,你真是徒劳",莫尔拉说,"如果你要和我们的国王战斗。我们国王的舰队由无数树木制成,足以将你们的整个小岛载走。爱尔兰的青山,在暴风波涛的王者面前是多么渺小!"

"莫尔拉啊,我的言语或许会向许多人退让,可是我的剑从未向人屈服过。只要康纳尔和库丘林还活着,爱尔兰就将一直保持在科马克王的统治下。哦,康纳尔啊,你这人中最强壮的,你现在已经听到了莫尔拉的话,你现在还以为这可能和平解决吗,你这破盾者? 死去的克鲁格尔之亡灵,你为何要拿死亡来威胁我们? 当我进入你们那狭窄的坟墓时,必将伴随着传扬的荣光。高呼吧,因尼斯法尔的子孙们,举着长矛高呼,拉起你们的弓,向那黑暗中的敌人冲锋,就像夜晚暴风雨一般!"

于是阴郁、咆哮、激烈而深沉的黑暗袭来,预兆战争的云层翻滚,就像雾气倾倒在河谷上,暴风雨即将侵袭安谧光亮的天空。那位首领全副武装地在队列前行进,就像愤怒的鬼魂置身云上,火焰流星将他围绕,他手中握着黑暗的风暴。——荒原上的远处,卡里尔吹响了战争的号角。他唱起了歌曲,用他的全部气力将精神注入英雄们心中。

"在哪呢?"这歌喉唱道,"死去的克鲁格尔在哪呢? 他倒在地上,无人记得,贝壳的大殿①一片沉默。——克鲁格尔的妻子悲伤无比,因为她在那大殿中已身为异邦人②。但是她是谁呢? 就像一束阳光,在敌人的队列前飞行? 她是德格蕾娜③,可爱的美人,克鲁格尔的未亡人。她的头发被风吹在脑后。她的眼睛红肿,她的声音凄厉。你的克鲁格尔,此刻身体已长眠在山洞中了。他在夜晚时来到,虚弱地发声;如同山上野蜂嗡嗡,或夜晚飞蝇聚集的声音。但是德格蕾娜倒下了,就像朝霞散去;洛赫林人的剑插进了她的胸腔。凯巴尔啊,她死了,你年轻的女儿;她死了,哦,凯巴尔啊,你的女儿尚年轻。"④

---

①　古代苏格兰人,和现代高地人一样,用贝壳饮酒,于是我们在古代诗歌中经常能看见"贝壳的首领""贝壳的大厅"等说法。【原注】

②　克鲁格尔在战役前不久才与德格蕾娜结婚,所以她在悲伤的大厅中被称作一位异邦人。【原注】

③　德格蕾娜意为阳光。【原注】

④　原句直译为"你那升起的青春思想",于中文不通,故按句意改译。

勇猛的凯巴尔听到这悲伤之音,顿时冲向前去,如同海洋中巨鲸浮现;他目睹了自己女儿的死;他在万军阵中悲恸怒吼。他的长矛刺向一名洛赫林的子孙,于是战斗从一翼向另一翼展开了。就像洛赫林森林中的百股风暴,就像百座山上冷杉点燃,多么喧嚣,多么具有毁灭性啊,只见一行行的战士被一一砍倒。——库丘林砍倒英雄就像砍伐蓟草,斯瓦兰则在爱尔兰人中大肆杀戮。库拉克死在他手下,还有持盾的凯巴尔。莫尔格兰倒下永远长眠,卡奥特颤抖着死去了。他洁白的胸膛被自己的血沾满;他的金发在尘土中弯曲,在家乡的土地上。在他倒下的地方,他曾常常大摆宴席,他曾常常弹响竖琴;那时他的猎犬喜悦地在旁跳跃,而年轻人为捕猎准备弓箭。

斯瓦兰依然在前进,就像一股激流决堤冲入荒原:小山丘在流经之处发抖,而河边岩石则半没入水中。但库丘林站在他面前,就像一座直指云霄的山峰屹立——风暴撞击着它山顶的松林,冰雹不断敲击它的石块——然而,它依然牢牢屹立,它遮天蔽日,挺立在科纳的寂静河谷中。

库丘林掩护着爱尔兰的军队,他站在万军阵前。鲜血喷涌如同石中泉水,从他身边喘气的英雄身上溅出。但是爱尔兰的军队,无论在哪一翼,都像日光下的雪花一样迅速消灭。

哦,因尼斯法尔的子孙们啊,格鲁马尔说道,洛赫林就要征服这片土地了,我们为何还要拼命呢,就像芦苇抵抗风暴?快逃到那黑棕母鹿生活的山上去吧!他逃跑了,就像莫文的雄鹿,他的长矛被扔下,在他身后划出一道亮光。很少人会和格鲁马尔一起逃,这胆小的首领!许多人则死在英雄之战中,倒在勒纳的回声荒原上。

在那宝石装饰的战车上,高高站立的,是爱尔兰的领袖。他杀死了一名洛赫林的强大子孙,然后匆忙地对康纳尔说道:"哦,康纳尔,凡人中最优秀的,你教会了库丘林何谓死亡! 尽管爱尔兰的子孙们已经开始逃跑,难道我们不应该继续与敌人战斗吗? 哦,旧日的子孙卡里尔,带领我还幸存的朋友们去那灌木密布的山中避难——而这里,康纳尔,让我们像磐石一样站住,拯救我们逃走的同伴。"

康纳尔登上了闪光的战车。他们展开盾牌,盾牌就像昏暗的月亮——那星空的女儿——当她移动时,像一个暗褐色的圆盘穿过天空。另一边,西特法达喘着气爬上山,杜斯罗纳尔的马神情倨傲。他们逃离敌人,就像海浪迅速逃离鲸鱼。

现在,在克罗姆拉山的这一面,只剩下寥寥可数的爱尔兰人。他们就像一片树林的残迹,林火烈焰乘着夜晚暴风从中冲过。——库丘林站在一棵橡树旁,他静默地转动着通红的眼睛,听见风穿过他浓密的头发。这时海洋的斥候回来了,那是菲特尔之子莫兰。"船队!"他喊道,"从孤独岛屿来此的船队! 芬格尔来了,人中龙凤,破盾者,他的漆黑船首前,海浪卷起泡沫。他的桅杆和风帆,就像高耸入云的树林。"

"劲吹吧!"库丘林说道,"风啊,你们把这片可爱的云雾吹来了我的岛屿。你将杀死千万敌人,雌鹿山岭的首领啊! 我的朋友,你们驶来,就像早晨的云霞;你们的船队就像一道天光;你们自己,就像一束火焰,给黑夜以光明。哦,康纳尔,人中龙凤,我们的朋友们该多么高兴啊! ——但是夜晚就要来了,芬格尔的船队现在又在哪里呢? 让我们在此度过黑暗时分吧,然后等待天空中出现月亮。"

风从空中降落,吹向树林。激流从岩石中冲下。雨幕环绕在克罗姆拉山顶周围。红色的星星在流云间发颤。悲伤啊,在溪流旁——它的流水声在树中回荡——悲伤地坐下,那即是爱尔兰的首领:科尔加之子康纳尔,和年迈的卡里尔。

"闷闷不乐啊,我的手,"塞莫之子说道,"我的手,闷闷不乐,因为是它杀死了自己的朋友。菲尔达,达曼之子,我像爱自己一样爱护你。"

"是怎样砍倒了那破盾者? 塞莫之子库丘林,我记得很清楚,"达曼之子,高贵的康纳尔说道,"他高大英俊,就像山丘上的彩虹。"

菲尔达从阿尔比昂而来,他是百山之王。他在穆里①的大殿中学习剑术,在那里赢得了库丘林的友谊。我们一同去打猎,我们曾在荒原中睡同一张床。

杜加拉曾是凯巴尔的妻子,后者是乌林平原的首领。她全身闪现美丽的光芒,可她的心灵却是骄傲的居所。她爱着的青年就像阳光,他是达曼那位高贵的儿子。"凯巴尔!"这位白臂的女子说道,"把一半的牲口分给我,我再也不会待在你的厅堂之中了②。把畜群分成两半吧,黑暗的凯巴尔!"

"那么让库丘林来吧,"凯巴尔说道,"让他来分割我的畜群。公

---

① 爱尔兰吟游诗人说,穆里是阿尔斯特的一所学院,教授使用武器。穆里这个词的意思是一群人,因此这个说法很有可能成立。据说库丘林是第一个向爱尔兰引入全套钢铁盔甲的人。他在诗人中很有名,因为他教授爱尔兰人骑术,并且是第一个在王国中使用战车的人,这使得我经常在第一卷中描写库丘林的战车。【原注】

② 指杜加拉爱上了菲尔达,于是决定与凯巴尔离婚。畜群作为共有财产,需要对半分割。

平正义居于他的胸中。你去吧,你这美丽的光。"于是我去分割了畜群,最后剩下一只雪白的公牛。我把那只公牛判给了凯巴尔。杜加拉勃然大怒。

"英俊的达曼之子,库丘林伤害了我的心。我必须听到他的死讯,否则让卢巴尔河从我的尸体上流过,我的鬼魂将在你身边缠绕,哀悼我受伤的骄傲。让库丘林的血倾倒而出,或者刺穿我起伏的胸膛吧!"

"杜加拉啊,"那金发的年轻人说道,"我怎么可以杀死塞莫之子呢? 他是我能够分享最隐秘想法的朋友,难道我应当向他举起剑吗?"于是她在他的面前哭泣了三天,到了第四天他终于答应去战斗。

"我会和我的朋友战斗,杜加拉啊! 但我将死在他的剑下。我怎么能够忍受在山上游荡,注视着库丘林的坟墓?"

我们在穆里山上决斗,我们的剑避开对手,不伤毫发。剑在钢制的头盔上滑走,又在光滑的盾牌上击响。杜加拉靠近我们,带着微笑,对达曼之子说道:"你的手臂真软弱,你这阳光般的青年,你不够强壮,无法握住钢铁。"——他向塞莫之子认输了。他就像马尔莫的岩石一般。那青年的眼中含着泪水,他颤抖地对我说:"库丘林,举起你的大盾吧,防御自己,免遭朋友下的杀手。"我的心灵充满忧伤,因为我不得不杀死这位人中首领。

我长叹,如同风从岩石缝隙间穿过,然后高高举起了我的剑锋。战场上的那束阳光倒下了,他原是库丘林最好的朋友。——自从那位英雄死去,库丘林的双手就一直闷闷不乐。

"你的故事实在悲哀啊,战车之子。"年长的卡里尔说道,"这故事让我的心灵回到了古老的时光中,那逝去年月中的日子。——我曾常常听过科马尔杀死他所爱朋友的故事;尽管如此,胜利依然追随他的宝剑,当他现身时,战役就很快结束。"

科马尔从阿尔比昂而来,他统辖一百座山峰。他的鹿群在一千条溪流中饮水。一千块岩石回响着他猎犬的吠声。他的脸庞现出青春的柔和,在他手下许多英雄死去。其中一位是他的爱人,她多么美丽!她是强大的康洛克的女儿。她的头发就像阳光的翅膀。她的猎犬久经训练,善于捕猎。她的弓弦声在森林的风中回响。她深深地爱上了科马尔。他们的眼睛常常深情对视。他们在狩猎时同行,他们的私语中充满欢乐。——但格鲁马尔爱着那少女,格鲁马尔是阴暗的阿德文的黑暗首领。他注视着她在荒原中孤独的足迹,就此成了不悦的科马尔的敌人。

有一天,厌倦了狩猎之后,当云雾遮掩了他们的朋友时,科马尔和康洛克的女儿在罗南的山洞中幽会。那里是科马尔惯常出没的地方,山洞两边都悬挂着他的武器。那里有一百面皮盾,还有一百顶作响的钢盔。

"在这休息吧,"他说道,"我的爱人,加尔维娜,你就是罗南山洞中的一束亮光,莫拉山顶现身的一只野鹿。我要离开片刻,但我很快就会回来。"

"我害怕,"她说道,"害怕我的敌人,黑暗的格鲁马尔,他也常常在罗南的洞穴中出没。"

"我将在这些武器中休息,我很快就会回来的,我的爱人。"

他去莫拉山上狩猎野鹿,而康洛克的女儿想考验一下她的爱人。

她穿上他的铠甲,护住她洁白的胸膛,然后大步跑出了罗南山洞。他以为这是他的敌人。他的心脏顿时跳得很高。他的脸色大变,黑暗遮蔽了他的眼睛。他拉开了弓,箭飞了出去。加尔维娜倒在了血泊中。他狂野地奔跑,呼唤着康洛克的女儿。从那孤寂的岩石中没有传来回应。你在哪里,哦,我的爱人!他远远地看见了,她起伏的心脏在那羽箭旁跳动。哦,康洛克的女儿,是你吗?他把头埋进她的胸膛。

猎人们发现了这对不幸的情侣;后来他走到了山上。他在爱人曾安息的黑暗居所旁,安静地留下过许多足迹。海洋上舰队来袭,他与他们战斗,外邦人逃走了。他在战场上渴望着死亡,但有谁能杀死强大的科马尔呢?他把黑棕色的盾牌丢弃了,一支箭终于穿透他那男人的胸膛。他终于和所爱的加尔维娜一同安息,在那鸣响的潮水旁。水手们远远就能看见他们青绿色的坟墓,他终于安息在北方的波涛旁。

FINGAL—BOOK III

芬格尔——第三卷①

　　"这首诗歌的语句多么悦耳啊,"库丘林说道,"这些旧时的故事多么可爱。它们就像山丘上的母鹿,在早晨,那样安静,当微弱的阳光照着它的身侧,而湖水宁静,在山谷中那样碧蓝。哦,卡里尔,再次发出你的声音吧,让我聆听那图拉之歌。这首歌,曾在我欢乐的大殿中响起,那时盾牌之王芬格尔正在那里,他父辈的事迹光辉闪耀。"

　　"芬格尔! 战争之人!"卡里尔说道,"多么早啊,你就用武器完成了功绩! 洛赫林在你的震怒下消灭,你年轻时追求少女的美丽! 她们绽开笑颜,当看见英雄俊美的脸庞如同花朵盛开;然而英雄手握的,则是死亡! 他像洛拉的江河一样强壮,他的随从就像一千条河流

---

　　① 诗歌描述的第二夜继续进行。库丘林、康纳尔和卡里尔还坐在上一卷描述的地方。阿甘德卡的故事在这里很合适,因为它在诗歌的叙述中某种程度上起到了预兆灾难的作用。【原注】

轰鸣。他们在战斗中面对洛赫林之王,却能将他赶回船上。他健硕的心脏在骄傲中膨胀,少女的死却在他心中留下阴影。——因为从未有任何人,除了芬格尔,能战胜强大的斯塔诺的武力①。"

他坐在贝壳装饰的大殿中,在洛赫林森林密布的土地上,他叫来了灰发的斯尼万,那人常常在洛达祭坛旁歌唱:当那权力之石②听到了他的呼喊,战争局势就会向那勇者的一面倾斜。

"去吧,灰发的斯尼万,"斯塔诺对着阿德文那四面环海的岩石说,"告诉荒原之王芬格尔,说他是千人中最俊美的,告诉他我将赠予他我的女儿,她是所有洁白胸膛起伏的女子中最可爱的。她的手臂就像我海域中的泡沫一样洁白,她的心灵慷慨而温和。让他带着他最勇敢的英雄们来吧,来秘密大殿中找我的女儿。"

斯尼万来到了阿尔比昂刮风的山岭中,而金发的芬格尔赴约了。他燃烧的灵魂飞得比他更快,他乘上了北方的波涛。

"欢迎,"黑棕色的斯塔诺说道,"欢迎你,岩石密布的莫文国王。还有他强大的英雄们,那孤独岛屿的子孙! 你们将在我的大殿中宴饮三日,然后再用三日追猎野猪,直到你们的声名传到那少女寓居的秘密大殿。"

雪域的国王设计要杀死他们,用贝壳的盛宴招待他们。芬格尔怀疑他的敌人,坚持带上钢铁的武器。那些死亡的子孙们害怕了,就

---

① 斯塔诺是斯瓦兰和阿甘德卡共同的父亲。——他凶残的性格在其他诗歌中也有所体现。【原注】

② 这一部分肯定是在讲洛赫林的宗教,权力之石是斯堪的纳维亚诸神象征之一。【原注】

从英雄的目光下逃走。轻快欢乐的声音响起了。那是快乐的竖琴弦被拨动。吟游诗人们唱起英雄的战役，或是爱情的起伏胸膛。——乌林，芬格尔的诗人，就在那儿，他是科纳山上的甜美歌喉。他赞颂了雪国的女儿，还有莫文那高贵出身的首领。——雪国的女儿听到了，离开了她常常叹息的秘密大殿。她来了，以最美丽的样子，她就像东方云彩中出现的月亮。她的可爱，就像光芒一样环绕着她。她的步伐就像诗歌的音乐。他偷走了她灵魂的叹息。她蓝色的眼睛转动着，偷偷地看着他：她祝福那莫文的首领。

第三天到了，阳光普照，明亮地照着野猪出没的树林。黑眉毛的斯塔诺向前移动，盾牌之王芬格尔也一同去。他们花了半个白天追猎，芬格尔的长矛在戈马尔山中满是红色鲜血。

斯塔诺的女儿，蓝色的眼睛含着泪水，用爱的语调对莫文之王诉说："芬格尔，出身高贵的首领，不要相信斯塔诺骄傲的心灵。在这树林中他埋伏了他手下首领，提防那死亡的丛林！但是，请记住，山岭之子，请记住阿甘德卡，将我从我父亲的狂怒中拯救出来吧，多风的莫文的国王啊！"

那青年人并不关心，径直向前。他的英雄们在他左右。死亡之子们在他手上倒下，戈马尔山岭中响起回声。

斯塔诺的大殿前，他召集了狩猎的子孙们。国王的黑色眉毛就像云团。他的眼睛如同夜晚的流星。"把她带来！"他喊道，"阿甘德卡投奔了她爱慕的莫文之王，他的手上沾满了我人民的血，她的言辞作用绝不小。"

她来了，红肿的眼中含着泪；她来了，她的头发就像阳光。她叹息时,洁白的胸脯起伏,就像卢巴尔河的泡沫。斯塔诺用钢铁刺穿了她的胸膛。她倒下了,就像雪制的花环,从罗南山的岩石上滑落;森林没有动静,回声在山谷深处响起。

芬格尔看着他英勇的将领们,他英勇的将领们拿起了武器。战争的黑云咆哮,洛赫林人逃跑或被杀。——芬格尔的脸色因悲伤而苍白,在他的船边他埋葬了那黑发少女。她的坟墓高筑在阿德文岛上,大海在她黑暗的居所周围咆哮。

"保佑她的灵魂!"库丘林说道,"也保佑这首诗的歌唱者!"——芬格尔年轻时多么强壮,而他久经战阵的武器也一样。洛赫林将在回声莫文的国王面前再一次衰落!哦,月亮,请从云层后展现你的脸,照亮他的白帆,在夜晚的波涛中航行。如果在这低垂的云上,居住着什么天空的神灵①,请你不要让他的黑色船队触碰礁石,恳请你这风暴的骑手!

这些就是库丘林所说的话,伴着山中溪水声。这时卡马尔从山上下来,马塔之子,他已受伤。他从洒下了鲜血的战场上来此,他倚靠着已弯折的长矛。他的手臂在战争中已虚弱!但这位英雄的心灵却强壮无比!

"欢迎呵!马塔之子!"康纳尔说,"欢迎你来到朋友们中间!为什么从来无所畏惧的他,发出一阵阵叹息?②"

---

① 这是诗中唯一一看起来提到宗教的段落。——但是库丘林对这种神灵的呼告让我们疑惑。我们不容易确定英雄是在向一个更高的神灵存在而呼告,还是指已故的战士的鬼魂,在那个时代他们被认为统治着暴风雨,并乘着阵阵风从一个国家到另一个国家去。【原注】

② 此句与下一句虽是对话,但分别用第三人称指对方与自己。

"康纳尔啊,那持锋利宝剑的首领,他绝不会害怕。我的灵魂在危险中更加闪亮,在战争嘈杂中狂喜不已。我属于钢铁的家族,我的先祖们从未害怕。科马尔是我家族的第一人。他在狂风骇浪中寻找乐趣。他的黑色小船航行在大洋中,乘着暴风的翅膀。一次,他的灵魂卷入了黑夜中,海浪涌起,巨石鸣响。风在云间呼啸,闪电乘着火焰之翼。他害怕了,来到了岸上。然后他羞愧脸红,因为他居然害怕了。于是,他再次冲回波涛之中,要找到那风之子。风之子是三位青年,他们指挥着咆哮的风。科马尔站在那里,拔剑出鞘。当低空中一股水汽飘过,他抓住它那卷曲的头颅,挥着铁剑要在它子宫里搜寻。风之子抛弃了气流逃走了。月亮和星辰又回来了。

　　这就是我家族的气魄;卡马尔也和他的祖辈一样。危险从这举起的剑下逃走,胜利只垂青勇敢者。

　　但是现在,绿山谷的爱尔兰之子啊,快从血腥的莱纳荒原上撤退吧。悲伤地收拾起朋友们的遗骸,加入芬格尔的军队吧。我听到洛赫林的军队前进的声音,但是卡马尔将留在这里战斗。这就是我的话,我的朋友,我将会战斗,如同有千万人在我身后。但是,塞莫之子啊,请你记住我。记住卡马尔死去的身躯吧。当芬格尔清理战场后,请把我埋在一块纪念的石头下,未来的时代将听闻我的声名,卡马尔的母亲将欣喜,因为她看见了这纪念我名声的石碑。"

　　"不,马塔之子,"库丘林说,"我永远不会抛下你的。我在敌众我寡时更加快乐:我的灵魂因危险而增辉。康纳尔,还有旧日的卡里尔啊,带着悲伤的爱尔兰之子们走吧;当战争结束时,再到这窄路上来寻找我们苍白的尸体吧。我们将站在这棵橡树边,抵挡成千上万敌军的洪流。"——"哦,菲蒂尔之子啊,用你那疾风的步伐,逃离莱纳荒原吧。告诉芬格尔,爱尔兰被占领了,恳求那莫文之王赶紧援救。哦,让他像暴风雨后的太阳一样到来吧,阳光照在绿草茵茵的山上。"

克罗姆拉山上的早晨是灰暗的。海洋之子们向上攀登。卡尔玛,怀着燃烧的灵魂,站出来迎战他们。但是这位勇士的脸是那样苍白,他倚靠着父亲的长矛勉强站立。他从拉拉国的大殿中取来这支矛时,母亲的心灵悲伤不已。——但是现在,这位英雄慢慢地倒下了,就像科纳平原上的一棵大树。黑色的库丘林孤独矗立如岩石,在沙滩河谷里。海洋带着波涛扑来,从它坚固的胸膛①中发出怒吼。波涛的头顶着泡沫,而山峦为它唱和——这时,从海面上的灰暗迷雾中,芬格尔的白色船队出现了。一片桅杆的丛林高耸,在波涛起伏的海面上,它们轮流点头又抬起。

斯瓦兰在山上望见了船队,于是从追击爱尔兰之子的战斗中撤回。洛赫林的子孙们回师迎战荒山的王者时,声音如此响亮,阵容如此辽阔,动静如此巨大,如同鸣响的波涛从因尼斯托尔的百岛上退潮。但库丘林啊,他弯下身来,悲伤哭泣着,将长矛拖拽在身后,缓缓地消失在克罗姆拉的丛林里,哀悼他战友的死去。他害怕见到芬格尔,因为后者只惯于在弘扬声名的战场上向他问候。

我的多少英雄倒在了那里! 那些因尼斯法尔的首领啊! 在贝壳的声音敲响时,他们在大殿中多么欢乐! 我再也不能在荒原上找到他们的足迹,或是在追逐母鹿时听到他们的声音。我的朋友们! 他

---

① 喻指礁石。

们苍白而安静地躺在血泊的床中。哦,新亡之人的精魂啊,到荒原上来找库丘林吧。乘着风来见他吧,当图拉山洞的树沙沙作响时。在那儿,那偏僻而遥远的地方,我将倒下,籍籍无名。没有诗人听过我的名字,没有灰色的石头来光耀我的声名。哦,布拉格拉啊,哀悼亡灵时,也哀悼我吧!我的名声已离我而去了。

这些就是库丘林隐没在克罗姆拉山的丛林中时,所说的话了。

身材高大的芬格尔站在船上,向身前伸出他光亮的长枪。那钢铁的光芒多么可怕啊,就像青色的流星,象征着死亡,坠落在马尔莫的荒原。目睹它的旅行者孤身一人,圆月在天空中也变得灰暗。

"交战已经结束了,"这位国王说,"我看见了朋友们的血迹。莱纳的荒原上弥漫着悲伤,克罗姆拉的橡树也在哀悼:正值壮年的猎人们倒下了,塞莫之子不在人世了。"——莱诺和菲兰啊,我的儿子们,吹响芬格尔的战争号角。从海岸登上山丘,叫醒敌人的子孙,召唤他们,去那兰姆达格的坟场,旧日的统治者。——你的声音要像你的父亲那样响亮,像强壮的他进入战场时那样。我等着那黑暗的强者;我在莱纳的海岸等着斯瓦兰。让他不要分兵,带着他整个家族来吧,因为死者的朋友们在战斗中会更强大。

英俊的莱诺像闪电一样飞奔,黑色的菲兰就像秋天的阴影。莱纳荒原上响彻着他们的声音,海洋的子孙们听见了芬格尔的战争号角。洛赫林的子孙们下了山,如此勇猛、黑暗、迅疾,就像咆哮的涡流在雪国的海域中折回。国王走在他们前面,全副武装,阴郁而骄傲。他深棕色的脸上燃烧着愤怒:他的眼睛在英勇之火中滚动。

芬格尔看见了斯塔诺之子,他想起了阿甘德卡——年轻时的斯瓦兰曾经在泪水中哀悼他胸脯洁白的姐妹。他派遣善唱歌的乌林邀请对方到贝壳的大殿赴宴。芬格尔的灵魂充满了愉悦,当他回忆起自己的第一位爱人。年老的乌林步履蹒跚,对斯塔诺之子说道:

"哦,远道而来的客人,您被众人所围绕,就像礁石被海浪簇拥。来参加国王的宴会吧,接下来的白日就这样消磨。等到明天,我们再决战,哦,斯瓦兰啊!"

"今天,"斯塔诺之子愤怒地回答道,"我们就要击破你们回声的盾牌。明天,将由我来大摆宴席,但那时芬格尔早已躺在地上了。"

"那就让他明天去摆宴席吧,"芬格尔笑道,"就在今天,哦,我的儿子们,我们要击破他们回声的盾牌。——莪相,你站在我的武器旁。高尔,举起你那恐怖的剑。弗格斯,拉弯你的紫杉弓。投掷吧,菲兰,把你的投枪掷向天空。——举起你们的盾牌,像黑暗的月亮!让你们的长矛,成为死亡的流星!踏上我当年成名的道路,立下与我战功相比肩的业绩!"

就像一百股风在莫文山上劲吹;就像一百座山峦上洪流奔泻;就像一百片云彩次第飞过天空;或者,就像黑暗的海洋向荒凉的海岸发起进攻:如此咆哮,如此庞大,如此恐怖,两军在莱纳的回声荒原上混战在一起。——士兵的哀号声传过了山丘。它就像夜晚的雷电,在科纳上空的乌云中炸裂;又像一千只厉鬼在空洞的风中同时尖叫。

芬格尔全力冲上前去,像特伦莫尔的精魂那样可怖。那一刻,在一阵旋风中,战神特伦莫尔来到莫文,注视着他光荣的子孙们。橡树在山上回声阵阵,巨石在他面前纷纷坠落。——我的父亲双手沾满了血,当他旋风般挥动那闪电利剑时。他回想起年轻时的战斗,他所到之处就在战场上开辟出一条血路。莱诺向前推进,就像火焰之柱。——高尔的眉头黑暗阴沉。弗格斯用疾风的步伐冲向前;菲兰就像山间的迷雾。——我自己,就像一块岩石冲下山,为强大国王的胜利而狂喜。许多人死在我的武器下;我的剑因砍杀变得光芒暗淡。我的头发还没有变得花白,我年老的手也并没有颤抖。我的双眼尚未被黑暗蒙住,我的脚步在赛跑中还未落后。

谁能够讲述许多人的死亡;或者,谁能描述强大英雄的战功? 那时,芬格尔在怒火中燃烧,消灭了洛赫林的子孙? 一阵阵呻吟声膨胀开来,从一座山传到另一座,直到夜晚把一切都淹没了。就像鹿群盯着这一切,洛赫林的子孙们在莱纳荒原上聚集,面色苍白。

我们坐着,在卢巴尔河的柔波旁聆听明快的竖琴声。芬格尔本人坐在最靠前的位置,他听着诗人们吟唱的故事。诗歌中讲述了他神一样的家族,那些旧日的先王。莫文之王倚靠在他的盾牌上,听得入了神。风从他花白的头发中呼啸而过,他想到了多年前的时光。在他身边站着我年轻俊美的奥斯卡。他崇敬莫文之王;他的心中涌起了勇敢前行的波涛。

“我的孙子啊,”国王开口了,“哦,奥斯卡,青年的骄傲,我在你的剑上看到了闪光,在你身上看到了我家族的荣耀。去追求我们祖先的光荣吧,成为他们曾经成为过的人。当特伦莫尔活着的时候,他是人中龙凤;特拉塔尔是英雄们的始祖。他们在年轻时相互战斗,诗人的颂歌记录了这一切。——哦,奥斯卡! 击败那武装的强者,但饶恕那些弱小者。对你人民的敌人,要像波涛汹涌的洪流;但对那些请求你帮助的人，要像拂过草地的清风。——特伦莫尔的一生就是这样的。特拉塔尔也是如此。我芬格尔也做到了。我的武器为受伤者提供支撑，柔弱的人在我钢铁的闪电后面得以憩息。"

奥斯卡！我也曾像你一样年轻，那时可爱的菲娜索利斯到来了：我的阳光！爱情的柔光！克拉卡①之王的女儿！那时我从科纳荒原回来，只有很少人同行。在远处，一艘白船出现了，我们看见它，就像一团雾在风暴的海洋中乘着波浪。它很快靠近了，我们看见了那位美人。她叹息着，白色的胸脯起伏。风穿过她散开的黑发，她玫瑰色的脸颊上有着泪珠。——美的女儿啊，我镇定地说，你的胸中在叹息着什么？我，虽然年轻，能否保护你，海洋的女儿？我的剑并非在战争中无与伦比，但是我的心灵却毫不畏惧。

我逃到你们这里，她叹息着回答，哦，强大的首领啊！我逃向你们，贝壳之王，柔弱者的保护人！克拉卡之王统治回声岛屿，我被称作家族的阳光。只有克罗马拉山峦②回应我怀春的叹息，那是忧伤的菲娜索利斯。索拉的首领看见了我的美貌，爱上了克拉卡的女儿。他的剑插进勇士的胸口，就像一道闪电。但他的眉头阴郁，他的性情暴戾。我到翻滚的海上来躲避他，可是索拉的首领穷追不舍。

在这休息吧，我说道，在我的盾牌后面。在宁静中憩息，你这明

---

① 因为时代过去很久，这里的克拉卡指的是什么并不容易确定。最有可能的说法是它属于设得兰群岛。——在第六卷里还会有关于克拉卡之王女儿的故事。【原注】

此处菲娜索利斯的故事是对《古代诗歌片段》第六篇的改编，来源于相对更加可靠的口头传统。【英编者注】

② Cromala，位于设得兰群岛。

亮的光！黑暗的索拉首领会落荒而逃的,如果芬格尔的武器和他的心灵一样无畏。我会把你藏在某个偏远的山洞里,大海的女儿！但是芬格尔绝不会逃跑的,因为当危险来临时,我面对长矛的风暴更加兴奋。——我看见了她脸颊上的泪水。我同情克拉卡的美人。

这时,像一波可怖的巨浪,远处出现了暴风般的博巴尔的船只。他的桅杆在海面上高高竖起,在他雪白的船队后面弯曲。白色的水波在船的两侧翻滚。咆哮的海洋发出巨响。你来吧,我说道,从轰鸣的海上来,你这暴风的骑手。到我的大殿里来参加宴会吧,这里使异邦人宾至如归。——那位少女站在我身旁,不住地发抖。他拉弓放箭,她倒下了。你的手法固然精准,我说道,但你居然与这样的柔弱者为敌。——我们战斗,这死亡的决斗势均力敌。他倒下了,在我的剑下。我们将他们埋葬,分别立了两座石墓。这些忧郁的年轻人啊！

这就是我在年轻时所做的,哦,奥斯卡,愿你像芬格尔那时一样。绝不要主动寻求开战,但当战争到来时,绝不要逃避。——菲兰,和深褐色头发的奥斯卡,你们是家族的孩子,越过风暴呼啸的荒原,去监视洛赫林的子孙们。我在远处就能听见他们恐惧的嘈杂声,就像科纳荒原上回荡的风雨声。去监视他们,不要让他们逃过我的利剑,在北方的海浪边——因为许多爱尔兰家族的首领在此倒下,躺在死亡的黑暗之床上。这些风暴之子已经倒下了;回声的克罗姆拉山的子孙。

两位英雄飞速行动,就像两朵黑云;两朵黑云,是鬼魂驾驭的战车;黑暗的空气之子来到,恐吓那些不幸的人。

就在这时,高尔①,莫尔尼之子,像岩石一样站在黑夜中。他的长矛闪烁着星光;他的声音好比众多江河。——"战争之子!"这位首领喊道,"哦,芬格尔,贝壳之王! 让善唱的诗人们安抚爱尔兰的朋友们,让他们安息吧。现在,芬格尔啊,让你那带来死亡的剑入鞘吧,让你的手下们战斗吧。没有声名,我们只会凋零;因为只有我们的国王击破了敌人的盾牌。当早晨出现在我们的山峦上,请你在远处看着我们的战果吧。让洛赫林尝尝莫尔尼之子的剑吧,这样诗人们才会歌唱我的名声。这就是迄今为止芬格尔家族的高贵习俗。在长矛的战斗中,您这持剑的国王啊,请让我们自己战斗吧。"

　　"哦,莫尔尼之子啊,"芬格尔回答说,"我愿意荣耀你的声名。——去战斗吧。但我的长矛也将在附近,以便当你陷入危险时支援你。唱起来吧,发出你们的声音,诗歌之子啊,使我心情抚慰,得以休息。芬格尔将在起风的夜晚在这里安眠。——以及,如果你,阿甘德卡,在这附近,在来自你国土的人群中;如果你乘着暴风来到这里,那风吹着洛赫林船队高高的桅杆;那么来到我梦境②中吧,我的美人,向我的灵魂展现你明媚的脸庞。"

　　许多人开始歌唱,许多竖琴响起悦耳的声音。他们歌颂着芬格尔的高贵行为,和这位英雄高贵的家族。有时,在这美妙的声音中,

---

　　① 莫尔尼(Morni)的儿子高尔(Gaul)是一个部落的首领,他与芬格尔本人长期以来一直争论不休,争夺优越的地位。最后他服从了,高尔由敌人变成了芬格尔最好的朋友和最伟大的英雄。高尔的性格有点像伊利亚特中的大埃阿斯,在战斗中比起风度更重视力量的英雄。他非常喜欢军事上的名声,在这里他要求他自己领导下一场战斗。诗人在这里用技巧让芬格尔暂时离开,这样他的回归就会更加雄壮。【原注】
　　② 这里,诗人准备在下一卷引入芬格尔的梦。【原注】

还能听到我相的名字,虽然他如今已经充满悲伤。我曾常常作战,更在长矛交错的战斗中常常胜出。但是如今,我双眼已盲,流着泪水,孤独而凄凉,无人与我同行。哦,芬格尔啊,我曾与你和整个家族并肩战斗,如今我已见不到你。野生的母鹿啃食着墓上的青苔,那是莫文的强大国王的坟墓。——愿你的灵魂幸福,你这位宝剑的国王,你在科纳山中声名最显赫!

FINGAL—BOOK IV

芬格尔——第四卷①

　　谁唱着歌从山中来到,像那莱纳雨后的彩虹一样。那是声音中带着爱意的少女。托斯卡的女儿,手臂洁白。你曾常常聆听我的诗歌,然后流下美丽的眼泪。你曾来过我们军队的战场,听闻奥斯卡的功绩吗? 什么时候,我才能停止哀悼,在这回响的科纳河边呢? 我的生命在战争中逝去了,我的时代在悲伤中黯淡。

　　素手如雪的少女啊! 过去我并非如此悲哀而目盲;我并非如此黯淡与孤独,当艾薇拉琳爱着我的时候。艾薇拉琳有着深褐色头发,

---

　　① 芬格尔睡着了,在夜间停止行动,诗人于是介绍了他对布兰诺女儿艾薇拉琳求爱的故事。这一部分是必要的,为这首诗中接下来的几个段落作了铺垫;它自然地过渡到了接下来的行动,这一卷应该是从诗歌开头算起的第三晚中间开始。这一卷,正如我相的许多其他作品一样,是对美丽的玛尔维娜——托斯卡的女儿,所讲述的。她爱上了奥斯卡,并在奥斯卡去世后陪伴他的父亲。【原注】

她胸脯洁白，为科马克所爱。一千位英雄追求她，她却拒绝了这一千人的求爱。宝剑的子孙们被她轻视，她的眼中只有我相才优雅。

我穿着这位女郎做的衣服，往莱戈黑色的波涛中走去。那里有十二位我的族人，都是激流中莫文的子孙。我们去异邦人之友布兰诺那里，布兰诺穿着作响的铁甲。你们从哪里来，他问道，持钢铁武器的你们？要赢得那位女郎的芳心可不容易，她曾拒绝过爱尔兰蓝眼的子孙。但你真有福气，芬格尔之子啊，等待着你的少女多么快乐；我有十二位美丽的女儿，就这样决定了，你这位光荣之子！——然后他打开了大殿的门，那里居住着黑发的艾薇拉琳。我们钢铁般的胸膛中燃起了欢乐之火，布兰诺的女儿有福了。

在高处的山上，出现了庄严的科马克的手下。这位首领共有八位英雄，他们的武器能点燃荒原之火。这边是科拉，伤痕累累的杜拉；那边是强大的托斯卡、塔戈，那里站着常胜的弗雷斯塔尔，做乐事的戴罗，狭路的屏障达拉。——科马克手中的剑仿佛燃着火，这位英雄外表优雅。

我相的英雄有八位：乌林是暴风般的战争之子，穆洛行事慷慨，高贵而优雅的斯凯拉查，奥格兰，愤怒的塞尔达尔，还有眉头象征死亡的杜马-里坎。另外，为什么要把奥噶尔放在最后呢，既然他在阿德文山上广有名气？

奥噶尔与强壮的达拉面对面交手，在英雄的战场上。首领们的战争就像海风，刮在泛起泡沫的波浪上。奥噶尔记得那把匕首，他所钟爱的武器，他九次将它插入达拉的胸膛中。暴风般的战斗局势变化。我三次刺穿了科马克的盾牌，他的长矛三次折断。但是，还有那怀着悲伤之爱的年轻人①！我将他的头砍下——我五次摇晃着长发的头颅。科马克的朋友们逃走了。

本该由谁来称颂我呢，美丽的少女啊，当我在竭力战斗的时候。如今我目已盲，被遗弃，绝望不已，不知如何挨过夜晚；我的铠甲曾坚固无比，我的武力曾在战斗中无人能及。

现在②，在莱纳阴暗的荒原上，音乐的声音消失了。间断的暴风阵阵猛吹，高大的橡树在我周围摇晃它的叶子。艾薇拉琳是我想到的人，当她在全部美丽的光中出现时，她蓝色的眼睛里翻滚着泪水，她站在我视线前方的一朵云上，用微弱的声音对我说话。

哦，莪相啊，快起身，救救我们儿子；救救众人的首领奥斯卡，他正在卢巴尔河边的红色橡树旁，正和洛赫林的子孙交战。——她又隐没在她的云层中间。我穿上我的铁甲。我的长矛支撑着步伐，我的武器相撞发出声响。我哼着歌，就像我并不在险境中一样，我哼着古老英雄的歌。就像遥远的雷声传来，洛赫林人听见了，他们逃跑，我的儿子追击他们。

我呼唤他，就像遥远的河流声。我的儿子回到了莱纳，不再追逐敌人了，尽管有莪相为他殿后。——他来了，那令悦耳动听的声音，是奥斯卡的铁甲作响。为什么你要阻止我的手呢，他说道，它本可以将敌人赶尽杀绝？在河流边，他们③遇到了黑暗而可怕的对手，你的

---

① 从上下文难以推知此处莪相杀死的是哪一位英雄。
② 诗人在此回到了主题。如果要从诗中的行动描述和场景判断季节的话，我倾向于将它放在秋天。——树落下了叶子，风向不定，这些都和秋天相吻合。【原注】
③ 指敌人。

儿子和菲兰。他们看到了夜晚的恐怖。我们的剑征服了一些敌人，然而就像夜晚的海风倾泻在莫拉的白色沙滩，黑暗中洛赫林的子孙们在风声呼啸的莱纳荒原上进军。夜晚的鬼魂在远方尖叫，我看见了黑暗的死亡流星。让我叫醒莫文之王吧，他在危险中会露出微笑，因为他就像天空之子，在暴风雨中升起。

芬格尔从梦中醒来，侧倚在特伦莫尔的盾牌上。那黑棕色的盾牌属于他的先祖，他们在家族历代的古老战争中曾举起过它。——英雄在睡梦中见到了面色悲伤的阿甘德卡。她从海洋中来，缓慢地、孤独地，她在莱纳荒原上游走。她的脸庞像克罗姆的雾那样苍白；她面颊上的泪水黑暗。她常常从长袍中伸出朦胧的手，那长袍由荒原上空的云朵编织。她将朦胧的手举到芬格尔头上，然后将她静默的视线移开。

斯塔诺的女儿啊，你为何哭泣，伴着叹息？你这云朵的女儿，为何脸色如此苍白？——她乘着莱纳的风离开了，将芬格尔留在黑夜之中。——她哀悼自己族人的死亡，他们将倒在芬格尔的手下。

英雄从睡眠中醒来，心中依然想着她。——奥斯卡的脚步声靠近了。国王看见了他胸前的灰色盾牌。早晨的微弱阳光照到了乌林水域的这一边。

敌人在恐惧中做了什么？起身的莫文之王说道。他们是已经逃跑越过了泡沫的海洋，还是在那儿等待战斗的钢铁呢？不过，芬格尔何必要问呢？我已经听到晨风中的声音了。——快穿过莱纳荒原吧，哦，奥斯卡，唤醒我们的战友，去战斗吧。

国王站在卢巴尔河边的石头旁，三次发出他那恐怖的吼声。鹿群从克罗姆拉山上的喷泉旁逃走;山上所有的岩石都在颤动。就像一百股山洪共同发出巨响,迸流,怒吼,涌起泡沫;又像在蓝色天空的脸庞上,云朵汇集,将形成暴风雨。正如此,荒野的子孙们聚首在发出恐怖声音的芬格尔周围。莫文之王的声音在他的勇士们听来却很悦耳:他常常这样带着他们出征,并带着从敌人处掳获的战利品凯旋。

"来战斗吧!"国王说道,"风暴之子们! 带来千人万人的死亡吧。康姆哈尔之子则将旁观这场战斗。——我的剑锋在山顶上摇摆,为我的人马做后盾。但是你们不会需要我介入的,勇士们,当强壮者的首领,莫尔尼之子作战之时。他将代替我领军,他的声名因此将在诗歌中传扬。——哦,死去英雄的精魂啊! 啊,克罗姆拉的风暴骑手! 当我的手下倒下时,请带着欢乐迎接他们,然后将他们带到你的山岭中。——愿莱纳的暴风带着他们,穿过我的海域,让他们来到我安静的梦中,使我熟睡的灵魂快乐。

菲兰和奥斯卡,黑棕色头发的孩子! 金发的莱诺,你有尖锐的钢剑! 向前进军,带着勇气投入战斗;看看莫尔尼之子,在战斗中,像他那样用剑:注视他双手创下的功绩。保护你们父辈的战友:记着古老的首领们。孩子们,我们将注视你们,哪怕你们在爱尔兰倒下。很快我们冰冷苍白的鬼魂将在云中相遇,然后一同飞过科纳的山岭。"

现在,像一朵黑暗的暴雨云,被天空中红色的闪电镶上圆边,又在早晨阳光出现时飞驰西行,山岭之王离开了。他的盔甲闪着可怖的光,他手中握着两支长矛。——他的灰色长发在风中飘荡。——他时常回头看着战场。三位诗人陪同着荣誉之子,为了将他的言语带给英雄们。——在克罗姆拉的山脊上他高坐着,挥动着他闪电般的剑,我们随着剑的挥动而进军。

喜悦涌上了奥斯卡的脸庞。他的脸颊泛红。他的眼睛流着热泪。他手中的剑是一道火光。他来了,带着笑容,对我相说道——噢,战争的主宰者! 我的父亲,请听您儿子的话。和莫文的强大首领一起退后吧,将莪相的声名传承给我。还有,如果我在这里倒下了,我的父王,请记得那位胸脯洁白,如同一束孤独阳光的我的爱人,手臂洁白的托斯卡之女。她坐在石上,脸颊泛红,向溪流俯下身子,她柔软的头发在胸前飞动,她向溪流倾诉自己的叹息,为了奥斯卡。请告诉她,我在山上,变成了风之子,一朵轻盈跳动的云;以后,在云中,我也许能再与托斯卡可爱的女儿相会。

"如果要筑起坟墓,奥斯卡,筑起我的坟墓吧。我不会将战斗的机会让给你的。第一次交战时,或是战争最血腥的时刻,我都用武器教导你如何战斗。但是记住,我的儿子,把这把剑、这张弓和这一支鹿角所制的号角,放在我那黑暗狭窄的墓穴中,只留下一块灰色岩石做标记。奥斯卡啊,可惜我没有剩下爱意,能够留给我的儿子了,因为优雅的艾薇拉琳已经不在了,她是布兰诺的可爱女儿。"

这些就是我们的对话了,这时,高尔的高亢呼喊声在风中响亮地传来。他在高处挥舞他父亲的剑,然后向死亡和伤痛冲锋。

就像白色泡沫从深海中泛起,波浪汹涌,发出咆哮;就像泥石流撞上轰鸣的波涛:为敌的两方互相攻击交战。人与人交战,钢铁与钢铁碰撞。盾牌作响,士兵倒下。就像一百把铁锤撞击熔炉中的铁器,他们的剑被高高举起,又碰撞鸣响。

高尔冲锋,就像阿德文的旋风。他的剑锋毁灭了许多英雄。斯瓦兰就像戈马尔回声荒原上,荒漠中的一团火焰。我怎能歌唱呢,许多持矛勇士死去了。我的剑被高高举起,在鲜血的纷争中燃起火焰。还有,奥斯卡,你真是令人恐惧,我最棒的,最伟大的儿子! 我在心中隐秘地欢欣,当他的火焰利剑杀敌时。敌人全速逃离莱纳荒原:我们追击并杀戮他们。如同石子从一块岩石跳跃到另一块;如同斧头在回声的森林里砍伐;如同雷电从一座山翻滚到另一座,发出间断的阴暗巨响;一击接着一击,死亡接着死亡,来自奥斯卡和我之手。

　　但是斯瓦兰近距离包围了莫尔尼之子,就像因尼斯托尔的海潮包围岛屿。国王从他远眺的山头上半直起身来,半握着长矛。去吧,乌林,去吧,我年长的诗人啊,莫文的国王开始说。提醒交战中的强大的高尔,提醒他记住他的祖先。用你的诗歌鼓舞他略显颓势的战斗,因为诗歌能激活战斗的力量。高大的乌林去了,踏着年迈的步伐,对那宝剑之王传话。

　　高贵骏马首领的儿子! 高高跃起的长矛之王! 每次陷入危险,筋疲力尽时,只有你的手臂依然强壮。你的心灵坚韧,从不屈服。武器尖锐,带来死亡的首领啊,将敌人砍倒,让敌人的白船不再驶回黑暗的因尼斯托尔。让你的武器如雷电,眼睛如火焰,心脏如磐石。抡圆你的剑,如同夜晚流星;举起你的盾,如同死亡火焰。高贵骏马首领的儿子啊,将敌人砍倒,毁灭! ——英雄的心猛烈跳动,但斯瓦兰加入战斗中。他把高尔的盾牌劈成两半;荒野之子们开始逃跑。

　　现在,强大的芬格尔站起身来,他提高声音,发出三次呼喊。克罗姆拉山的回声四处回荡,荒野之子们停住了脚步。——他们脸红了,低头对着地面羞惭不已,因为他们面前出现了芬格尔。他来了,就像一重雨云遮住白日太阳,在山峦上慢慢翻滚,大地等待着一场暴雨降临。斯瓦兰望见了莫文的恐怖之王,他停下了追逐的步伐。黑暗的斯瓦兰倚在长矛上,他红色的眼睛滚动着。他看见了卢巴尔河岸上一棵寂静高大的橡树,它的树枝久经天雷轰击,变得苍老。它向河流俯下身子,树身上的灰苔在风中啸响:它站着,国王也一样。接着,他缓慢地向莱纳平原上升的高地撤退。几千名战士围绕着这位英雄,黑暗的战争之云在山峦上聚集。

芬格尔,像一道天光,在他的军队中闪耀。他的英雄们聚集在他周围,他则发出充满力量的声音:高高举起我的军旗——让它在莱纳的风中飘扬,如同一百座山上蔓延的大火。让这旗帜在爱尔兰的风中发出声音,激励我们作战。啊,你们是咆哮河流的子孙,来自一千座山上,聚集到莫文之王近旁:听到他强有力的言辞。高尔,最强壮的死亡武器!哦,奥斯卡,未来的战斗属于你;康纳尔,索拉的蓝色钢铁;德尔米德,有着黑棕的头发;还有莪相,无数诗歌之王,站在你父亲的武器旁。

我们高高举起那指引作战的阳光①:那是国王的军旗。每位英雄的灵魂都因喜悦而欢腾,因为看到军旗在风中飞扬。它镶着金边,就像夜晚的天际有阳光镶边。每位英雄都有他的军旗;每一名黑暗的战士也如此。

---

① 芬格尔的军旗被称作太阳的光,也许因为它颜色明亮且镶金。在古代作品中,举起"太阳的光"表示开始战斗。【原注】

看啊，拥有慷慨贝壳的国王说，看洛赫林人在莱纳荒原上如何列阵。——他们站着，就像山上破碎的云，或一半被火烧过的橡树林。我们透过它的枝叶，可以看到背后的天空，有流星划过夜幕。每一位芬格尔的朋友，选择一支黑暗的敌人军队作为对手吧，他们的眉头高高皱起；别让一个回声树林的子孙得以乘上因尼斯托尔的海浪。

"我的对手，"高尔说，"是来自拉诺湖中的七个首领。""让因尼斯托尔的黑暗国王，"奥斯卡说，"来到莪相之子的剑前。""我则选择因尼斯康的国王。"有着钢铁之心的康纳尔说。"穆丹的首领或是我，"棕色头发的德米德说，"将安息在冰冷的泥土地上。我选的对手，尽管现在如此虚弱和黑暗，是特尔曼的好战国王；我承诺要用我的手夺得那位英雄的深棕色盾牌。""愿祝福和胜利属于我的首领们！"相貌温和的芬格尔说，"斯瓦兰，咆哮的波浪之王，你是芬格尔选择的敌手。"现在，像一百股不同的风倾泻穿过许多山谷；在黑暗中分头行动，山岭之子们前进，克罗姆拉荒原上回荡着他们的声音。

我该如何讲述死亡，当我们在钢铁的碰撞中短兵相接？哦，托斯卡的女儿啊！我们的手上满是鲜血！洛赫林阴郁的队伍倒下，像咆哮的科纳河冲击河岸。每个首领履行了他的诺言。哦，少女啊，你经常坐在低语的布兰诺身边，你洁白的胸脯起伏，就像天鹅在湖面上慢慢巡游时收起翅膀，风在它两侧吹拂。你曾看到夕阳落山，红色的落日缓慢隐退到云朵后面；夜幕聚拢降临在山峦上，暴风间或在狭窄山谷中鸣响。最后，雨滂沱而下，雷电声音洪亮。闪电瞥了一眼岩石，鬼魂乘着火焰的光。强力的山洪也从山上咆哮而下。这些就如同战斗的巨响啊，素手如雪的少女。为什么，山岭的女儿，你流下眼泪？

洛赫林的少女们有理由哭泣。她们国家的同胞倒下了,因为我族英雄手上的蓝色钢铁染上了血腥。但我如今悲伤、孤独而眼盲;我的英雄同伴们都已不在。给我,可爱的少女啊,将你的眼泪给我,因为我已经看见过我所有朋友的坟墓。

就在这时,一位英雄倒在了芬格尔的手边,唤起他的悲痛。灰发的他在尘土中翻滚,他抬起失去亮光的眼睛看着国王。"你倒在我身边了吗",康姆哈尔的儿子说,"你是阿甘德卡的朋友! 在血腥的斯塔诺的大厅里,我曾看见你为我爱的少女流泪。你与我爱人的仇敌为敌,而你在我手边倒下了吗? 堆起来,乌林,堆起马顿之子的坟墓,并将他的名字加入阿甘德卡的歌中,因为你对我的灵魂而言是多么亲切,如今住在黑暗中的阿尔德文的少女。"

库丘林,来自克罗姆拉山的洞穴,听到了激战的困扰之声。他叫来了康纳尔,宝剑的首领,还有属于上一代人的卡里尔。头发灰白的英雄们听到了他的声音,拿着他们的长矛。他们来了,看到了战斗的浪潮,像海洋中拥挤碰撞的波涛;黑暗的风从深渊吹来,穿过树林,卷起树叶狂舞。

库丘林看到这一幕激动起来,黑暗聚集在他的额头上。他的手在他先辈的剑上,他转动的红眼睛盯着敌人。他三次试图冲去战斗,而康纳尔三次阻止了他。起雾岛屿的首领说,芬格尔征服了敌人。不要从国王的声名中分走一部分;他自己就像一场风暴。

"那么,卡瑞尔,走吧,"首领回答,"并向莫文国王致意。"当洛赫林人像雨后的河流那样消逝,战斗的巨响安静时,用你甜美的声音在他耳边赞美那剑术之王。将凯赫巴特的剑送给他,因为库丘林不再配得上举起他先辈的武器。

但是,哦,你们孤寂的克罗姆拉荒原上的鬼魂!你们这些已经不在了的首领的灵魂!你们要做库丘林的同伴,在他悲伤的山洞里与他说话。因为我永远不再会在此地的勇士中享有盛誉。我就像一束已经闪过的光;像一片已经飞走的雾,当早晨的暴风来了,照亮了山岭青苔丛生的一面。康纳尔,不要再谈论武器了:我的名声已经逝去。——我的叹息将在克罗姆拉的风中飘荡,直到我的脚步不再被人看见。——还有你,胸脯洁白的布拉盖拉,为我的名声的堕落而哀悼吧。因为,我已被击败,我永远不会再回到你身边了,邓斯凯赫的阳光。

FINGAL—BOOK V

芬格尔——第五卷

现在,康纳尔,在克罗姆拉的大风中,向高贵的驾车之王说话。为什么你这样阴郁,塞莫的儿子?我们的朋友是战斗中的强者。你声名显赫,哦,勇士啊!许多人死在你的钢铁武器下。布拉盖拉常常遇到你,滚动喜悦的蓝色眼睛,遇到她的英雄,在勇者簇拥中归来;当他的剑在杀戮中染红,他的敌人在坟墓的旷野里沉默。她的耳朵听到诗人咏唱而喜悦,因为歌中称颂你的事迹。

但是看那莫文的国王,他像火柱一样在山下移动。他的力量,好像卢巴河的水流,或回荡在克罗姆拉荒原的风,当多枝条的森林在夜晚被翻折时。

你的人民是幸福的,芬格尔,你们的武器要战斗,你在他们中冒最大的风险;在他们的和平日子里,你又是最明智的。你说话,成千上万的人服从;大军听到你钢铁的声音而颤抖。你的人民是幸福的,芬格尔,孤独山丘的首领。

　　是谁,这么黑暗而可怕,踏着雷声的脚步来了? 除了斯塔诺的儿子,还有谁能见到莫文的国王呢? 看,那首领之间的战斗:那就像大海的风暴,当两个灵魂远远相遇,竞相争夺滚滚的海浪。猎人听到山上的巨响,看到滔天巨浪向阿尔德文的海岸靠近。

　　当英雄们在倒下的人马中相遇时,康纳尔的话语就是这样。武器的碰撞! 每一次攻击,都像一百把锤子锤击熔炉! 国王间的战斗多么可怕,他们的眼神多么恐怖。他们深棕色的盾牌裂成两半;他们的钢铁武器飞舞,碎片从他们的头盔飞出。他们把武器扔开了,冲向对方。他们强壮的手臂弯曲,互相环绕住对方;他们从一边转向另一边,拉紧又伸展他们庞大的四肢。但是,当他们的力量在骄傲中释放,他们摇摇脚后跟,就能撼动群山;他们在高处搏斗,岩石翻滚而下,绿色的灌木被倒拔而起。终于,斯瓦兰的力量下降,树林的国王就这样被束缚住了。

　　这就是我在柯纳平原上所见(但如今我再也看不见了)。我看见两座黑暗的山峰被急流的冲击移动了位置。他们从一边转向另一边,山上高大的橡树在高处相撞。然后他们一起倒下,所有的岩石和树木一同坠落。溪水在他们身边倒转,远远能看见红色的废墟。

　　"莫文国王的儿子们,"高贵的芬格尔说道,"看管好洛赫林的国王",因为他像奔涌不息的波浪那样强壮。他的手被教导用来战斗,他的家族历史悠久。高尔,你是我的英雄中最杰出的,还有莪相,诗歌之王,你们看管这位阿甘德卡的朋友,试着抬高他现在悲伤的情绪。——但是,奥斯卡、菲兰和莱诺,家族的年轻人! 在莱纳荒原上继续追逐剩余的洛赫林人,不要让一艘船能逃向黑暗的波涛翻滚的因尼斯托尔。

他们像闪电一样在荒野上急行。当闷热的夏日平原一片寂静时,他慢慢地移动,像一朵雷云。他的剑在他面前,就像一束阳光,像夜晚的陨星一样可怕。他向洛奇林的一位首领走来,对海浪之子说话。

那是谁,就像咆哮的河水,岩石上的云雾? 他不能挣开他的束缚,但那位首领多么庄严! 他刻有浮雕的盾牌在他的身边;他的长矛像沙漠的树。黑褐色头发的年轻人,你是芬格尔的敌人吗?

我是洛赫林的年轻人,他叫道,在战斗中我的手臂强壮。我的配偶在家里哭泣,但奥尔拉①永远不会回家了。

“战斗还是投降,这位英雄?”行为高尚的芬格尔说,“没有敌人能在我面前征服,我的朋友在大厅里声名显赫。海浪之子,跟随我吧,参加我贝壳大厅里的盛宴,在我的旷野中打猎。”

“不,”那位英雄说,“我帮助弱者,我的力量将与战斗中的弱者同在。我的剑一直是无与伦比的,哦,勇士啊,让莫文之王向我屈服吧。”

“我从来没有屈服过,奥尔拉,芬格尔从不屈服于凡人。拔出你

---

① 奥尔拉的故事是如此美丽,原歌如此打动人,以至于在苏格兰北部的许多人只听过一遍就能够复述它。在听众以为伟大的行动已结束,因为斯瓦兰已被征服,因此只期待接下来令人疲乏的叙述时,它唤醒了读者的注意力。【原注】

的剑,选择你的对手。这些人都是我手下的英雄。"

"难道国王拒绝战斗了吗?"黑褐色头发的奥尔拉说,"芬格尔就是奥尔拉旗鼓相当的对手,在他的整个家族里也只有他配得上。——但是,莫文的国王,如果我死了,(勇士总有一天要死去)把我的坟墓筑在此处中间,筑一座莱纳荒原上最大的坟墓。然后,越过深蓝色的波涛,将奥尔拉的剑送给他所爱的配偶,她可以含着眼泪向儿子展示这把剑,点燃他的灵魂,使他投入战争。"

"讲述悲伤故事的年轻人,"芬格尔说,"你为什么唤起我的眼泪? 有一天战士们都会死去,而孩子们看到他们无力的手臂垂在大厅里。但是,奥尔拉,你的坟墓将升起,你洁白胸脯的配偶将为你的剑哭泣。"他们在莱纳的荒原上战斗,但奥尔拉的手臂虚弱。芬格尔的剑刺下,将他的盾牌劈成两半。它落在地上闪闪发光,就像月光照在夜晚的溪流上。

"莫文的国王,"英雄说,"举起你的剑,刺穿我的胸膛。我的朋友们把我留在了这里,我在战斗中受伤而晕眩。我悲伤的故事将传给洛达河畔我的爱人,当她独自在树林里,狂风卷起树叶沙沙作响。"

"不,"莫文的国王说,"奥尔拉,我不会伤害你。去吧,在洛达河的岸边,让她看到你从战争之手中逃脱。让你那头发花白的父亲,他也许因年老而致盲,在他的大厅里听到你的脚步声。——让那位老英雄在快乐中起身,用双手摸索找寻他的儿子。"

"但他永远也找不到他了,芬格尔,"来自洛达河流的年轻人说,"在莱纳的荒原中,我将死去;国外的诗人将会谈论我。我宽阔的腰带下覆盖着我致命的伤口,现在我把它交给风。"

黑色的血液从他身侧涌出,他脸色苍白地倒在了莱纳的荒地上。芬加尔向他俯身致意,叫来他手下年轻的英雄。

奥斯卡和菲兰,我的儿子们,高唱起纪念奥尔拉的歌。在这里,让这位黑发英雄在远离他爱人之处安息吧。让他在远离洛达水声的窄屋里休息。弱者的儿子们会在家里找到他的弓,却无法拉弯它。他忠实的狗在山上吼叫,他曾经追赶的野猪将庆幸。战斗的武器坠下了;勇敢的强者已经倒下!

莫文国王的儿子们,你们要声音高亢,吹动号角:让我们回到斯瓦兰那里去,用歌声把黑夜送走。菲兰、奥斯卡和莱诺,急行穿过莱纳的荒原。在哪里,莱诺,你在哪里呢,著名的年轻人?你并不常成为最后一个回答你父亲的人。

"莱诺,"诗人中的第一,乌林说,"莱诺和他形象可怕的先祖们在一起了。他和特拉塔尔,盾牌之王和特伦莫尔,强者聚集在一起。那年轻人已经倒在地下——脸色苍白——他躺在莱诺的荒原上了。"

"倒下了吗,全族最快的人,"国王说,"第一个弯弓的人?你迅捷的速度为我所知。年轻的莱诺为什么倒下?但你轻轻地睡在莱纳荒原上,芬格尔很快就会见到你了。不久,我的声音就不再被人听到了,我的脚步也不再被人看见了。诗人会讲述芬格尔的名字;岩石会谈论我。但是,莱诺,你的确悲哀啊——你还没有收获声名。乌林,为莱诺敲击竖琴,讲述这位首领本应该获得的名声。永别了,在每个战场上都领先的人。我不能再指挥你投掷飞镖了,你是如此的英俊,我无法再看见你了,永别了。"

眼泪在国王的脸颊上;他的儿子在战争中曾是多么可怕。他的儿子!他就像山上夜晚的一束火光,当森林在火焰所及处倒下,旅人听到声音而颤抖。

"谁的名声在那深绿色的坟墓里?"慷慨的贝壳之王开始说道,"四块石头,布满苔藓,伫立在那里,标志着狭窄的死亡之家。让我的莱诺在它附近安息吧,做勇者的邻居。也许有一位声名显赫的首领将在这里和我的儿子一起飞上云端。哦,乌林,唱起其他时代的歌曲。唤起坟墓里的黑暗居民的记忆。如果在勇者的战场上他们从未脱逃危险,我的儿子应该与他一起安息,远离他的朋友,在莱纳的荒原上。"

"在这里",诗歌的喉舌①说道,"安息着英雄中的第一。兰德格②在他的坟墓中静默,宝剑之王乌林也沉默了。又是谁,从云端投下温柔的微笑,向我展示她可爱的脸?为什么,少女,为什么你是如此苍白,克罗姆拉少女中的第一?你和战斗中的敌人共眠吗?格尔乔萨,图阿塔尔胸脯洁白的女儿?——你是成千上万人的爱恋,但兰德格是你爱的人。"他来到塞尔玛苔藓密布的高塔,敲击他的小圆盾,说道:

"我的爱人,格尔乔萨在哪里,高贵的图阿塔尔的女儿?我把她留在塞尔玛的大厅里,当时我和阴郁的乌尔法达战斗。'兰德格啊,快些回来,'她说,'因为我处在悲伤之中。'她洁白的胸脯随叹息而

---

① 指诗人乌林。
② 兰德格意为血腥的手。格尔乔萨,意为白腿。图阿塔尔,意为肯定的。费基奥斯,意为人们的征服者。【原注】

起伏。她的面颊被泪水沾湿。但她没有来见我；或是在战斗结束后抚慰我的灵魂。我快乐的大厅沉默了；我听不见诗人的歌声。布兰①在门口没有晃动他的铁链，也没有因为兰德格的到来而高兴。格尔乔萨在哪里？我的爱人，慷慨的图阿塔尔那温柔的女儿？

'兰德格！艾顿之子，'图阿塔尔说，'格尔乔萨可能在克罗姆拉，她和持弓的女仆在追逐飞驰的鹿。'

'费基奥斯！'克罗姆拉的首领回答，'没有声音传进兰德格的耳朵。莱纳的森林里没有声音。没有鹿在我的视线中飞奔。没有喘气的狗在追逐。我看不到我的爱人格尔乔萨，她就像克罗姆拉山丘上的满月一样美丽。去吧，费奇奥斯，去阿拉德②那里，灰发的岩石之子。他的住所在石圈中，他可能知道格尔乔萨的去向。'

艾顿的儿子去了，对那上了年纪的耳朵说话。阿拉德！住在岩石中的你，独自颤抖着，你那衰老的眼睛看见了什么？"

"我看见了，"老阿拉德回答，"凯巴尔的儿子乌林③。他像云一样从克罗姆拉来了；他哼着一首粗野的歌，就像暴风穿过一片无叶的树林。他走进了塞尔玛的大厅。——'兰德格，'他说，'人中最可怕的，和我战斗或向我屈服。''兰德格，'格尔乔萨回答说，"战争之子

———————————

① 布兰是当时灰狗的常见名。在北苏格兰有着习俗，用这首诗中英雄的名字命名他们的狗；这足以作为这些名字耳熟能详，并且他们的事迹为众人所知的证据。【原注】

② 阿拉德是一位德鲁伊，他被称作岩石之子，因为他居住在山洞里。这里的石圈是德鲁伊教寺庙的围栏。这里咨询他，因为他有关于万物的超自然知识；在高地和北方诸岛屿中，人们毫不怀疑德鲁伊有一种奇异的第二视觉。【原注】

③ 此处又有一个人名为乌林。

不在这里。他在与强大的首领乌尔法达战斗。他不在这里,人中第一的豪杰。但兰德格永不会屈服的。他会和凯巴尔的儿子战斗。'

'你这么可爱,'恐怖的乌林说,'慷慨的图阿塔尔的女儿,我要把你带去凯巴尔的大厅。勇敢的人才能拥有格尔乔萨。我会在克罗姆拉再等三天,等那位战争之子兰德格。在第四天,如果强大的兰德格逃跑了,格尔乔萨就属于我。'"

"阿拉德!"克罗姆拉的首领说,"愿你在山洞里有平安的梦。"费基奥斯,吹响兰德格的号角,如果乌林在克罗姆拉,他就能听见。兰德格,像一场咆哮的暴风雨,从塞尔玛登上了高山。他一边走一边哼着一首粗暴的歌,像一条河流坠落的巨响。他站在山上,像一片云,它的形状随风而变化。他翻了一块石头,这是战争的标志。乌林在凯巴尔的大厅里听到消息。英雄高兴地听到了他的敌人,拿起了他父亲的长矛。当他把剑放在身侧时,他的深棕色脸颊被笑容照亮。匕首在他的手里闪闪发光。他一边走一边吹口哨。

格尔乔萨看见了沉默的首领,就像一圈雾气升上了山峦。——她敲击自己洁白丰满的胸脯,沉默得泪流满面,担心兰德格。

"凯巴尔,白色贝壳的首领,"双手纤弱的少女说,"我必须在克罗姆拉拉弓,因为我看到了深棕色的雌鹿。"

她匆忙爬上了山。白费力气!阴郁的英雄们已开始战斗。——我为何要告诉莫文之王英雄们在战斗中多么狂怒!——凶悍的乌林倒下了。年轻的兰德格,脸色苍白,来到慷慨的图阿塔尔面前。

"是什么血,我的爱人?"柔软头发的女子说,"我的勇士身侧流下的是什么血?""这是乌林的血,"首领回答说,"比雪还要洁白!格尔乔萨,让我在这里休息一会儿。"强大的兰德格死去了。

"阴影中克罗姆拉的首领啊,你这么快就在地上长眠了吗？她在爱人的身边哀悼了三天——直到猎人发现她死去了。他们为三位死者筑起了坟墓。你的儿子,哦,莫文的国王啊,可以和英雄们一同安息。"

"我的儿子就在这里安息,"芬格尔说,"他们的美名已经传到了我的耳朵里。菲兰和弗格斯！将奥尔拉带来这里,洛达河的苍白的年轻人。莱诺并不亚于他,躺在土地里,奥尔拉在他的身边。莫文的女子们,哭吧;还有洛达河边的少女。他们就像树在山上生长;他们倒下就像荒原的橡树。当它躺倒,横跨在溪流上,在山风中枯萎。

奥斯卡！每一个青年的首领！你看到了他们是如何倒下的。你要像他们一样,在地上出名,就像诗人诗歌中的他们。他们在战斗中形貌可怖,但在和平的日子里,莱诺很平静。他就像阵雨后的天弓,溪水边远远就能看到;当太阳在莫拉落山,鹿山上也沉默。安息吧,我最小的儿子,安息吧,莱诺,在莱纳。我们也将不再存在;因为勇者某一天终会倒下。

这就是你的悲伤,群山的国王,当莱诺躺在地上的时候。我相多么悲伤啊,当你本人逝去的时候。我听不到科纳河上你遥远的声音。我的眼睛看不到你。我常常绝望而阴郁地坐在你的墓前,用我的双手感受它。当我以为听到你的声音时,它只不过是荒原的狂风。——芬格尔早已陷入沉睡,战争的统治者。

随后,高尔和我相与斯瓦兰一起坐在卢巴尔柔软的绿色河岸上。我弹动竖琴想让国王快乐,但是他的额头阴郁。他转动红红的眼睛看着莱纳,英雄哀悼他的人民。

我抬起眼睛望着克罗姆拉,我看到了慷慨的塞莫的儿子。——他从山上退下来,缓慢而哀伤,向图拉尔洞穴走去。他看到芬格尔取胜,既喜悦又伤悲。太阳光在他的盔甲上闪亮,康纳尔慢慢地跟着他。他们像夜间的两束火柱一样沉入山后:风在山丘上追赶他们,燃烧的荒原回响。一股激流冲起咆哮的泡沫,他的洞穴在旁边一块岩石里。一棵树弯在上空;奔腾的风也在它的两侧回荡。邓斯凯赫的首领在这里休息,他是慷慨的塞莫的儿子。他思考他输掉的战斗,眼泪在他的脸颊上流淌。他哀悼自己声名的逝去如同科纳河的薄雾。哦,布拉盖拉啊,你离这里太远,无法激励英雄的灵魂。但让他在灵魂中看到你明亮的身形吧,他的思绪也许能回到杜斯凯赫孤独的阳光中。

谁来了,披着花白的头发? 他是诗歌之子。致敬,逝去时代的卡里尔,你的声音就像图拉大厅里的竖琴。你的话令人愉快,就像落在洒满阳光的战场上的阵雨。古老时代的卡里尔,你为什么要从慷慨的塞莫的儿子那里来到此处?”

“宝剑之王莪相,”诗人回答说,“你把这首歌唱得更高亢些吧。卡里尔与你相识已久,你是战争的统治者。我经常敲动竖琴,给可爱的埃维拉林听。你也经常与我和声歌唱,在布拉诺慷慨的贝壳大厅里。在我们的声音中,常常能听到最温柔的埃维拉林加入。有一天,她唱起了科马克的倒下,那为她的爱情而死去的青年。我看见她脸颊上的泪水也在你脸上。她的灵魂因悲伤而受触动,尽管她并不爱他。在众多少女中,慷慨的布拉诺的女儿是多么美丽啊!”

"请不要,卡里尔,"我回答,"不要把她的记忆带到我的脑海里。我的灵魂要在记忆中融化了。我的眼睛里一定有了眼泪。苍白地躺在地下,这是我那微微脸红的爱人的归宿。但你要坐在荒野上,诗人啊,让我们听你的声音。它令人愉快,就像春天的大风,在猎人的耳边叹息;当他从欢乐的梦中醒来,听到了山上灵魂的音乐。"

FINGAL—BOOK VI

芬格尔——第六卷

　　夜晚的云滚滚而下,落在克罗姆拉的深棕色峭壁上。北方的星星从乌林的波涛中升起;它们露出火焰的头颅,光芒穿透天空中飞行的雾气。远处的风在树林里轰鸣;但死亡的平原上是沉默和黑暗。

　　依然在日暮的莱纳平原,我耳中响起的是卡里尔悦耳的声音。他唱我们青春时的同伴和往日的时光;当我们在莱戈河岸边相遇,向周围传去贝壳的欢乐。克罗姆拉云雾覆盖的峭壁回应着他的声音。他诵唱的那些人的鬼魂在沙沙的暴风中来到了。人们看到他们高兴地向赞美的声音弯腰。

　　愿你的灵魂幸福,哦,卡里尔,在旋风之中。哦,愿我每一个孤独的夜晚,你会来到我的大厅! ——你果然来了,我的朋友,我经常听到你的手在我的竖琴上轻轻拨动;当它远远挂在墙上,微弱的声音触动我的耳朵。为什么你不在我悲伤时对我说话,告诉我何时能看见我的朋友？但你在低语的强风中消失了；你的风呼啸着穿过我相的灰白头发。

现在，在莫拉山边，英雄们聚集在宴会上。众多老橡树正在乘风燃烧。——贝壳的力量①四周传递，战士们的灵魂因喜悦而明亮。但洛赫林的国王保持沉默，悲伤使他骄傲的眼睛发红。他经常转向莱纳平原，默想自己的失败。

芬格尔靠在他先祖的盾牌上。他灰色的头发慢慢地在风中飘动，被夜晚的光②照着发亮。他看到了斯瓦兰的悲痛，就对第一诗人说话。

乌林，唱起和平之歌，在战斗结束后抚慰我的灵魂，让我的耳朵忘记武器的噪声。让一百架竖琴靠近，愉悦洛赫林的国王。他必须带着快乐离开我们。——没有人离开芬格尔时是悲伤的。奥斯卡！我的剑如闪电，在战斗中对抗强者；但当勇士们在战争中屈服后，它就和平地放在我身边。

特伦莫尔③，诗歌的喉舌说，生活在旧年代的时光。他在北方的海浪上跳跃；他是风暴的同伴。洛赫林之地的高耸岩石和它那低语的树林，透过薄雾出现在英雄面前；——他绑住白色的帆。——特伦

---

① 贝壳的力量指的是英雄们喝的酒。因为年代过久，酒的种类无法确定。译者见到了几首古代诗歌，其中提到了芬格尔的大厅常常见到的蜡烛和葡萄酒。卡莱多尼亚人经常入侵罗马行省，可能会熟悉这些生活方式，并将它们介绍到自己的国家，作为他们从南不列颠带来的战利品。【原注】

② 可能指月光或火光。

③ 特伦莫尔是芬格尔的曾祖父。这个故事是为了斯瓦兰的离开做铺垫。【原注】

莫尔追逐戈马尔森林里咆哮的野猪。许多人见到它就逃跑;但特伦莫尔的长矛却杀死了它。

三个首领,看到了这项事迹,就向国王讲述那强大的异邦人。他们说道,他就像一根火柱,勇敢地站在他武器的光芒中。洛赫林的国王准备了盛宴,并召唤强壮的特伦莫尔。整整三天,他在戈马尔起风的高塔里宴饮,并在战斗中选择自己的对手。

洛赫林的土地上没有一个英雄不向特伦莫尔屈服。欢乐的贝壳到处传递,诗歌赞美莫文的国王;他从海浪中走来,是人中最强者。

现在,当第四个早晨灰色的天色出现,英雄乘船启航。他沿着寂静的海岸走着,等待着呼啸的风。他已经听到了树丛中风的声音,遥远而洪亮。

一位全身披挂着钢铁的武器的戈马尔森林之子出现了。他的脸颊通红,他的头发金黄。他的皮肤像莫文的雪。当他和宝剑之王说话时,他那微笑的蓝色眼睛温和地滚动。

留下吧,特伦莫尔,人中龙凤,你还没有征服隆瓦尔的儿子。我的剑经常与勇敢的人交战。智慧的人避开我弓箭的力量。

金发的年轻人啊,特伦莫尔回答说,我不会和隆瓦尔的儿子战斗。你的手臂是无力的,你像阳光一样俊美。回去追逐戈马尔的黑棕色鹿群吧。

但我回去时,青年回答说,要带着特伦莫尔的剑;我将为我响亮的声名而欢欣。处女们将带着笑容,聚集在征服特伦莫尔的人周围;她们的叹息声是爱的叹息,她们将欣赏你修长的战矛;我将把它带到众人之中,将它的矛尖对着太阳高高举起。

你永远不会拿到我的长矛,愤怒的莫文的国王说。——你的母亲会发现你脸色苍白地躺在戈马尔的回声海滩,望着深蓝色的深海,看见那杀死她儿子的人扬帆远去。

我不会举起长矛,青年回答说,我的胳膊还没有生长得强壮。但我有带羽毛的飞镖,我学会了用它刺穿远方的敌人。扔下你那钢铁铠甲,因为特伦莫尔全身都被挡住了。——我首先会把我的铠甲放在地上。——现在扔你的飞镖吧,莫文的国王。

他看到了她的胸脯,她是国王的妹妹,她曾在戈马尔的大厅里看到他,爱上了他年轻的脸。——特伦莫尔手上的长矛垂下,他涨红的脸对着地上,因为他看见她像一束光照到洞穴之子,当他们重回阳光下的领域,就不得不因他们疼痛的眼睛弯下身。

风一般的莫文的首领,手臂洁白的少女说;让我在你将起航的船上休息,远离科洛的爱情。因为他就像荒野的雷电,对因尼巴卡来说是可怕的。他在他骄傲的阴霾中爱我,并摇动一万支长矛。

安心休息吧,强大的特伦莫尔说,躺在我先祖的盾牌后面。我不会从那首领那里逃走的,尽管他摇动一万支长矛。

他在海岸边等待三天,并把他的号角送到国外。他在每一处回声山谷向科洛发出挑战,但科洛没有应战。洛赫林的国王下山来了,他在咆哮的海岸举办盛宴,并将少女送给了特伦莫尔。

洛赫林的国王,芬格尔说,你的血也在你敌人的血管里流淌。我们的家族在战斗中相遇,因为他们喜欢长矛的冲撞。但他们经常在大厅里举办盛宴,向四周传递欢乐的贝壳;愿你的脸因喜悦而明亮,你的耳朵也要因为听到竖琴而快乐。如海洋的风暴,你曾倾注你的英勇;你的声音就像成千上万人战斗的响声。扬起吧,明天你的白帆就要乘风航行,阿甘德卡的兄弟。明亮如正午的阳光,她来到我悲伤的灵魂面前。我看到你为那美人流的眼泪,在斯塔诺的大厅放过了你;当时我的剑因屠杀而血红,我的眼睛里充满了为少女而流的泪水。——还是你选择战斗?你的祖先与特伦莫尔之战,同样是你的选择:若你取胜离开,你就像西方的落日一样扬名。

莫文家族的国王,洛赫林波浪的首领说,斯瓦兰永远不会和你战斗,你是众多英雄中的王者!我在斯塔诺的大厅里看见你,你并不比我年长几岁。——我对我的灵魂说,何时我能像高贵的芬格尔一样举起长矛呢?我们在那里战斗过,哦,勇士啊,我们曾在青苔密布的马尔莫尔山侧战斗;波涛将我带到你的大厅,一千枚贝壳的盛宴铺开了。让诗人将战胜者的事迹送给未来的岁月,因为在荒凉的马尔莫尔,那里的战斗是高贵的。

但许多洛赫林的船只都在莱纳失去了它们年轻的主人。带走这些船,莫文之王,做斯瓦兰的朋友吧。当你的子孙们来到戈马尔铺满青苔的高塔上,贝壳的盛宴就会铺开,而山谷中的战斗仍然会继续。

不,国王回答说,芬格尔不带走一艘船,也不占据土地或许多山丘。对我来说,荒原中所有的鹿和木材都足够了。再次乘上波浪吧,阿甘德卡的高贵朋友,展开你的白色船帆,向着早晨的阳光,回到戈马尔回声的山丘。

祝福你的灵魂,贝壳之王,深棕色盾牌的斯瓦兰说。在和平中你是春天的风。在战争中你是山上的洪水。让诗人哀悼那些倒下的人吧。让爱林将洛赫林的子孙还给土地;立起青苔密布的石头纪念他们的声名。今后,北方的子孙将能在此看见他们祖先战斗过的地方。当他斜靠在一块长满青苔的墓石上,某个猎人可能会诉说:就在这里,芬格尔和斯瓦兰曾经战斗过,他们是过去年代的英雄。他这样说,我们的声名就会永远延续下去。

斯瓦兰,山之王说,今天是我们名声最显赫的一天。我们将像梦一样消逝。在我们战斗过的战场上将不会有任何声音。我们的坟墓将在荒地中迷失。猎人将不会知道我们安息的地方。也许我们的名字可以在歌声中听到,但我们的手臂将失去一切力量。哦,莪相、卡里尔和乌林,你们知道已经不在世的英雄。请为我们唱那些过去的诗歌。让夜晚在歌声中度过,早晨将带着喜悦归来。

我们把这首歌送给了国王们,一百架竖琴为我们的声音伴奏。斯瓦兰的脸明亮起来,像天上的满月,当云层消失的时候,她平静而圆满,悬于皓空。

就在这时,芬格尔和旧时的首领卡里尔说话。他在哪呢,塞莫之子,雾岛之王? 他是否像死亡的流星一样,退到了图拉尔沉闷的洞穴?

库丘林,旧时的卡里尔说,库丘林躺在图拉尔沉闷的洞穴里。他的手放在象征他力量的剑上。他回想他失败的战斗。长矛之王多么哀伤,因为他常常是胜利者。他把自己的战争之剑送到芬格尔身旁。因为就像荒原的暴风,你驱散了他所有的敌人。拿着吧,芬格尔,拿着英雄的剑,因为他的名声消逝了,就像薄雾飞散在山谷沙沙作响的风前。

不,国王回答说,芬格尔永远不会拿他的剑。他的手臂在战争中依然强壮有力；告诉他，他的名声永远不会消失。许多人在战斗中曾被征服，但他们后来像天上的太阳一样闪耀。

哦，斯瓦兰，回响的树林之王，把你所有的悲伤都送走吧。——消逝的人，如果曾是勇者，也声名卓著；他们就像云中的太阳，一时将脸藏在南方，却又会再次看着绿草的山丘。

格鲁马尔是科纳河过去的首领。他到每处海岸都寻求战斗。他的灵魂在鲜血中欢欣鼓舞；他的耳朵喜爱武器的喧嚣。他让自己的勇士冲上回声的克拉卡海滩；克拉卡的国王从树林中出来面对他，因为在布鲁莫的石圈里①，他对着权力之石说话。

为了争夺胸脯雪白的少女，英雄的战斗多么激烈。克拉卡的女儿的名声传到了柯纳河边的格鲁马尔；他发誓要夺得胸脯洁白的少女，或死在回声的克拉卡。他们激战了三天，第四天格鲁马尔被绑了。

他们把他放在布鲁莫可怕的石圈中，远离他的朋友。他们说，在那里，死者的鬼魂经常在他们恐惧的石头上呼啸。但后来他像天光的柱子一样发光。他们倒在他强大的手中，格鲁马尔获得了他的名声。

唱啊，你们这些旧时的诗人，高唱起英雄的赞歌；我的灵魂可以在他们的名声上驻足；斯瓦兰的心灵将不再悲伤。

他们躺在莫拉的荒原；黑暗的风在英雄身上沙沙作响。——一百个声音同时响起，一百架竖琴同时被弹奏；他们唱其他时代的歌，

---

① 这一段提到了克拉卡之王的宗教。参见第三卷的类似注释。【原注】

和旧时强大的首领。

我何时能听到诗人的声音呢,或是为我祖先的名声而欢欣? 莫文没有竖琴敲响;康纳河边也没有音乐的歌喉。诗人与强者一同死去了;这荒原中不再有美名传唱。

早晨的风儿颤动,伴着东方的光束,在头发灰白的克罗姆拉上空闪烁。莱纳上空响起了斯瓦兰的号角,海洋的儿子们聚集在一起。——他们沉默而悲伤,掀起了波澜,乌林的暴风在他们的船后。像莫文的薄雾一样白,他们的帆漂流在海上。

呼唤,芬格尔说,呼唤我的猎犬,它们在追猎中健步如飞。呼唤白胸的布兰;粗暴强壮的卢阿特——菲兰和莱诺——但他不在这里;我的儿子躺在死亡的床上。菲兰和弗格斯,吹响我的号角,追猎的快乐就要开始;克罗姆拉的鹿群听到了,就会在母鹿湖边跳跃。

尖厉的声音在树林中蔓延。克罗姆拉荒原的子孙们开始行动。一千只狗同时脱缰飞驰,灰色身影在荒原上跳跃。每只狗旁都有一只倒下的鹿,而白色胸膛的布兰捕获了三只。它带着它们飞奔来到芬格尔面前,料想国王将非常快乐。

一只鹿倒在莱诺的墓前;芬格尔的悲伤又回来了。他看见那安静的墓石,为从前追猎中总在前头的人而立。——你再也不会起来了,哦,我的儿子,你不能参加克罗姆拉的盛宴了。不久,你的坟墓将被湮没,草将在它上面生长。弱者的子孙们经过它,不知道强者躺在那里。

我相和菲兰,继承我力量的孩子,还有高尔,战争中的蓝色宝剑,让我们登上山去图拉尔洞穴,找到爱林战争的首领。——这些是图拉尔的墙吗？灰色又孤独，它们立在荒野上。贝壳的王者是悲伤的，大厅里是荒凉的，来吧，让我们找到宝剑之王，给他带去欢乐。——但是那是库丘林吗，哦，菲兰，还是荒野上的一束烟柱？克罗姆拉的风在我眼前劲吹，我认不清我的朋友。

芬格尔！年轻人回答说，我是塞莫的儿子。这位英雄沉郁而悲伤。他的手放在他的剑上。向战争之子致敬，向破盾者致敬！

向你致敬，库丘林回答说，向莫文的子孙们欢呼。见到你多么愉快，哦，芬格尔，就像克罗姆拉的太阳；当猎人追悔他错过一个季节，就在云中看到太阳。你的诸子就像星星，跟随你的脚步，在夜间照亮你的路。哦，芬格尔，当你从荒野的战争中回来，世界的国王们①逃走，快乐回到了母鹿跳跃的山岭，可是我却不是如此。

你说了很多话，库丘林，名气不响的康南②说。你说了很多话，塞莫的儿子，但你持武器的功绩在哪里呢？我们为什么要漂洋过海来帮助你那虚弱的剑？你逃跑到这悲伤的洞穴，康南代替你征战：把这些闪光的武器交给我；放弃它们，爱林之子。

没有英雄，首领回答说，曾要求过库丘林的武器；就算一千个英雄试图夺取它们，这也是徒劳的，你这阴郁的年轻人。只要爱林的战士们还活着，我就不会逃到悲伤的洞穴里去。

手臂虚弱的青年，芬格尔说，康南，不准再说了。库丘林在战斗

---

① 这里是诗中唯一提到芬格尔与罗马人战争的地方——在古典作品中罗马皇帝被称作世界之王。【原注】

② 康南是莫尔尼家族的一员。他在其他几首诗中都出现过，他的性格一直如此。直到这里诗人一直都没有提到他，而他的行为也的确不值得被提。【原注】

中享有盛誉,在荒野上令人畏惧。我经常听到你的名声,你这因尼斯菲尔的暴风首领。现在,张开你的白帆,向雾岛航行,你会看见布拉盖拉倚靠在岩石上。她温柔的眼睛饱含泪水,她的胸脯起伏不息,风把她的长发吹起。她听着夜晚的风,想听到你划桨的声音①。她听大海的歌声,想听你在遥远的地方弹奏竖琴。

她白白地听了很久;库丘林永远不会回去的。我怎么忍心看到布拉盖拉挺起胸脯而叹息呢?芬格尔,我在其他长矛之战中总是胜利的!

从今以后,你也一样常胜,贝壳之王芬格尔说。库丘林的名声将要生长,像克罗姆拉枝叶繁茂的树木。许多战斗等待着你,哦,首领,许多敌人将在你的手下受伤。奥斯卡,把鹿带来吧,准备贝壳的盛宴。我们的灵魂在危险之后更快乐,我们的朋友也会在我们面前欢欣鼓舞。

我们坐下,我们聚餐,我们唱歌。库丘林打起了精神。他手臂的力量回来了;他的脸因喜悦而明亮。乌林唱起歌,而卡里尔提高了声音。我,曾经经常加入诗人的行列,唱颂长矛的战斗。——战斗! 我曾经经常战斗;但现在我不再战斗了。我之前事迹的名声已经止息;我孤独地坐在我朋友的坟墓前。

这样,他们在歌声中度过夜晚;带着喜悦迎回了清晨。芬格尔从荒地上站起来,手里握着他闪闪发光的长矛。——他先向莱纳平原

---

① 划桨时唱歌是西北苏格兰海岸和群岛居民共同的习俗。它使人忘记时间,而且激励了桨手。【原注】

走去,我们跟随着,像燃烧的山脊。扬起帆,莫文的国王说,抓住从莱纳倾泻而来的风。——我们唱着歌乘上波浪,然后,欢乐地,穿过海洋的泡沫。

DAR – THULA : A POEM

达尔 – 图拉

天空的女儿啊①,你多么美丽！你宁静的脸庞使人愉悦。你出现时十分可爱。在东方,星辰簇拥着你蓝色的脚步。云层因你的出现而欢欣。噢,月亮,你照亮了它们黑棕色的胸膛。夜晚的女儿啊,天空中有谁像你一样呢？繁星因你的出现而羞惭,转过了它们绿莹莹的眼睛。当你面容上的黑影②增长时,你离开自己的轨道,要去何方呢？你像我相一样有自己的大殿吗？你为何居于悲伤的阴影中？你的姐妹从天空中坠落了吗？那些曾在夜晚与你一同享乐的明星,不存在了吗？——一定是的！——它们坠落了,美丽的光啊！你常常隐去身形,哀悼它们。——但终有一夜,你自己也将逝去,只在天空中留下你蓝色的足迹。那些星辰将抬起它们绿莹莹的头颅,它们曾因你的存在而羞惭,这时将欢欣起来。你现在披上了光芒,从天空之门向下看。哦,风啊,吹散云朵,夜的女儿才能遥望,朦胧的山脉才能变得明亮,海洋才能在光芒中翻滚它的蓝色波浪。

---

　　①　在原文中,这段称呼月亮的语言非常美丽。它以抒情韵律出现,用来伴着竖琴吟唱。【原注】
　　②　诗人指月相亏缺之时。【原注】

纳托斯①在深处，阿尔托斯是那年轻的光，阿尔丹在他的兄弟们身旁；他们阴沉地走着。乌斯诺特的儿子们在黑暗中行动，躲避开驾车的凯巴尔的怒火②。

那是谁，在他们身边的阴影处？夜遮掩了她的美丽。她的头发在海风中叹息；她的长袍披着暗淡的花圈。她就像天上的美丽仙子，如今身在阴暗的薄雾中。除了她还能是谁呢？达尔－图拉，爱林最美的女子③。她逃离了凯巴尔的爱情，和驾车的纳托斯一起。但是风欺骗了你，哦，达尔－图拉；风向不让你扬帆驶向多树的埃塔。这里的山脉不属于你，纳托斯啊，这里的海洋也并没有你熟悉的攀山波浪。凯巴尔的大殿就在附近；敌人从瞭望塔抬起头来。如今，乌林半岛将青翠的头伸入大海，而图拉的海湾接纳了航船。你们之前去哪儿了，南风！当我所爱的后辈被欺骗的时候？但你们一直在平原上嬉戏，吹动蓟草的胡须。哦，要是你们曾经沙沙吹动纳托斯的船帆，直到埃塔山从地平线上升起！直到山脉从云中升起，看到他们的首领即将归来！好久不见了，纳托斯！你约定的归期早已过了。

但是得见你的是异乡的土地，可爱的人：在达尔－图拉的眼中，你多么可爱！你的脸像早晨的光，你的头发像乌鸦的翅膀。你的灵魂慷慨而温和，就像落日的恬静。你的言语像穿过芦苇的风，或者是

---

① 纳托斯意为年轻的；阿尔托斯意为精致的美；阿尔丹意为骄傲。【原注】

② 凯巴尔杀死了爱尔兰国王科马克，并篡夺了王位。他之后在决斗中被丞相之子奥斯卡所杀。诗人在许多地方给他的绰号为"红发的"。【原注】

③ 达尔－图拉（Dar－thula，Dart－'huile），有美丽眼睛的女子。她是古代最有名的美人。时至今日，当人们赞美女人的美丽时，一个常用的说法是：她像达尔－图拉一样可爱。【原注】

洛拉那顺畅的溪流。

但是当战争的怒气积聚时,你就像风雨中的大海一样;武器的铿锵声多么可怖,敌军听到你到来的脚步声就不见了。那时,达尔-图拉看到了你,从她那苔藓密布的塔顶上,从那塞拉玛①之塔,她的父亲曾居住过的地方。

你多么可爱啊,哦,异乡人!她说道,她颤抖的灵魂激动了。你在战斗中多么俊美,倒下的科马克②的朋友!为什么你如此匆忙,勇敢的、面色红彤彤的青年?你的手应付得过来吗,与那驾车的凯巴尔战斗!哦,或许我能逃离他的爱情③!或许我见到纳托斯而欢欣鼓舞!埃塔的岩石多么有福,能目睹他飞奔的脚步!当风吹起他的鸦羽般的长发,他们能看到他雪白的胸膛!

这些就是你的话,达尔-图拉,当时在塞拉玛苔藓密布的塔上所说。但是现在,夜晚就在你周围,风欺骗了你的帆。风欺骗了你的帆啊,达尔-图拉,尽管他们高声咆哮。停歇一会儿吧,哦,北风,让我听到那可爱之人的声音。你的声音多么可爱,达尔-图拉,在沙沙作响的风声中。

这些是纳托斯的岩石吗,还有他的山涧的轰鸣?这是乌斯诺特大殿夜里射出的光芒吗?雾气四处翻滚,光线暗淡。这是达尔-图

---

① 塞拉玛(Selama)一词原意指看起来美丽的,或是一个有着美丽或开阔视野的地方。在当时,人们在地面隆起处建房子,那里可以俯瞰乡间,并防止突然袭击。许多这种地方在记载中都叫作塞拉玛。著名的芬格尔的塞尔玛(Selma)也是来自于同一词源。【原注】
② 科马克,爱尔兰的年轻国王,之前被凯巴尔谋杀。【原注】
③ 凯巴尔的追求。【原注】

拉的灵魂之光,驾车的埃塔首领! 慷慨的乌斯诺特的儿子啊,为何发出悲哀的叹息? 我们不是在异乡人的土地上,回声的埃塔森林的首领?

这些不是纳托斯的岩石,他回答道,也不是他的山涧的轰鸣。光芒不是来自埃塔的大殿,因为它们远在彼方。我们在异乡人的土地上,属于驾车的凯巴尔。风已经欺骗了我们,达尔－图拉。乌林让她的绿色山丘拔地而起。向北走,阿尔托斯;让你的脚步沿着海岸,阿尔丹;敌人别在黑暗中到来,否则我们抵达埃塔的希望将破灭。

我将走向那座长满苔藓的塔楼,看看谁身处光芒之中。达尔－图拉,在岸边休息吧! 安稳地休息吧,你这光芒! 纳托斯的剑就在你附近,像天上的闪电一样。

他离开了。她独自坐着,听到波浪翻滚。她眼中有大滴的泪水;她去寻找驾车的纳托斯。听到疾风的声音,她的灵魂在颤抖。她把耳朵转向他脚印的方向,却未曾听到他的脚步声。你在哪里,我所爱的人! 疾风的轰鸣环绕着我。阴云密布的夜晚一片黑暗。但是纳托斯没有回来。是什么阻拦了你,埃塔的首领? 是否在夜晚的争斗中,敌人遇到了我的英雄?

他回来了,但他的脸色阴沉。他见到了他已经去世的朋友。那是图拉的城墙,库丘林的鬼魂在那里游荡。他的胸中不断发出叹息声,他眼中衰败的火焰可怖。他的长矛如同一柱烟雾。在他身后,星星看起来黯淡无光。他的声音就像空洞里的风,讲述着悲伤的故事。纳托斯的灵魂很悲伤,就像大雾时的太阳,脸变得潮湿而阴暗。

你为何伤心,哦,纳托斯? 科拉的可爱女儿说。你是达尔－图拉的一束光柱。她看到埃塔的首领眼神才有快乐。我的伙伴还能在哪里呢，除了纳托斯？我的父亲已在坟墓里安息。塞拉玛一片寂静，悲伤流淌在我家乡的蓝色河流中。我的朋友们都和科马克一起倒下了。在乌林之战中，那强者被杀了。

平原上夜幕笼罩。蓝色的溪水在我眼前断流。间歇的风在塞拉玛的树林高处沙沙作响。我坐在一棵树下，它长在我先祖的城墙上。特鲁蒂尔在我灵魂前飘过，他是我所爱的兄弟。对战驾车的凯巴尔时他已不在人世。

倚靠着他的长矛，白发苍苍的科拉出现了。他沮丧的脸阴沉，悲伤占据了他的灵魂。他持剑站在英雄的身边，戴着他先祖的头盔。战斗在他的心中滋长。他努力隐藏自己的泪水。

达尔－图拉，他叹了口气说道，你是科拉家族的最后一人了。特鲁蒂尔在战斗中倒下了。塞拉玛的王已经不在了。凯巴尔来了，带着他的数千人马向塞拉玛的城墙进发。科拉会迎击他的骄傲，为自己的儿子报仇。但我把你送到何处才安全呢，深棕色头发的达尔－图拉！你像天降的太阳光芒一样可爱，可你的伙伴已经倒下！

战争之子已经倒下了吗？我长叹了口气说道。特鲁蒂尔的慷慨灵魂已不再照亮战场？我的安全，科拉，系于那张弓；我已经学会了如何射鹿。凯巴尔不也就像那荒野的鹿吗，倒下的特鲁蒂尔的父亲？

年长的脸上洋溢着喜悦：他眼睛里积聚的泪水倾泻而下。科拉的嘴唇颤抖着。他那灰色的胡子在风中呼啸着。"你是特鲁蒂尔的姐妹"，他说，"你在他灵魂的火中燃烧。"拿着，达尔－图拉，拿着那把长矛，那黄铜的盾牌，那顶抛光的头盔，它们是一位战士的战利品，一位刚成年的男子。——当光明在塞拉玛升起的时候,我们去面对乘车的凯巴尔。——但你要贴紧科拉的手臂;待在我的盾牌的阴影下。你的父亲啊,达尔－图拉,曾经可以保护你;但年龄使他的双手颤抖。——他的手臂不再强健有力,他的灵魂因悲伤而阴暗了。

我们在悲伤中度过了夜晚。晨光升起。我在战斗的武器中闪闪发光。头发花白的英雄以前来过这里。塞拉玛的子孙们曾围坐在科拉的回响盾牌周围。但在平原上他们已所剩无几,他们的长发已经灰白。在对战乘车的科马克时,年轻人与特鲁蒂尔一同倒下了。

我年轻时的同伴!科拉说,你们看不到我全副武装的模样,我奔赴战场时和那时不同,当伟大的康法丹倒下的时候,我并不是这样大步去迎战。但你们充满了悲伤。岁月的黑暗就像荒野的迷雾。我的盾牌在岁月中磨损;我的剑已经封存①。我对我的灵魂说,你的良夜将是平静的,你的离去将像光芒逐渐黯淡。但风暴又回来了。我像一棵老橡树一样弯腰。我的树枝落在塞拉玛地上,我在原地颤抖。——你在哪里,与你死去的英雄一起,哦,我驾车的特鲁蒂尔啊!猛烈的疾风中没有你的回答;你父亲的灵魂是悲伤的。但我不会再难过了,凯巴尔和科拉,两人中必有一死。我感觉到力量回到我的手臂。听到战斗的声音,我的心狂跳起来。

英雄拔出了他的剑。他的人民举起闪闪发光的刀。他们在平原中移动。他们灰白的头发在风中飘动。——凯巴尔端坐着,在宴席

---

① 当时的习俗是,每一位勇士到达一定年龄后,或是他已经不适合上战场之后,在某个欢乐的时刻,他在部落宴会的大殿中封存自己的武器。之后他就不再上战场,而人生的这一阶段就被称作封存武器后的时间。

中,在洛纳①寂静的平原上。他看到了英雄们的到来,就叫他的首领们去战斗。

为何②我要告诉纳托斯,战斗的冲突如何激化起来?我看见你,在成千上万人中间,像天上火焰的光束;它美丽而可怕,人群在它血红的路上纷纷倒下。——科拉持长矛杀戮,因为他想起了年轻时的战斗。一支箭呼啸而来,刺穿了英雄的胸口。他倒在他的回声盾牌上。我的灵魂开始恐惧。我把我的短盾伸向他,但我隆起的胸部被看见了。凯巴尔来了,带着他的长矛。他看到塞拉玛的少女,他的深棕色的脸上出现喜色。他举起钢铁武器一动不动。他筑起了科拉的坟墓,让我为塞拉玛哭泣。他诉说爱情的言语,但我的灵魂是悲伤的。我看见我祖先的盾牌和驾车的特鲁蒂尔的剑。我看到了死者的武器,眼泪在我的脸颊上流淌。

然后你来了,哦,纳托斯!阴郁的凯巴尔逃走了。他像荒漠的幽灵,在清晨的光芒面前逃走了。他的大军不在他附近,他的武器在你的钢铁面前虚弱无力。

为何你伤心,哦,纳托斯?科拉可爱的姑娘说。

我曾经,英雄回答说,在我年轻时战斗过。当危险第一次出现时,我的手臂无法举起长矛。但我的灵魂在战斗前明亮起来,就像绿

---

① 洛纳,意为沼泽的平原。在我相的年代,胜利后举办盛宴是一种习俗。凯巴尔为他的军队击败科拉之子特鲁蒂尔和科马克的剩余军队而准备了庆祝,这时科拉和他年老的勇士来此与他作战。【原注】

② 诗人避免描述洛纳之战,因为从女子口中叙述这一战斗是不妥的,而且在其他诗歌中多次描述了这种战斗后,也添加不了什么新的描述。同时,他给了达尔-图拉一个机会来赞美她的爱人。【原注】

色的窄山谷，太阳向它倾倒流光溢彩，然后他在暴风雨中隐藏头颅。我的灵魂在危险中明亮起来，当我看到你之前；你像一颗星星，在晚间的山上闪耀；黑云慢慢袭来，威胁那可爱的光芒。

我们在敌人的土地上，风欺骗了我们，达尔－图拉！埃塔山也不在我们身旁？我在哪里能为你找到安宁，强大的科拉的女儿！纳托斯的兄弟们是勇敢的：他本人的剑也在战争中闪耀。但乌斯诺特的子孙们对驾车的凯巴尔来说又算什么呢？哦，风曾经带来过你的帆，奥斯卡①，人中之王！你答应过来参加已倒下的科马克的战斗。那么，我的手臂就会像死亡的燃烧之手一样强壮。凯巴尔会在他的大厅里颤抖，和平会降临在可爱的达尔－图拉周围。但你为什么这样低落，我的灵魂？乌斯诺特的儿子们或许可以获胜。

他们会得胜的，哦，纳托斯，少女的灵魂兴奋地说，达尔－图拉永远不会看到阴郁的凯巴尔的大厅，给我那些黄铜武器吧，它们在路过的流星下发光；我在那艘黑色的船身上看到了它们。达尔－图拉将参加钢铁的战斗。——高贵的科拉的幽灵！我在那朵云上看见你了吗？你旁边那黯淡的人形是谁？他是驾车的特鲁蒂尔。要逼我去看那敌人杀死塞拉玛首领的大厅吗？不，我不会看的，我所爱的灵魂！

当他听到那位胸脯洁白的少女的声音时，纳托斯的脸上露出了喜悦。塞拉玛的女儿！你在我的灵魂上闪耀。来吧，和你成千上万的人民，凯巴尔！纳托斯的力量又回来了。还有你，哦，年迈的乌斯

---

① 莪相之子奥斯卡决心要远征爱尔兰，对战凯巴尔，后者暗杀了他的朋友莫兰之子卡托尔，一位出身高贵的爱尔兰人，他保护科马克家族的利益。【原注】

诺特,绝不会听说你儿子逃跑了。我记得你在埃塔的话语,当我的帆开始升起的时候,当我展开帆航向乌林,向图拉的青苔墙航行。你去,他说,哦,纳托斯,你要去盾牌之王那里;去找库丘林,人们的首领,他从来没有逃避危险。不要让你的手臂软弱,也不要有逃跑的念头。免得塞莫的儿子说,埃塔的家族是软弱的。他说的话可能传到乌斯诺特这里,使他的灵魂在大厅里悲伤。——泪水在他的脸颊上流淌。他给了我这把闪光的剑。

我来到图拉的海湾,但图拉的大厅是沉默的。我环顾四周,没有人告诉我邓斯凯赫首领的消息。我走到他的贝壳大厅,他祖先的武器曾经挂在那里。但那些武器不见了,年迈的兰霍坐在那里,泪流满面。

你的钢铁武器从哪里来?兰霍起身问。图拉昏暗的墙上已很久没有长矛的反光了。——你是从浩瀚的大海里来的吗?还是来自特莫拉的哀伤大厅①。

我们来自大海,我说道,来自乌斯诺特高耸的塔楼。我们是斯利萨玛②的子孙,驾车的塞莫的女儿啊。图拉的首领在哪里,那寂静的大厅之子?但纳托斯何必问呢?因为我看见了你的眼泪。强者是如何倒下的,孤独的图拉之子?

他没有倒下,兰霍回答,就像夜晚的沉默之星,划过天空就了无

---

① 特莫拉是爱尔兰至高之王的王宫。这里称它为哀伤的,因为科马克在那里死去,被凯巴尔谋杀,后者篡夺了他的王位。【原注】

② 斯利萨玛(Slis‐sama, Slis‐seamha),意为柔软的胸脯。她是乌斯诺特的妻子,雾岛首领塞莫的女儿。【原注】

踪迹。但他就像一颗落在遥远土地上的流星；它红色的轨迹带来死亡，而它本身就是战争的标志。——莱戈河的河岸充满哀伤，流淌的拉拉河轰鸣！英雄在那里倒下了，高贵的乌斯诺特的儿子。

英雄在屠杀中倒下了，我说道，长叹一口气。他的手在战斗中有力，死亡就在他的剑后面。——我们来到莱戈河的哀伤河岸。我们找到了他隆起的坟墓。他战斗中的同伴在那里；那位唱了许多歌曲的诗人。我们为英雄哀悼整整三天。第四天，我击破了凯特巴特的盾牌。英雄们高兴地聚集在一起，摇着他们的闪光的矛。

科拉斯和他的军队在一起，他是驾车的凯巴尔的朋友。我们呼啸而来，像夜晚的河流，他的英雄们倒下了。当山谷里的人们起来的时候，他们在晨光中看到他们的血。但我们呼啸而去，像薄雾的花圈，去科马克的回声大厅。为了保卫国王，我们举起剑。但特莫拉的大厅空无一人。年轻的科马克倒下了。爱林的国王已经不在了。

悲伤抓住了乌林的子孙，他们慢慢地、阴郁地退后了：像云一样，长时间威胁着要下雨，却退却到山后。乌斯诺特的子孙，在悲痛中，向图拉的回声海湾移动。我们经过塞拉玛，凯巴尔像拉诺的薄雾一样退却了。

正是在那时我看见了你，哦，少女，就像埃塔的阳光。那束光多么可爱，我说，我胸中充满了叹息。你多么美丽，达尔－图拉，来到埃塔的悲伤首领面前。——但是风欺骗了我们，科拉的女儿，敌人就在附近。

是的！——敌人就在附近,瑟瑟作响的强者阿尔托斯①说。我听到他们在海岸上叮当作响的武器,看到了爱林军旗上的黑色花圈。凯巴尔的声音②遥远又洪亮,像克罗姆拉泻下的激流。在昏暗的夜晚降临之前,他在海上看到了黑色的船。他的人民在莱纳平原上看到了,便举起一万把剑。

让他们举起一万把剑吧,纳托斯微笑着说。驾车的乌斯诺特的子孙永远不会在危险中颤抖。你为什么翻滚,卷起全部泡沫,咆哮的乌林之海? 你们为什么鼓动黑暗的翅膀,沙沙作响,天空中呼啸的暴风雨? ——你们难道以为,暴风雨,你们能把纳托斯留在海边吗? 不,是他的灵魂留住了他,夜晚的孩子们! ——阿尔托斯! 把我父亲的武器拿来:你看见他们在星辰中发光。拿上塞莫③的长矛,它竖立在黑色的船上。

他带来了武器。纳托斯在四肢上套了闪亮的钢铁护甲。首领的步伐愉快,他眼睛中的喜悦令人恐惧。他望着凯巴尔的到来。风穿过他的头发沙沙作响。达尔－图拉在他身边沉默:她的目光停留在首领身上。她努力隐藏不断堆积的叹息,两汪泪水含在她的眼中。

阿尔托斯! 埃塔的首领说,我看到那块岩石上有一个洞穴,把达尔－图拉放在那里,使你的手臂强壮。阿尔丹! 我们去面对敌人,召

---

① 阿尔托斯巡察莱纳海岸回来,他在夜幕降临时被纳托斯派遣出去。【原注】

② 凯巴尔在阿尔斯特海岸上召集了一支军队,为了对付芬格尔,后者准备远征爱尔兰,重新使科马克家族的成员回到被凯巴尔篡夺的王位上。在凯巴尔军队的两翼间是图拉海湾,乌斯诺特之子们的船只就在那里,所以他们没有机会逃走。【原注】

③ 塞莫是纳托斯的外祖父。此处的矛是在婚礼上给乌斯诺特的。习俗是女方的父亲向女婿赠送武器。这种场合的仪式在其他诗作中提到过。【原注】

唤阴郁的凯巴尔来战斗。哦,他来了,披挂着作响的铁甲,来面对乌斯诺特的儿子——达尔－图拉! 如果你能够逃脱,不要看倒下的纳托斯,升起你的帆,阿尔托斯啊,向埃塔的回声树林驶去。

告诉首领,他的儿子因美誉而死;我的剑并没有躲避战斗。告诉他,我倒在成千上万的人中间,让他在悲伤中获得巨大的喜悦。科拉的女儿! 叫少女们来到埃塔的回声大厅。让她们为纳托斯唱起歌,当秋天的阴影再回来的时候。——哦,科纳河的声音也许也会赞颂我! 然后我的灵魂就会在山风中欢欣鼓舞。

我的声音的确要赞美你,树木茂盛的埃塔的首领纳托斯! 我的声音将为赞颂你而起,慷慨的乌斯诺特的儿子! 战斗开始的时候,我为什么不在莱纳平原上? 那样的话,我的剑将保护你,或者我自己也倒下。

那天晚上我们坐在塞尔玛的贝壳强者周围。风在远处,在橡树林中;山岭的灵魂①尖叫着。暴风穿过大厅沙沙作响,轻轻地触碰我的竖琴。琴声哀伤低沉,像吊唁的歌曲。芬格尔首先听到了,他发出了胸中堆积的叹息。——我的一些英雄已经倒下了,头发花白的莫文国王说。我在儿子的竖琴上听到了死亡的声音。我的,触动那发声的弦,让悲伤之声响起;这样他们的灵魂可以带着欢乐飞到莫文树木茂盛的山丘来。

我在国王面前弹奏了竖琴,声音哀伤而低沉。从你的云中向前

---

① 山岭的灵魂指的是暴风雨来临前深沉而悲伤的声音。这种声音对住在高地的人而言很熟悉。【原注】

俯身,我说,我父辈的鬼魂!俯身,停在你们红色的恐怖轨迹中,迎接那倒下的首领,无论他来自遥远的土地,或是从滚滚的大海中升起。让他迷雾的长袍靠近,他的长矛由云形成。将一颗半熄灭的流星放在他的身边,当作英雄的剑。还有,哦!使他的面容可爱,他的朋友能够高兴地看到他。从你的云中俯身,我说,我父辈的鬼魂!俯身。

这就是我的歌,在塞尔玛,伴随着轻轻颤动的竖琴。但纳托斯是在乌林的岸边,被夜晚包围着;他在翻滚的浪花中听到了敌人的声音。他沉默地听着他们的声音,倚在他的长矛上休息。伴着晨曦,爱林之子出现了。像灰色的岩石长满树木,他们沿着海岸分开。当他看到敌人时,凯巴尔站在中间冷笑。

纳托斯全力以赴冲向前去,达尔－图拉也不甘落后。她与英雄一同行动,举起她闪亮的长矛。这些人是谁,穿着盔甲,充满青春的骄傲?除了乌斯诺他的儿子,阿尔托斯和黑头发的阿尔丹,还有谁呢?

来吧,纳托斯说,来吧!高地特莫拉的首领!让我们在海滩上为胸脯洁白的少女战斗吧。纳托斯的人民没有在他身边,他们在浩瀚的大海后面。你为什么带成千上万人来对战埃塔的首领呢?当纳托斯的朋友们在他身边的时候,你们从他面前逃走了。

心怀傲气的年轻人,爱林的国王要和你战斗吗?你的祖先并不处在名人之列,也不是统领人的国王。他们的大厅里有敌人的武器吗?还是古老时代的盾牌?凯巴尔在特莫拉声名显赫,他不和小人物战斗。

驾车的纳托斯流下了眼泪,他把目光转向他的兄弟们。他们同时投掷出标枪,三个英雄立刻倒在地上。然后,他们高举的剑闪闪发光,爱林的军队逃开,就像黑云被一股暴风分开,中间出现一道空隙。

于是凯巴尔命令他的手下拉起一千张弓。一千支箭飞出,乌斯诺特的儿子们倒下了。他们倒下,像三棵孤立在山上的小橡树。旅人看到这些可爱的树,不知他们为何如此孤独。夜晚,荒原的暴风来了,将他们绿色的头颅击倒。第二天,旅人回来了,但他们已经枯萎,荒原光秃一片。

达尔－图拉站在沉默的悲痛中,看见了他们倒下。她的眼睛里没有眼泪,但她看起来极度悲伤。她的脸颊苍白,她颤抖的嘴唇说出破碎的话语。她的黑发随风飘动。——但是阴郁的凯巴尔来了。你的爱人现在在哪里呢?埃塔的驾车首领?你看见乌斯诺特的大厅了吗?还是芬格尔的深棕色山丘?我的战斗已经在莫文扬名,传言的风没有遇到达尔－图拉吗?芬格尔本人也会死去,悲伤笼罩塞尔玛。

盾牌从达尔－图拉的胳膊上掉了下来,她雪白的胸脯出现了。它出现了,但它沾满了血,因为一支箭插进了她的胸口。她倒在倒下的纳托斯身上,像一片雪做的花圈。她的黑发在他的脸上散开,他们的血混合在一起。

科拉的女儿!你死去了!凯巴尔的一百位诗人说道。塞拉玛的蓝色河流沉默了,因为特鲁蒂尔①的家族已经灭亡。何时美丽的你才会醒来,爱林最美的少女?你在坟墓里长眠,早晨离你十分遥远。太阳不会来到你的床头说,达尔－图拉,醒来吧!醒来吧,女中豪杰!

---

① 特鲁蒂尔是达尔－图拉家族的创建者。【原注】

春天的风在遥远的地方。花儿在青山上摇头,树林挥舞着它们生机勃勃的叶子。退去吧,哦,太阳,科拉的女儿睡着了。美丽的她不会来了,她再不会踏着可爱的脚步走动。

当他们筑起坟墓的时候,诗人们唱起了这首歌。之后,当莫文的国王来到时,我在坟墓上歌唱;他来到绿色的乌林和驾车的凯巴尔战斗。

TEMORA BOOK I
AN EPIC POEM
特莫拉（第一卷）[1]
一首史诗

① 1763年版中,本史诗的标题页前有一广告:本诗集中的第一篇名为特莫拉(Temora),来自于第一位卡莱多尼亚家族出身的爱尔兰国王的宫殿,位于如今的阿尔斯特省。【英编者注】

爱林的蓝色波浪在阳光中翻滚。山峦被日光照耀。在微风中，树木摇动它们昏沉的头颅。灰色的山洪倾泻，水声嘈杂。两座覆满老橡树的青山，环绕着一处狭窄的平原。蓝色的河流流经此地，在河岸上站立着阿塔的凯巴尔①。他的长矛刺穿了国王：他血红的眼睛中透露出悲伤的恐惧。科马克的灵魂逸出，离开伤痕遍布的身体。黑影中，这位年轻人的灰暗身形逐渐显现。从他身体的外侧，血液喷涌而出。凯巴尔三次将矛掷在地上，又三次捋着胡须。他的步伐踟蹰，时而停步，甩动着自己强壮的手臂。他就像荒漠中的云，每次暴风吹来，形状都飘忽不定。整个山谷都充满了悲哀，随后又下起了恐怖的阵雨。

　　篡位的新王终于定了定神，他拿起尖锐的矛，转眼望着莫莱纳。湛蓝海洋的守望者来了，恐惧地走着，时而回望身后。凯巴尔知道，

---

　　① 凯巴尔(Cairbar)，博巴 – 杜图尔(Borbar – duthul)之子，是菲尔伯格(Firbolg)首领拉尔通(Larthon)的直系后代，菲尔伯格是南爱尔兰的第一个定居点。凯尔特人控制了爱尔兰王国的北部海岸，第一批爱尔兰的君主就是来自他们的家族。从此，两个不同族的分歧出现，最后以科马克被谋杀和阿塔的首领凯巴尔的篡位而告终。【原注】

那个强者就要来了。他召集了手下阴郁的首领们。他统领的勇士来了,步伐齐响。他们同时拔出了自己的剑。莫拉赫阴沉着脸,站在那里;希达拉的长发在风中叹息;红发的柯马尔倚着自己的长矛,转动着眼睛瞟来瞟去;马尔托斯目光野蛮,两条眉毛又粗又长,福尔达赫站定,如同石在泥中,泡沫覆盖了它的背面。① 他的长矛如同斯利莫拉的山木,承受着天上来风。他的盾牌上满是战争的痕迹,红色的眼睛露出对危险的藐视。他们,和其他一千名首领,围绕着爱林之王。海洋的守望者来了,莫兰纳尔,他从多河的莫莱纳来,他的眼神呆滞,他苍白的嘴唇颤抖着!

"爱林的首领们,"他说道,"还像夜晚沉默的小树一样站着吗?还像静默的树丛一样站立不动,在芬格尔已经登陆的时候?芬格尔在战争中恐怖无比,他是莫文激流之王!"

"你看见了军队吗?"凯巴尔叹着气说道,"他手下的英雄是否在海滩上密集?他的战矛举起了吗?或许这位国王是和平地来此?"

"爱林之王啊,他并非为和平而来,我看见他的矛尖向前②。他是一颗死亡的流星啊。他的武器上沾了数千人的血。他第一个来到

---

① 莫拉赫(Mor－lath),战争之时强大的。希达拉(Hidalla'),长相温和的英雄。柯马尔(Cor－mar),航海的专家。马尔托斯(Malth－os),说话缓慢的。福尔达赫(Foldath),慷慨的。

福尔达赫在这首诗的后续里扮演了一个重要角色。他凶悍、不守规矩的性格贯穿始终。从本诗第二卷来看,他是凯巴尔最信赖的密友,在对付爱尔兰之王科马克的阴谋中起到重要作用。他的家族是菲尔伯格人中最重要的之一。【原注】

② 莫兰纳尔此处暗指了芬格尔矛的形态。在那个时代,如果一个人第一次在陌生的国度登陆,而又将矛尖前指,这就表示他是带着敌意而来,也将被视为敌人;如果他矛尖后指,则是友好的象征,根据那时好客的传统,会立刻被邀请参加一场宴会。【原注】

海滩上,披散着灰白的头发,强壮无比。他强健的四肢舒展,有力地大步向前。他的身边配着剑,不需二次击伤敌人①。他的盾牌恐怖,如同血红的月亮从暴风雨中升起。随后到来的是莪相,诗歌之王。然后是莫尔尼之子,人中豪杰。康纳尔跃向前,举着长矛。德尔米德披散着黑褐色的长发。菲兰弯着他的弓,他是莫鲁赫河的年轻猎手。但是谁站在他们前面,好比恐怖洪流一般? 那是莪相之子,面孔在头发间闪光! 他的长发披肩,眉毛半隐在武器后。他的剑松垮地挂在身边,他的长矛随移动而闪光。我逃过了他恐怖的目光! 高贵的特莫拉王!”

"那就逃呀,你这懦弱的家伙,"福尔达赫阴沉而发怒地说,"逃到你领地那灰暗的河边吧,你这胆小的人! 我难道没有见过奥斯卡吗? 我在战争中望见过那名首领。他在危急关头的确强大,但也有其他人为他提矛。密林的特莫拉之王啊,爱林有着许多同样勇敢的子孙。让福尔达赫正面迎击他吧。让我阻止这强力的洪流。我的长矛将沾满鲜血,我的盾牌如同图拉城墙一样坚固!”

"福尔达赫要独自迎击敌人吗?"②黑眉的马尔托斯回应道,"他们不是像许多河流一样遍布了海滩吗? 不正是这些首领在青葱爱林的子孙们逃跑时,击败了斯瓦兰吗? 让福尔达赫迎战他们最强的英

---

① 这里指的是芬格尔著名的剑,由洛赫林的铁匠卢诺打造,并因此被诗化地称作卢诺之子。据说这把剑每挥动一次就会杀死一个人;芬格尔除了在最危急的时刻,从来没有使用过它。【原注】

② 接下来的篇章着重描述了福尔达赫和马尔托斯的相反性格。他们看起来永远对立。他们家族之间的争端导致了他们两人之间的互相仇恨,在其他诗歌中有所提到。【原注】

雄吧？福尔达赫有着骄傲的心灵！带上强大的军队吧！让马尔托斯上吧。我的剑将因屠杀而染红,但谁听见了我的言语?①"

"青葱爱林的子孙,"希达拉②说,"可别让芬格尔听到你这丧气话。这会大快敌心,他的手臂会在我们国土里更加强壮。哦,勇敢起来,战士们！你们在战争中是暴风雨！你们就像风暴,面对岩石毫不畏惧,把树林连根拔起！但是让我们集中力量前进,缓慢进军如同聚集的云！这样,即使是强者也会颤抖,长矛也会从勇敢者的手里掉落。他们会叫喊,我们看见了死亡之云啊！黑影从他们脸庞上方飞过。芬格尔会哀悼他的岁月终结,他无奈地望着自己声名消逝。他手下首领的脚步声将在莫文消失。厚厚的苔藓将覆盖荒芜的塞尔玛!"

凯巴尔沉默地听着他们的话,就像下雨时沉默的云。云停在克罗姆拉山上,直到闪电将它劈开。山谷里闪着天火的光,风暴的精灵多么快乐！特莫拉之王也是这样静默地站着,过了很久才开口说话:"在莫莱纳山上准备盛宴吧。让我的百位诗人参加。你,红发奥拉,带上竖琴去拜见那位国王。去见奥斯卡,那宝剑的首领。请奥斯卡参加我们的欢宴,今天我们将享受美食,聆听诗歌;明天我们将枪矛

---

① 意思是,有谁听见了我吹嘘呢？他这样说,是斥责自我吹捧的福尔达赫。【原注】

② 希达拉是克隆拉的首领,克隆拉是莱戈河岸的一个小区域。他相貌俊美,优雅而有诗歌天才,在之后会提到。【原注】

交错！告诉他我已经在卡托尔①堆起了坟墓；诗人们将这位朋友的事迹传唱于风中。告诉他凯巴尔久仰他的声名，在卡伦河回响的水波旁。卡赫莫尔②，我的兄弟，已不在这儿。他不再能在此率领大军，我们的军力已很薄弱。卡赫莫尔将成为宴会上冲突的缘由！他的灵魂如阳光般明亮！但凯巴尔要和奥斯卡作战！树木茂盛的特莫拉的首领们，关于卡托尔，他有很多话可说！凯巴尔的怒火正熊熊燃烧！奥斯卡会倒在莫莱纳。我的声名将从血泊中升起！"

他们的脸因喜悦而发亮，他们散布在莫莱纳，贝壳③和盛宴都已备好。诗人们的歌声响起了，塞尔玛的首领们也听到了他们的欢笑。

我们思忖着是否是强大的卡赫莫尔来了。卡赫莫尔是异邦人之友，红发凯巴尔的兄长。他们的心灵却大不相同。卡赫莫尔的胸膛中有着天上的闪电，他在阿塔河岸上建起了高塔。七条大路通向他

---

① Maronnan 或 Moran 的儿子卡托尔（Cathol），被凯巴尔谋杀，因为他对科马克家族忠诚。他曾随同奥斯卡参加英尼斯托纳（Inis‑thona）战争，在那里他们彼此之间产生了重要的友谊。在卡托尔去世后不久，奥斯卡向凯巴尔发出了一个正式的决斗挑战，后者谨慎地拒绝了，但他怀着对奥斯卡的秘密仇恨，并事先筹划设法在宴会上杀了他。他在这里发出了邀请。【原注】

② 卡赫莫尔，战斗中强大的博巴‑杜特尔的儿子，以及爱尔兰国王凯巴尔的兄弟。在菲尔伯格起事之前，他曾经进入因尼斯胡纳（Inis‑huna），应该是南不列颠的一部分，以协助那里的国王康莫尔（Conmor）反对他的敌人。卡赫莫尔在战争中取得了胜利，但在此过程中，康莫尔要么被杀，要么自然死亡。凯巴尔凭借芬格尔带来的情报要篡夺他的王位，他已经向卡赫莫尔派遣了一名使者，后者在本诗开始前几天返回爱尔兰。

凯巴尔在这里利用了他兄弟的缺席，为了向奥斯卡实施他阴险的计谋。就卡赫莫尔的高尚精神来说，如果他在场，就不会允许这使他闻名的热情好客的规矩受到破坏。兄弟们形成了鲜明的对比：我们憎恨凯巴尔的卑鄙灵魂，正如我们钦佩卡赫莫尔无私和慷慨的心灵。【原注】

③ 当时用来当作乐器。

的大殿,七位首领站在路边,欢迎异邦人参加宴会! 但是凯巴尔只是住在林中,情愿躲避赞美之音!①

　　奥拉唱着歌到来。奥斯卡去参加凯巴尔的宴会了。三百名勇士站在莫莱纳的河边,灰狗在山界上巡逻,它们的吼声传到远处。芬格尔看着英雄离开,心里暗暗失落。他想到在那贝壳众多的宴席上,凯巴尔那残暴阴郁的诡计。我的儿子高举科马克之矛,一百位诗人用歌声欢迎他。凯巴尔假惺惺地朝他微笑,内心深处却想着黑暗的死亡。宴会开始了,贝壳吹响,主人的脸因快乐而发亮。但这就好像是落日的余晖,太阳将要把自己的红脸藏在风暴里了!

　　凯巴尔举起武器,额头上聚集着黑暗,一百架竖琴瞬时停息。盾牌的铿锵声响起了②。远处的荒原上,奥拉唱起了哀悼的歌。我的儿子知道这是死亡的象征,也举起并紧抓住他的矛。"奥斯卡,"红发凯巴尔说,"我看着爱林的长矛③。这特莫拉④之矛在我手中闪耀,你这

----

　　①　麦克弗森在此的原注从卡赫莫尔的热情好客和谦逊谈起,谈到高地苏格兰人的热情好客和高尚品格。这篇议论篇幅极长,在此略过。

　　②　如果一位首领想杀死一位已经处在自己控制之下的人物,通常要通过矛的钝端敲击盾牌的声音来表明,杀死他是故意的;同时,远处的一位诗人会开始唱死亡之歌。另一种仪式在苏格兰也历史悠久:每个人都听说过道格拉斯领主在爱丁堡城堡中赴宴时,餐桌上端上来一个公牛的头,这是他将要死亡的象征。【原注】

　　道格拉斯领主(James Douglas, Lord of Douglas, c. 1286—1330),又被称作黑道格拉斯,苏格兰独立战争的主要指挥官之一。

　　③　阿尔特之子科马克将这支长矛赠给了奥斯卡,庆祝斯瓦兰从爱尔兰被赶走。这是这场争吵的起因。【原注】

　　④　特莫拉(Ti－mor－rath),意为好运之屋,是爱尔兰至高王的王家宫殿。【原注】

莫文森林的儿子看吧！它可汇集了一百位国王①的荣耀,以及古代英雄的死亡。向它屈服吧,莪相之子,向乘战车的凯巴尔屈服吧！"

"要我屈膝,"奥斯卡回答,"除非这是来自受伤的爱林国王的礼物:当奥斯卡驱散他的敌人后,金发科马克赠送的礼物。当斯瓦兰从芬格尔面前逃走后,我快乐地来到科马克的大殿。那时我年轻的面孔充满喜悦。他给了我特莫拉之矛。他绝不会把这矛给战争的弱者,或者一个灵魂虚弱的人。你黑暗的脸对我来说可不像风暴,你的眼睛也不是死亡之火。我害怕你盾牌的铿锵声吗？我会因为奥拉的歌声而颤抖？不,凯巴尔,去吓那些弱者吧;奥斯卡坚如磐石！"

"难道你不向这矛屈服？"凯巴尔越发狂傲,"你这样嘴硬,是因为芬格尔在附近吗？从莫文百树之林来的芬格尔,已经白发苍苍！他可没和什么厉害的人交手过。但是在凯巴尔面前他必须消失,就像雾筑的柱子被阿塔的狂风吹散！"

"他没和什么厉害的人交过手？要我说,当他靠近阿塔傲慢的首领时,首领就得把爱林献出,以平息他的怒火！别再提那强者之名了,凯巴尔！我们也许势均力敌,但芬格尔可是无人不晓的！他是凡人中的第一！"

人群看着黑暗的首领们,听着他们密集的脚步声。他们的眼睛已满是怒火。一千把剑已经半出鞘。红发的奥拉唱起了战争之歌。奥斯卡的心灵极度兴奋起来,他听见了芬格尔的号角声。黑暗啊,就

---

① 一百在此处是一个虚指,为了表示很多。这也许是爱尔兰的诗人为了将他们的君主制起源推到非常遥远的时代而使用的夸张词。【原注】

像风起时膨胀的海浪,它们在海岸边低下头,撞向凯巴尔的土地!

托斯卡的女儿①啊!你为何哭泣?他还没有倒下!在我的英雄倒下之前,他的手下杀死敌人无数!看着,敌人倒在我儿子面前,就像荒原里的小树;一个狂怒的鬼魂在夜间疾行,把树木的绿色头颅拔起!莫拉赫倒下了。马隆南死了。科纳查尔在血中颤抖。凯巴尔也在奥斯卡的剑下缩成一团。他在一块石头后蠕动,悄悄举起矛,刺穿了我的奥斯卡的胸膛!他向前倒在盾下,膝盖支撑着身体。但是他的矛还在手中!看啦,阴郁的凯巴尔倒下了②!钢铁刺穿了他的额头,把他后脑的红发劈开。他倒下了,就像一块破碎的石头,克罗姆拉山也摇动它树林密布的身体,绿山谷的爱林从海的一端到另一端,摇晃它的山峦!但是奥斯卡再也起不来了!他靠在他浮雕的盾牌上,可怕的手中握着长矛。爱林的子孙们都远远在黑暗中站着。他们大叫起来,就像嘈杂的河流。莫莱纳旷野中回响着这声音。

芬格尔听见了,他带上塞尔玛之矛,在我们之前奔向荒原。他讲着悲伤的话:"我听见战争的喧嚣了。年轻的奥斯卡独自一人。莫文的子孙们快奋起,加入那位英雄的战斗!"

我相在荒原中飞奔。菲兰已越过莫莱纳边界。芬格尔有力地大步奔驰。他的盾牌闪出可怕的光。爱林的子孙们远远就看见了,他

---

① 指玛尔维娜,托斯卡的女儿,这部分的诗歌是对她讲述的,因为和她死去的爱人奥斯卡有关。【原注】

② 爱尔兰历史学家将凯巴尔的死亡置于3世纪后期:他们说,他在与我相的儿子奥斯卡的战斗中被杀,但否认他直接被奥斯卡所杀。【原注】

1773年版中,麦克弗森在此注后添加了篇幅很长的关于爱尔兰的诗歌记录此战斗的内容,记录的可信度的讨论,以及各个英雄和死亡状况的论述。在此略过。

们心里颤抖不止。他们知道国王的怒火已经点燃,他们预见到了自己的死亡。我们已经感到,爱林的首领们抵挡着我们的怒气。然而当国王到来时,凡他声音所达之处,有谁的钢铁心脏能受得了?爱林的人马逃出了莫莱纳。死亡在后面追逐着他们逃跑。

我们看见奥斯卡倒在盾上,他的血在周围流淌。每个人都沉默地阴沉着脸。每个人都转过头哭泣。国王极力忍着自己的眼泪。他灰白的胡须在风中作响。他在奥斯卡面前低下头,说出的话中夹杂着叹息。

"你倒下了吗,哦,奥斯卡! 在他们密集的夹击中? 我年老的心也为你跳动! 我本预见了你的战争! 这场战争必定发生,我已预见! 我们的声名都不值一提了! 塞尔玛之中何时能有欢乐呢? 什么时候悲哀才能从莫文离去? 我的子孙们一个个先我而去,芬格尔要成为家族的最后一人了。我的名声开始衰竭了。我年龄增长,将再无朋友。我坐在大殿中,就像一朵灰色的云。我将无法听见儿子们凯旋,伴着武器响声! 哭吧,莫文的英雄们! 奥斯卡再也无法起来了!"

哦,芬格尔,他们在哭泣! 英雄奥斯卡对他们而言太亲密了。曾经,他外出作战,敌人就灰飞烟灭。他在和平中回来,大家欢乐地围着他。那时父亲不用哀悼年轻儿子的死亡,兄弟不用哀悼他所爱的兄弟。他们瘫倒在地,眼泪都哭尽了,因为人们的首领倒下了! 布兰①在他的脚下号哭;阴沉的卢阿赫悲痛不已,因为奥斯卡曾常常带他们去追猎,猎取荒原边界的獐鹿!

---

① 布兰是芬格尔的一只狗。布兰意为山上的溪流。【原注】

当倒地的奥斯卡看见周围的朋友,他努力挺起胸膛。"叹息声,"他说,"年老首领的叹息声,我的猎犬的嗥叫声,突然爆发出的悲歌声,它们让我的心灵融化。我的心灵以前硬如铸剑的钢铁,从未融化。栽相,带我去我的山丘吧! 竖起石头,纪念我的声名。放上一只鹿角,把我的剑放在我身边。很久以后,地下的暗流可能会将地面抬起,猎人们将发现我的剑,然后说道,'这就是奥斯卡的剑,他在过去荣耀无比!'"

"你倒下了吗,我的光荣之子? 我永远也见不到你了吗,奥斯卡? 当其他人听到儿子的消息,我却无法听到吾儿战绩。你的墓上,四块灰石上会长满青苔。风儿会在那里为你哭泣。没有你的时代里,战争依然进行着。你将永远无法再追逐那黑棕的母鹿。当异日的勇士们从战场归来,他将讲述在别处的见闻;'我看见了一座坟墓,'他会说,'在咆哮的河流边,黑暗中堆着一位首领的坟。他是被乘战车的凯巴尔所斩杀,那位天下第一的英雄。'我,说不定也会听到他的声音。一股快乐的光将从我的心灵里升起。"

夜晚在悲伤中退去,早晨在悲哀的阴影中归来。我们的首领们一直站着,像莫莱纳高原上冰冷石块纷纷落下,忘记了战争本身。只是国王强驱了自己的悲恸,提高了他有力的声音,把大家唤醒。首领们就像刚从梦中醒来,抬起了他们的头。

"我们还要在莫莱纳荒原上哭泣多久呢? 我们已在爱林土地上抛洒了多少泪水? 这位勇士不会再回来了。强大的奥斯卡再不能站起来了。勇士在他们命定的年代倒下,在他们的山上再无人知晓。哦,勇士们,我们的祖先们在哪里呢? 那些远古时的首领? 他们已落山了,就像曾经闪耀过的明星。我们只听见赞美他们的声音,但他们在当时享誉是因为他们令人恐惧。我们也将逝去,在我们命定倒下的时候。那么如果我们能获得声名,就让我们广为人知;我们的声誉在身后传扬,就像鲜红的太阳即将把头藏在地平线后时,发出的最后一束光芒。旅行者将哀悼他的逝去,怀念他的光芒和火焰。

乌林,我年老的诗人啊!乘上国王的船吧。把奥斯卡的遗体带回琴声齐鸣的塞尔玛。让莫文的女儿们哭泣吧。我们却必须在爱林继续战斗,为了死去的科马克的家族。属于我的岁月逐渐离去,我感到我的手臂开始变得虚弱了。我的祖先们在他们的云层后俯瞰我,准备接纳他们灰发的孩子。但是在我离去之前,我必须再召唤一束荣誉之光。我的岁月即将告终,一如我的诞生,笼罩在荣誉中。我的生命将是一条光明的河流,供未来的诗人歌唱!"

乌林扬起了他白色的帆。南方的风吹来了。他乘着这海浪,驶向塞尔玛。我依然沉浸在悲伤中,但我的声音却听不见了。莫莱纳山上宴会重开。一百位英雄堆起了凯巴尔的坟墓。没有人为这位首领唱哀歌。他的心灵太过黑暗和血腥。诗人们想起了科马克的死!难道他们还能说什么来赞美凯巴尔吗?

夜幕降临。一百棵橡树一齐发光。芬格尔坐在一棵树旁。年老的阿尔坦①站在大家之中,他讲述了死去的科马克的故事。

阿尔坦是科纳查尔的儿子,科纳查尔是乘战车的库丘林的朋友。

---

① 阿尔坦,科纳查尔之子,是爱尔兰之王阿尔特的首席诗人。在阿尔特死后,阿尔坦陪伴他的儿子科马克,并目睹了他的死亡。——他在卡赫莫尔帮助下逃离了凯巴尔,来到芬格尔处,并在此讲述他的主公科马克之死。【原注】

他曾和科马克一起住在起风的特莫拉,当塞莫之子库丘林倒在莱戈河边时。阿尔坦叙述的故事十分悲哀。当他诉说时,他的眼中饱含泪水①。

"多拉荒原上,落日发黄。灰蒙蒙的夜开始降临了。特莫拉的树林随着一阵阵断断续续的风摇晃着。西天形成了一片云层,一颗红色的星躲在它的边缘。我独自站在树林里。我看见变暗的空中有一个幽灵显现!他的步幅巨大,从一座山跨到另一座山。他身边的盾牌暗淡不清。他是塞莫之子库丘林!我认识这位英雄的容貌。但是他在风中不见了,周围只余一片漆黑!我的心灵十分悲伤。我去了那贝壳的大厅。一千束光亮起来了。百位诗人奏起了竖琴。科马克站在他们之中,就像晨星一样:它在东方山峰上欢欣,它那年轻的光芒在阵雨中沐浴。他的光无声地越来越亮,但一大片阴云正在靠近,要覆盖它!国王手中握着阿尔托之剑。他欣喜地看着他美丽的宝剑,三次试图拔出剑,却三次都失败了。他的金发散落在肩膀上。他青春的脸颊变红。我为这青春的光而悲哀,因为它很快就要消失!"

"阿尔坦!"他笑着说,"你曾见过我的父亲吗?国王的剑真是沉重;他的手臂必定也很强壮。哦,但愿我在战斗中像他一样勇猛,像他爆发怒火时那样!然后我将和库丘林一起对阵那乘战车的坎特拉之子!许多年过去了,哦,阿尔坦!我的手臂已比以前强壮。你听到塞莫之子,特莫拉高地统治者的消息了吗?他大概会载誉而归。他承诺过会在晚上回来。我的诗人们已备好了诗歌等待他。我的宴席

---

① 库丘林的故事在前篇《库丘林之死》中有所叙述。

已在王庭里摆开了。"

我沉默地听着科马克的话。我开始流泪。我用长发掩盖住眼泪,但国王已察觉到我的悲伤。

"科纳查尔之子!"他说,"图拉之王①倒下了吗?为什么要悄悄地叹息?为什么要落下眼泪?是乘战车的托拉赫来了吗?还是红发凯巴尔来到的声音?他们一定来了!我知道了你的悲痛。长满青苔的图拉,它的首领倒下了!我难道不应该冲上去作战吗?但是我却举不起这长矛!哦,要是我的手臂像库丘林一样有力,凯巴尔很快就会逃走了;那样的话,我祖先的荣耀又能再添一笔,就像旧时的事迹一样!"

他拿起了他的弓。泪水从他闪闪发亮的眼睛里流下。悲伤在周围弥漫。持着百架竖琴的诗人们向前倾身。独行的暴风触动了他们颤动的琴弦②。这声音又哀伤又低沉!

从远处传来一个声音,汇聚在一起,同样地哀伤。这是旧时的卡里尔,他从黑暗的斯利莫拉③来。他讲述了库丘林倒下的消息。他告诉人们这位强者的事迹。围绕在他墓地旁边的敌人都被驱逐,他们的武器散落一地。大家都忘记了战争本身,因为再也见不到他们的主君了!

"但是,"柔声的卡里尔说,"谁像跳跃的母鹿一样来了?他们的

---

　　① 库丘林被称作图拉之王,因为他在阿尔斯特海岸上所住过的城堡叫此名。那是在他承担起爱尔兰的国事管理之前,在科马克的麾下。【原注】
　　② 这是在其他诗篇中提到过的预兆之声:在一位高贵而著名的人物死亡之前,诗人们的竖琴会自己作响。这里预示着科马克很快会死掉。【原注】
　　③ 康诺特的一处山丘,库丘林在附近被杀。【原注】

身形就像山谷中的小树在阵雨中成长！他们的面颊柔软而红润！是谁，从他们的眼神中能够看出无畏的心灵？还有谁呢，除了乌斯诺特①的子孙们，河流密布的艾塔之主？敌军从各方向我们涌来，就像荒原来风突然携着萧萧羽翼降临，猛烈地吹着一束快要熄灭的火焰。突然，黑暗的山际放出一阵光亮，那是迟来的水手乘风而至。我们能听见凯赫巴特盾牌鸣声。勇士们在纳托斯看见了库丘林②。他转动闪光的眼睛！他就这样在荒原上行走。战斗在莱戈发生。纳托斯之剑占了上风。很快你就可以在殿中看到他凯旋了，特莫拉树林的国王啊！"

"那么很快我就将看到他了！"蓝眼睛的国王回答道。"我的心灵苦苦等待库丘林，他的声音悦耳；在多拉荒原上，他常常飞奔，追逐黑褐色的母鹿。在山丘上，他箭无虚发。他提到过强大者的故事，他讲述我祖先的事迹。我感到愈发喜悦。但是你坐在宴会席上吧，哦，卡里尔！我曾常常听到你的歌喉。唱赞美库丘林的歌吧，赞颂厄塔的纳托斯！"

特莫拉的白天来临，东方射来光芒。老格尔马之子克拉辛来到大殿。"我看见，"他说，"爱林之王啊，荒原中的一片云！它起初看

---

① 乌斯诺特是艾塔的首领，那里是苏格兰西海岸的一个地区。他有三个儿子，纳托斯、阿尔托斯和阿尔丹，他们的母亲是库丘林的姐妹斯利萨玛。这三兄弟在很年轻时被父亲送去爱尔兰，在他们军事声名享誉全王国的舅舅那里学习使用武器。他们到达阿尔斯特时，库丘林的死讯传来。纳托斯，三兄弟中最年长的，接了库丘林军队的指挥权，对战阿塔的首领凯巴尔。凯巴尔最后在特莫拉杀死了年轻的国王科马克，纳托斯的军队倒戈，兄弟们不得不回到阿尔斯特，为了返回苏格兰。他们悲伤故事的后续在《达尔－图拉》中可以读到。【原注】
② 这里的意思是，他们清楚看见纳托斯和库丘林的相似之处。【原注】

起来像一片云，但现在看清了，那是一大群人！他们最前方的人跨着有力的大步。他的红发在风中飞扬，他的盾牌闪光，反射着东方的光束。他的手中握着长矛。"

"召他来参加特莫拉的宴会吧，"高兴的国王说，"慷慨的格尔马之子啊，我的大殿欢迎陌生来客！说不定是厄塔之主，带着荣耀归来。赞美你，强大①的异邦人！② 你是科马克的朋友之一吗？但是，卡里尔，这人面色黑暗，毫不可爱。他抽出了剑。这是乌斯诺特的儿子，古时的诗人吗？"

"这不是乌斯诺特的儿子！"卡里尔说道，"这是你的敌人凯巴尔！""你为什么全副武装地来到特莫拉？你这眉头阴郁的首领。别在科马克面前举起你的剑！你往哪里跑？"

他在黑暗中穿行，抓住了国王的手。科马克预见到自己的死了；他的眼中透出怒火。"退后，你这阿塔的首领！库丘林会从纳托斯回来复仇的。只因我的手臂虚弱，你们竟在科马克大殿内胡作非为！"剑插进了国王的胸膛，他倒在了父亲曾统治过的大殿中。他的金发沾满灰尘，他的血流满周围，腾起烟雾。

"你已倒在殿中了吗？③ 哦，高贵的阿尔托之子！库丘林的盾牌不在附近，你父亲的长矛也不在。爱林的山峦遍布悲哀，因为人们的首领倒下了！哦，科马克！愿你的灵魂受庇佑！你的光芒在年轻时竟已昏暗！"

---

① 从这句话，我们可以知道，凯巴尔在科马克的演讲进行到一半时进入了特莫拉的宫殿。【原注】

② 指乌斯诺特之子纳托斯。【原注】

③ 说话的是阿尔坦。【原注】

我的话被凯巴尔听见了,于是凯巴尔从黑暗中向我们①靠近。他不敢将剑指向诗人们②,虽然他的灵魂一片漆黑。我们的痛苦孤独而长久! 过了很久,高贵的卡赫莫尔③来了。他听到了我们在山洞中的声音。他用愤怒的目光瞪着凯巴尔。

　　"你是我卡赫莫尔的兄弟,"他说,"你还要这样令我的灵魂痛苦多久呢? 你的心就像一块磐石。你的念头黑暗而血腥! 但是你是我卡赫莫尔的兄弟,我应当荣耀你的战事。但我的灵魂毫不像你,你这战斗中的弱者! 我胸中的光明都被你的所作所为污染了。诗人们不再会赞颂我的功绩,他们会说:'卡赫莫尔诚然勇敢,但他为黑暗的凯巴尔而战。'他们将一言不发地经过我的坟墓。我的声名再无人知晓。凯巴尔! 放开那些诗人。他们是未来的子孙。他们将在未来歌唱,在特莫拉的王者都已消逝之时。"

　　听到这位首领的话,我们走向前去,看到他孔武有力的样子。哦,芬格尔,他的样子就像年轻时的你! 当你第一次举起长矛的时候。他的脸庞就像明亮阳光照耀的平原。他的眉头没有黑暗的痕迹。但是他带领自己的数千军队来增援红发的凯巴尔。现在他来复仇了,哦,树木茂盛的莫文之王啊!

　　"让卡赫莫尔来吧,"国王回答道,"我乐意遇到这样伟大的敌

---

　　① 通过后文能发现这是阿尔坦和卡里尔。【原注】
　　② 诗人们如此神圣,乃至于即使刚才谋杀了君主的凯巴尔,也不敢杀死诗人。【原注】
　　③ 卡赫莫尔似乎总是无私的英雄,他的人道和慷慨都无人可比。简而言之,他并没有过错,但对于像凯巴尔这样坏的兄弟过于重感情。他与凯巴尔的手足之情最后胜过了其他考虑,正如他所说,他卷入了一场他并不支持的战争。【原注】

手。他的心灵是光明的。他的手臂健壮,他的战绩声名远播。但是他小小的灵魂也只是沼泽湖泊边徘徊的气雾。这雾不会在绿山头上弥漫,唯恐在那里会遇到大风。他的藏身之处在山洞中,从那里他射出死亡的镖箭!"

哦,年轻的英雄们,哦,勇士们! 你们就像我们著名的祖先,他们也在年轻时作战。他们倒下了。他们的名字被歌声传颂。但我们终究老了,哦,Usnoth,保佑我们不要就像一棵古老的橡树倒下,横跨在一条不为人知的溪流上。这里不在风的路径上,因此旁边得以留下猎人的脚印。"这棵树是怎么倒下的呢?"猎人说,并且吹着口哨,大步从边上走过。

唱起欢乐之歌吧,你们这些莫文的诗人! 让我们的心灵忘记过去。红色的繁星从云中俯瞰我们,静默地落下。很快,早晨灰蒙蒙的光束就要出现,将科马克的敌人照给我们看。菲兰! 我的儿子,带上这王者之矛。去莫拉山那黑褐色的一边。让你的目光扫过那荒原。观察芬格尔的敌人,观察慷慨者卡赫莫尔的行进路线。我听到远处传来声音,仿佛荒漠上落下乱石。但是不时敲响你的盾牌吧,他们大概就不会在夜间来袭,让莫文声名扫地。我开始感到孤独了,我的儿子啊。我害怕自己名声从此衰微!

诗人们的歌声响起。国王倚靠在特伦莫尔之盾上。困意降临在他的双眼上。未来将经历的战争,出现在他的梦中。其他首领睡在周围。黑发的菲兰在观察敌军。他的行踪在那远处的山上。我们不时听到从远处传来的,他敲击盾牌的声音。

《莪相集》
哀歌选译

太阳颂歌

选自《卡尔通》(Carthon)

……

这些就是吟游诗人的话了,在他们哀悼的那天:我衬托着他们的声音,并和唱他们的歌曲。我的灵魂一直为卡尔通而悲伤;在他勇敢的岁月里,他倒下了:还有你,克莱萨莫尔! 你居住在天空中的何处? 那青年忘了他的创伤吗? 他和你一起在云上飞翔吗? ——我感受到了太阳,哦,玛尔维娜,让我休息吧。也许他们会来到我的梦中;我想我听到了一个微弱的声音。——天空愉悦的光束在卡尔通的坟墓上闪耀:我在全身都感受到了它的温暖。

哦,在天上翻滚的,像我祖先的盾牌一样圆! 太阳啊,你的光束从哪里来! 你的永恒之光? 你出现,带着令人惊惧的美丽,星星们都躲藏在天空中;月亮,冷漠而苍白,在西方的海浪中沉没。但你自己独自行走,谁能成为你的伴侣呢! 山上的橡树倒下,山脉久经年月而衰退;海洋缩小又再次扩张,月亮在天空中独自迷失;但你永远都是一样的,为你行进中的光明而欢欣鼓舞。当世界陷于暴风雨的黑暗中,当雷霆翻滚,闪电飞过,美丽的你从云层中俯视,朝着暴风雨大笑。但是对玭相来说,你是徒劳无功的。因为他再也不能看见你的光束。无论你的金发是在东方的云层上飘动,还是你在西方的大门上震颤。但是你,或许像我一样,在某个季节,你的岁月也将会结束。你将沉睡在云层中,不在乎早晨到来的声音。——欢腾吧,太阳,凭着你的青春力量!岁月是黑暗而可憎的。它就像月亮的闪烁光芒,当它穿过破碎的云层,山上的薄雾。北方的暴风在平原上劲吹,旅人在旅途中缩成一团。

玛尔维娜致奥斯卡的哀歌

选自《克罗马》(Croma)

这声音,是我所爱的人!你造访玛尔维娜梦境可真罕见!快打开你那空中的大殿之门,哦,持盾者托斯卡的祖先!打开您那云间的大门。玛尔维娜的脚步近了。我听见了,那在我梦中的声音,我感到我的灵魂激动不安!

哦,暴风,为何你此时出现!从那黑暗翻滚的湖面上升起?树林中是你萧萧的翅膀,玛尔维娜的梦被吹散了。但是她看见了她的爱人,他那薄雾的长袍在风中飘动。一束阳光打在他的衣襟上,就像远处黄金那样闪耀。那是我爱人的声音!他多么吝于拜访我的梦境!

但是你只居住在玛尔维娜灵魂中,强大的玭相之子!我的叹息和东方晨光一起出现,我的眼泪和夜晚雨水一同滴落。我就像一棵美丽的树,奥斯卡啊,当你在的时候,我枝繁叶茂;但是你的死亡,就像从荒原刮来了一阵狂风,将我的绿叶吹落。即使春天重临,挟带着春雨,我也再生不出一片叶子! 那些少女们,看见我在大堂中沉默不语;她们就弹起了欢乐的竖琴。玛尔维娜的脸庞上满是泪水。少女们看见了悲伤的我。你为何悲伤呢,她们问道,你这最美丽的卢塔少女! 在你眼中他是否像晨光那样可爱,又高贵庄重?

莪相致玛尔维娜的哀歌

选自《贝拉通》(Berrathon)①

　　哦,激流啊,蜿蜒你蓝色的河道,围绕着卢塔②的狭窄平原而流。

---

　　① 这首著名的诗歌是在莪相本人死前不久创作的,在传统中只有一个名字即"莪相的最后诗歌"。译者在此自由发挥,将其命名为贝拉通,得名于情节中拉特莫尔重返王位的那个岛屿,之前他被自己的儿子乌塔尔所推翻。芬格尔受阿甘德卡之父斯塔斯诺所邀请,驶向洛赫林。在途中,他停靠在一个斯堪的纳维亚小岛贝拉通,在那里他得到了当地小王拉特莫尔的热情招待,后者是洛赫林的最高君王的封臣。拉特莫尔的好客使他赢得了芬格尔的友情,并在之后得到显示。当拉特莫尔被自己的儿子关起来了的时候,芬格尔派出莪相和我们常常提到的玛尔维娜之父托斯卡去拯救拉特莫尔,并且惩罚乌塔尔这违反人伦的行径。乌塔尔长得非常英俊,广受女士们的爱慕。邻近一位王子托-托马的女儿妮娜-托玛,就爱上了乌塔尔并与他私奔了。事实证明,他是个见异思迁的家伙:当他爱上另一位没有提到名字的女士的时候,他就把妮娜-托玛押在贝拉通海滩附近的一个荒岛上。她被莪相救出,而莪相和托斯卡一起在贝拉通登陆,击败了乌塔尔的军队,并且在一对一交战中杀死了他。妮娜-托玛听到他的死讯,尽管饱受他的恶行之害,却依然没有磨灭自己的爱情,于是在悲伤中死去了。与此同时,拉特莫尔恢复了自己的统治,于是莪相和托斯卡胜利地回到了芬格尔处。
　　这首诗以一首为托斯卡之女玛尔维娜所作的哀歌作为开端,并以莪相本人对死亡的预感结束。这首诗几乎完全是抒情的,并有着其他传世莪相作品不同的忧郁氛围。如果这首诗里有任何快乐的内容,那么它也早就失传了。严肃和忧郁的情感在人类心灵上产生最持久的印象,并且最能通过传统代代相传。莪相本人在创作时也不太可能是快乐的。忧郁是一位伟大的天才的伴侣,很难将轻浮的概念与快乐分开,尽管后者有时候是和蔼可亲的性格的标志,但它很少是崇高灵魂的标志。【原注】
　　② 卢塔,意为快速的河流。经过了这么多岁月,不可能确定这里描述的景色在哪里。传统中对此没有提到,而诗中也没有可供推测的线索。【原注】

让绿色的林木从山上拔地而起,遮蔽在它的上空;太阳在正午时也俯瞰着它。在那里,蓟草在岩石上,在风中摇晃它的胡须。而蓟花顶着沉重的脑袋,不时在狂风中摇摆着。"哦,大风,为什么要把我叫醒?"它看起来仿佛在说,"天空落下的雨水让我全身湿透,我凋落的时辰已近了,这暴风就要吹散我的叶子。明天,那位旅人将要来到,他曾经见过我最美丽的时刻。他的目光在地面上寻找,却将无处找寻我的踪影。"同样地,科纳河的歌喉啊,他们寻找他,也将是徒劳。猎人会在早晨来到这里,却再也听不到我的竖琴。"乘战车的芬格尔之子在何处?"他的脸颊上将有泪水滴落!

然后你来了,哦,玛尔维娜![①] 你唱着哀歌到来,让我相安卧在卢塔的平原中:在这可爱的原野中筑起他的墓地。玛尔维娜! 你在哪里唱着歌;你那轻柔的脚步声又在何处? 阿尔平之子啊,你在附近吗? 托斯卡的女儿在哪里?

我,芬格尔之子,走过那托卢塔的墙壁,长满青苔。大堂中的烟雾止息了。追猎的声音也归于寂静。我看见了持弓的少女们,我询问玛尔维娜的消息,可她们却一无所知。他们转过脸去,浅浅的阴影落在她们美丽的脸上。她们就像夜雨山丘上的繁星,透过薄雾,隐约闪耀!

美丽的光啊[②],愿你开心地歇息! 很快你就将从我们山上升起!

---

① 玛尔维娜,原为 Mal – mhina,意为温柔或可爱的眉头。盖尔语中的 Mh 和英语中的 v 读音相同。【原注】
② 莪相开口说话,将玛尔维娜称作一束亮光,这个譬喻也贯穿了全篇。

你离去的脚步那么庄重，就像月亮落在那颤动的蓝色波涛中。但是你在黑暗中离开了我们，卢塔众少女中最美者！我们坐在岩石上，却听不见声音；除了流星的火焰，没有别的光亮！很快你要休息了，哦，玛尔维娜，慷慨者托斯卡的女儿！

但是你出现了，就像东方的光线，在你朋友们的灵魂簇拥下。他们坐在风雨的大殿里，那是雷电的王庭！一片云悬在科纳河上空。它的云端卷曲而高扬。有翼的狂风，在它下方吹过。在云中居住的是芬格尔。在那里，那位英雄端坐在黑暗中。他手中握着气雾的长矛。他的盾牌，半掩在云后，就像那昏暗的月亮；另一半盾牌依然在波涛中，旁人在战场上见了都会胆寒！

在云雾之上，他的朋友们围坐在国王身旁，他们听着乌林的歌唱；他拨动那半无形的竖琴。他用难以听见的声音唱着。其他的英雄，化为千万流星，照亮了这空中的大殿。玛尔维娜从中起身，脸颊绯红。她看见祖先们那不为人知的面容。她将自己湿润的眼睛转向一边。

"你来得太快了，"芬格尔说，"慷慨者托斯卡的女儿！卢塔的大堂中满是哀伤。我那已上了年纪的儿子①定然悲恸。我听见了科纳河的微风，这风吹不起你沉重的墓石。它又吹到大厅中，但你也不在那里。它的声音充满悲哀，在你先祖的手臂中穿行！哦，风啊！去

---

① 我相与玛尔维娜有着伟大的友情，既是因为她对自己儿子奥斯卡的爱情，也是因为她对自己诗歌的兴趣。【原注】

吧,带着你作响的翅膀!在玛尔维娜的坟墓上叹息。那坟墓立在远处,在岩石之下,在卢塔的蓝色河流之旁。少女们①离去了,归其应归之处。哦,微风啊,你在那里,孤独地哀悼吧!"

莪相预感自己的死亡
选自《贝拉通》(Berrathon)

阿尔平之子啊,请你带领那长者到树林中去。湖上,黑暗的波浪声声作响。那里有没有一棵树,从莫拉山上弯下,它的树枝光秃,一叶未生?阿尔平之子啊,它在暴风中弯折。我的竖琴,就像挂在被风吹折的树枝上,它的琴弦发出阵阵哀鸣。哦,竖琴啊,是风拨动了你,还是有过路的亡灵在弹奏?那一定是玛尔维娜的手了!阿尔平之子啊,把竖琴带给我。我要弹起另一首歌。我的灵魂也将在这歌声中离开。在他们空中的殿堂里,我的祖先也将听到歌声;他们昏暗的脸庞,也将垂下,从那云层中,带着欢愉。他们将用双手,接纳他们的儿子。

②古老的橡树在河流上弯着身子。它全身披着青苔,叹着气。附近枯萎的蕨草在风中鸣叫,它摇动着,和莪相的头发相互缠绕。——"拨动竖琴吧,唱起歌来;快来吧,风啊,挥动你的羽翼。将这哀伤的

---

① 在玛尔维娜葬礼上唱了哀歌的年轻少女们。【原注】
② 此处开始了抒情段落,按照传统而言,莪相用此结束了自己的诗歌。——它伴随着音乐,如今在北方还有人会唱这首歌,它狂野而简单,声音变化不多。【原注】

声音,远远传到芬格尔的空中大殿。将它传到芬格尔殿中,他就能听见儿子的歌声:这歌声曾赞美过那强大之人!"

"哦,国王啊!让北方的狂风打开你的大门,我看见你端坐在昏暗的云雾中,而你的武器闪着亮光。你的形貌不再令勇敢者也胆寒。它就像水雾云翳,我们能看见星星在云后,眼中含泪。你的盾牌,就是那古老的月亮:你的剑是雾气,一半又被火焰点燃。在你之前的那些首领们在光中行走,显得昏暗而弱小。你的步伐,形成了荒原上的风①。暴雨在你手中变得黑暗。你在愤怒中抓住太阳,把它藏到云层后方。渺小凡人的子孙畏惧无比。一千场阵雨降临人间。但是在你温和的时候,早晨的大风围绕在你身边。在蓝色天穹上,太阳欢笑。灰暗的河流在山谷中蜿蜒。灌木在风中摇动绿色的脑袋。母鹿在荒漠中大步跃行。"

"在荒原中有声音传来!暴雨和狂风减弱了!我听见了芬格尔的声音,我的耳朵多久未曾听见了!'来吧,莪相,该走了。'他说。芬

---

① 这里关于芬格尔操控狂风和暴雨的强大力量的描写,以及他抓住太阳将它隐藏在云层中的形象,与前一段不一致,在那里他被描绘成一个虚弱的幽灵,而不再是令勇者恐怖的形象;但这和那个时代关于死者灵魂的概念相吻合,人们认为,灵魂可以操控狂风和暴雨,但在战斗中并不能匹敌勇敢的人。

诗人们给予他们逝去朋友的无以复加的赞美,使用迷信的暗示神化死去的英雄;这些新的神灵所有的特征都来自于吟唱他们挽歌的吟游诗人的幻想。

我们没有发现,对芬格尔的赞美对他的同胞有这种影响;但这可以归因于他们那个时代对力量的概念,那总是与身体的力量和个人的勇气联系在一起,而两者都随着死亡消散了。【原注】

格尔已经获得了声名,我们离开,就像已经燃烧一季的火焰。我们告别时声名显赫。虽然我们曾战斗过的平原上,如今黑暗而寂静;我们的声名永存于四块灰色墓石中。我们已听见莪相的声音。在塞尔玛,竖琴已经响起。'来吧,莪相,该走了。'他说道,'来吧,和你的先祖一起在云中飞行。'我来了,我来了,人中之王啊! 莪相的生命要结束了。我在科纳河上消失,在塞尔玛,再看不到我的足迹。在莫拉的岩石边,我将沉沉睡去。风将在我的花白头发中呼啸,却再也唤不醒我。哦,风啊,挥着双翼离开吧,你不能打扰吟游诗人的安息。夜晚漫长,他的眼皮沉重。离开吧,你这萧萧的疾风。"

"但是芬格尔之子,为何你如此悲伤? 你的灵魂中为何起了云翳? 古时的首领们早已离去。他们未留声名就匆匆消逝。未来的子孙们也将会逝去。另一个民族将会出现。人类就像海洋的波浪;就像莫文森林的树叶,它们在呼啸的风中离去,之后,其他的叶子将绿色的脑袋高高扬起。"

"哦,莱诺! 你还那样俊美吗? 有谁能抵挡,乘战车的奥斯卡的力量! 芬格尔自己也离去了! 他祖先的宫殿,忘记了他的脚步声。难道你还要再等待吗,年老的吟游诗人? 但我的声名将长久留存,像莫文的橡树一样生长;它将在暴风雨中昂起高大的头来,在风的轨迹中尽情欢畅!"

附 录

附录 1

历史名人与《莪相集》①

拿破仑·波拿巴(Napoleon Bonaparte)非常喜爱《莪相集》,在远征时经常带上它作为枕边书。他大力支持了《莪相集》法文版的翻译及其改编的歌剧《莪相,一位诗人》(*Ossian*, *ou les Bardes*)。他赞助伟大的法国画家如安格尔(Jean – Auguste – Dominique Ingres)、热拉尔(Francois Gerard)、吉罗代(Anne – Louis Girodet de Roussy – Trioson)等人创作以《莪相集》为内容的画作,装饰自己的宫殿。

法国元帅贝尔纳多特(Jean – Baptiste Bernadotte),即后来的瑞典与挪威国王卡尔十四世·约翰(Charles XIV John of Sweden),于1799年得独生子。在孩子的教父拿破仑的推荐下,他用《莪相集》中的英雄奥斯卡为儿子命名。奥斯卡后来登基成为瑞典和挪威国王奥斯卡一世,"奥斯卡"也成为北欧王室和西方世界的常用男性名,也是知名的奥斯卡奖的得名来源。

美国国父,《独立宣言》的主要起草者,美国第3任总统托马斯·

---

① 本附录参考了" Ossian"Wikipedia, Wikimedia Foundation, September 3, 2020, https://en. wikipedia. org/wiki/Ossian. Accessed September 26, 2020.

杰斐逊极其推崇《莪相集》，称莪相为"有史以来最伟大的诗人"。

启蒙运动巨擘，大思想家狄德罗（Denis Diderot）在《莪相集》刚问世时就以极大的热情进行翻译。在《诗歌片段》仅仅出版不到半年后，狄德罗就在巴黎出版了自己翻译的法文译本。同为启蒙运动旗手的大思想家伏尔泰称赞莪相为"苏格兰的荷马"。

文学方面，罗伯特·彭斯、威廉·华兹华斯、普希金、裴多菲等以莪相中的诗篇为灵感创作了诗歌；歌德、席勒、克洛卜施托克等创作了与莪相有关的戏剧；夏多勃里昂、司各特、乔治·桑等在小说中提及莪相。莪相还向其他艺术领域施加影响：安格尔、热拉尔、吉罗代等人创作了以《莪相集》中故事为题材的画作，而舒伯特、门德尔松等为莪相谱写了乐曲。《莪相集》不只是一本书——它是一部风靡全欧近百年的文化主流正典。毫不夸张地说，浪漫主义时期的任何一位文化精英，都或多或少对莪相有所了解，或者受其影响。

斯塔尔夫人（Madame de Staël），法国小说家，文学沙龙的最著名主持人，称莪相为"北方的荷马"。

威廉·华兹华斯，英国浪漫主义的领军人物，桂冠诗人说："许多我们最受赞扬的英语诗人独特的美，都是古代芬格尔族人的传承。"

夏多勃里昂谈拜伦时说："（年轻的拜伦）成长在苏格兰的荒原上，在大海的沿岸，就像我成长在布列塔尼的海港，在大海的沿岸；他热爱《圣经》和莪相，而我也热爱这两样。"

歌德从年轻时起就是《莪相集》在德国的最早崇拜者之一，他翻译了大量莪相诗篇内容，甚至努力自学盖尔语并试图从盖尔语"原稿"翻译诗作。

《少年维特之烦恼》有:"维特微微一笑,走过去取那几首诗;可一当把它们拿在手中,身上便不觉打了个寒颤,低头看着稿纸,眼里已噙满泪花。……这几句诗的魔力,一下子攫住了不幸的青年……"

席勒论莪相的美学:"挽歌诗人寻找自然,但自然是作为一种理念,一种从未存在过的完美状态;他哀悼它就像哀悼曾经存在过而现已消失的事物一样。当莪相告诉我们已不存在的时光和已经消失的英雄时,他的诗歌的力量早已将这些记忆中的形象转化为抽象的理念,将那些英雄转化为神灵。失去某种事物的经历已经扩展到一种普遍的万物无常的观念,而被无处不在的废墟形象所刺激的吟游诗人向天空上升,在太阳的运行中找到了不朽的象征。"

沃尔特·司各特给友人的信:"我完全同意你所说的:(莪相诗歌的)真实性的问题决不能和(它的)文学成就相混淆。"

以莪相为题材的诗歌有不少,如:

裴多菲·山陀尔《荷马与莪相》(*Petöfi Sándor*)

哦,你们在哪里,希腊人与凯尔特人?

你们已经消失了,如同

两座城市,淹没在

深渊的水底下。

只有高塔的尖顶立起,露出水面,

高塔的两座塔尖:荷马、莪相。

威廉·华兹华斯《格伦-阿尔曼》(*Glen - Almain*)

在此安静之处,远离人烟,

沉睡着莪相,在这狭窄河谷中,

在此安静之处,传来仿佛低语声

只是一条温柔的溪水,只有一条:

他歌唱许多战斗,和呼吸

在雷霆的战争中,和狂暴的死亡;

……

莪相！家族的最后一人,

躺在这孤寂之地的泥土下。①

普希金《奥斯加尔》②

他走着,就见长满青苔的悬崖上

坐着一位老弹唱诗人——往昔的歌者:

垂下白发苍苍的头,望着咆哮的河水,

默默无语地观察时间悄悄流过。

……

"那儿是谁的坟?"外乡人问,

用手杖指着河岸上的坟丘。

钉在悬崖上的箭筒和钢盔

---

① 此诗中的词语、用法等,多从《莪相集》中直接摘取。

② 即奥斯卡的俄语发音。此处俄语诗翻译来源为《普希金文集(第一卷)》,人民文学出版社 1995 年版。

在月光底下闪烁着暗淡的光芒。

"这里埋着奥斯加尔!"老人振奋地说:

"唉,这个年轻人过早地便已夭亡!

但他是自己愿意死:我亲眼看见

他是多么快活地等待着交锋,

一下子冲出队伍,在激战中倒下:

安息吧,年轻人! 你在光荣的战斗中牺牲。

……

奥斯加尔心中只有玛尔温娜一个人;

但他们热恋和幸福的日子飞快地过去了,

等待他来的是悲苦的黄昏。①

……

奥斯加尔在痛苦中度过漫长的一年。

突然战号吹响了! 芬加尔这神之子

率领暴徒投入血腥的战斗。

奥斯加尔听到这个消息,燃烧起斗志。

他的宝剑在这儿闪着光,死神都望风而逃;

但他终于倒在一堆死尸上,遍体鳞伤。

身子虽然倒下了,手还在寻找宝剑,

而永恒的酣梦已把勇士埋葬。

---

① 接下来的内容描述玛尔温娜背叛奥斯加尔,和名为兹维格涅尔的男人私通,情节与《莪相集》原文大相径庭,是普希金的原创。

舒伯特以莪相诗歌内容为题材创作了艺术歌曲《莪相在纳托斯倒下后所作的歌》(*Ossians Lied nach dem Falle Nathos*, *D*. 278)。

　　此外,有很多音乐、绘画作品也以莪相为题材。费利克斯·门德尔松(Felix Mendelssohn),德国浪漫派音乐的代表,慕名游览了赫布里底群岛的“芬格尔山洞”,并于 1829 年创作了《赫布里底序曲》(*Die Hebriden*),也被称作《芬格尔山洞》(*Fingalshöhle*)。

　　吉罗代,《莪相迎接为祖国在自由之战中牺牲的法国英雄们》
(Apothéose des héros français morts pour la patrie pendant la guerre de
la liberté),有两个版本,1801 年版藏卢浮宫,1805 年版藏马尔梅松城堡博
物馆

安格尔,《莪相之梦》(Songe d´Ossian),1813,安格尔博物馆

约翰·克拉夫特（Johann Peter Krafft），《莪相与玛尔维娜》（Ossian und Malvina），1810，民间收藏

尼科莱·阿比尔德加德（Nicolai Abildgaard），《瞽相唱天鹅之歌》（Den gamle blinde skotske barde synger til harpen sin svanesang），1780－82，丹麦国家美术馆

阿比尔德加德,《芬格尔在月光下看见祖先的鬼魂》(Fingal ser sine for-
faedres aander ved maanens skin),约1782,丹麦国家美术馆

热拉尔，《莪相在洛拉河畔召唤鬼魂》（Ossian évoque les fantômes au son de la harpe sur les bords du Lora），1801 –02，马尔梅松城堡博物馆

附录 2

《莪相集》及其衍生作品简略年表①

一、《莪相集》詹姆斯·麦克弗森出版原作

1.《古老诗歌片段》(收集自高地苏格兰以及翻译自苏格兰及爱尔兰盖尔语),爱丁堡:汉密尔顿与巴尔福,1760 年 6 月。

(此版本出版后很快又出版了第二版,含有 26 处文本修订并增加了一个“片段”。在两个版本中,译者都是匿名的,即使是前言的作者休·布莱尔也是如此。)

2.《芬格尔》(一部古老史诗,共 6 卷;以及其他几首诗歌,由芬格尔之子莪相所作;由詹姆斯·麦克弗森翻译自盖尔语),伦敦:贝克特和德洪特,1761 年 12 月至 1762 年。(此版本还包含之后《特莫拉》的第一卷)

3.《特莫拉:一部古老史诗》(共 8 卷;以及其他几首诗歌,由芬格尔之子莪相所作;由詹姆斯·麦克弗森翻译自盖尔语),伦敦:贝克特

---

① 本年表来源为 Howard Gaskill(ed.), *The Reception of Ossian in Europe*, London: Continuum UK, 2009,尤其参考了 Paul Barnaby 整理的时间轴部分。

和德洪特,1763 年 3 月。

4.《芬格尔之子莪相的作品集》(共 2 部。由詹姆斯·麦克弗森翻译自盖尔语。第三版加入了休·布莱尔对莪相诗歌的一篇评论性论文),伦敦:贝克特和德洪特,1765 年。

〔本质上是上述 2 和 3 的合集,并有 400 多处修改,其中绝大多数是文字和注释的小改动,并添加了布莱尔的评论性论文(1763年),包括证明诗歌真实性证据的附录。〕

5.《莪相的诗歌》(由麦克弗森翻译,共 2 部。这是一个新版本,经仔细修改和大幅提升),伦敦:斯特拉汉和贝克特,1773 年。

[诗歌按时间顺序重新排列,"为了组成某种意义上他们所处时代的通史",并且在整体上进行了全面的风格修订,尤其修改了句法和标点符号。它是再版最多的英文版本,也是 1847 年陶施尼茨(Tauchnitz)版本的基础。应该指出的是,经修订的诗歌文本和注释来自 2、3 的底本,而非 4,4 中的很多修改在 5 中被删除了。]

二、重要的翻译、评论、衍生作品和提及本作品的著作①

1760 年

最早的法文翻译,由雅克·图戈(Jacques Turgot)发表。

---

① Paul Barnaby 的原时间表要比这里全面得多,这里多选取有"第一"意义和有代表性的部分,且偏重于较早年份和著名人士。地点如在英国境内则不特别说明,除非表示强调。

埃德蒙·柏克评论了《诗歌片段》。

在苏格兰和英格兰,诗歌片段被文人配上韵脚重写。

1761 年

苏阿德(J. B. A. Suad）和狄德罗分别出版了《诗歌片段》的翻译。

埃德蒙·柏克评论了《芬格尔》。

唐纳德·麦克唐纳（Donald Macdonald）创作了莪相的戏仿作品《三篇美丽而重要的诗篇》,可惜被芬格尔的翻译者略去了。

1762 年

艾格伯特·布伊斯（Egbert Buys）出版了最早的荷兰文翻译本。

匿名人士出版了最早的德文翻译本。

斯摩莱特评论了《芬格尔》。

约翰·戈登（John Gordon）发表了《一些思考,关于古代作者的研究和品格》。

爱尔兰的费迪南多·华纳（Ferdinando Warner）出版了《芬格尔历史的若干评论》。

约翰·威尔克斯（John Wilkes）出版了讽刺莪相诗歌的《诗歌教授》。

1763 年

梅尔齐奥尔·切萨罗蒂（Melchiorre Cesarotti）出版了最早的意大利语翻译。

休·布莱尔评论了《芬格尔》。

爱尔兰的丹尼尔·韦伯(Daniel Webb)出版了小册子《夺回芬格尔》。

1764 年

亨利·麦肯齐(Henry Mackenzie)由莪相故事改编了芭蕾舞《邓肯》。

德国的克洛卜施托克(Friedrich Gottlieb Klopstock)出版了莪相相关的颂歌《年轻人》(Der Jüngling),《图伊斯康》①(Thuiskon)和《早逝者之墓》(Die frühen Gräber)。

威尔士的埃文·埃文斯(Evan Evans)出版了《一些威尔士古代诗人的诗歌片段》。

1765 年

托马斯·珀西(Thomas Percy)出版了《古代英格兰诗歌的古老片段》。

爱尔兰的奥哈洛兰(Sylvester O'Halloran)出版了《重新发现的芬·麦克康姆哈尔之子奥辛的诗歌》。

1766 年

约翰·哥特纽斯(Johan Gothenius)出版了最早的瑞典语翻译。

爱尔兰的奥康纳(Charles O'Conor)出版了依据《芬格尔》《特莫拉》分析古苏格兰人定居北不列颠岛历史的论文。

德国的戈斯腾博格(Heinrich Wilhelm Gerstenberg)创作了吟游

---

① 日耳曼神图伊斯在地上出生的儿子。根据塔西佗的说法,他是条顿人的祖神。

诗歌《吟游诗人①的诗》(Gedicht eines Skalden)。

1767 年

德国的克洛卜施托克出版了颂歌《赫尔曼》(Hermann②)。

德国的戈斯腾博格创作了戏剧《乌格里诺》。

珀西再版了《古代英格兰诗歌的古老片段》,并认同莪相诗歌的真实性。

1768 年

法国的巴特勒蒙(François – Hippolyte Barthélemon)为"奥托娜"篇配乐。

瑞士的博德默(Johann Jakob Bodmer)创作了戏剧 *Italus*。

1769 年

奥地利的德尼斯(Michael Denis)出版了英文外的莪相诗歌第一个全译本,将其翻译成德语。

麦克法兰(Robert Macfarlan)出版了最早的拉丁语翻译本。

1770 年

法国的伏尔泰在《关于百科全书的问题》中提及莪相。

德国的赫尔德开始翻译莪相诗歌。

1771 年

德国的歌德与赫尔德通信讨论莪相翻译和盖尔语,歌德发表莪

---

① Die Skalden 特指古代北欧的吟游诗人。

② 即阿米尼乌斯,罗马时代著名的日耳曼政治家、军事家,以在日耳曼战争中大败罗马帝国闻名。赫尔曼是 16 世纪德语使用者通过拉丁文名反向推测的日耳曼原名。

相诗歌的翻译,并开始连载戏剧《葛兹·冯·伯里欣根》(*Götz von Berlichingen*)。

麦肯齐出版小说《感情之人》。

1772 年

伦西曼(Alexander Runciman)在苏格兰 Penicuik 的"莪相大殿"创作了壁画。

1773 年

芬兰的凯尔格伦(Johan Henrik Kellgren)将《塞尔玛之歌》翻译成瑞典语。

威廉·布莱克创作版画 *Joseph of Arimathea*。

歌德和梅尔克(J. H. Merck)在达姆斯塔特出版盗印的莪相诗歌。

1774 年

歌德出版《少年维特之烦恼》,其中包含自己翻译的整篇莪相诗歌,又出版"戏剧片段"《普罗米修斯》。

1775 年

塞缪尔·约翰逊出版《苏格兰西部群岛游记》,抨击莪相诗歌。

1776 年

第一部印刷的盖尔语韵诗集《艾格集》(*Eigg Collection*)出版。

1777 年

托马斯·查特尔顿(Thomas Chatterton)的《罗利诗歌》(*Rowley*

Poems)出版,假托为 15 世纪神甫所著。

1778 年

约翰·克拉克(John Clark)《卡莱多尼亚诗人作品集》出版,据称
"由盖尔语翻译而来"。

1779 年

斯托塔德(Thomas Stothard)绘制莪相主题的绘画。

1780 年

弗拉克斯曼(John Flaxman)创作了雕塑作品《芬格尔的头》。

约翰·史密斯(John Smith)的《盖尔语古文》在伦敦出版。

1781 年

席勒创作戏剧《强盗》(*Die Räuber*)。

在俄国,歌德的《少年维特之烦恼》的俄语译本使莪相引起俄语
读者关注。

1782 年

布里德尔(Philippe – Sirice Bridel)的第一个瑞士人译本(翻译成
法语)出现。

席勒出版《挽歌:青年之死》(*Elegie:Auf den Tod eines Jünglings*)。

波兰的卡平斯基(Franciszek Karpiński)评论莪相诗歌并翻译《塞
尔玛之歌》。

1783 年

乔治·斯图尔特(George Steuart)将苏格兰珀斯郡的一处修道院

按照莪相风格改造。

威廉·布莱克出版《诗歌速写》。

约翰·平克尔顿(John Pinkerton)出版《苏格兰舞曲选集》,其中包含许多伪作。

1787 年

约翰·史密斯的《莪相、奥兰、乌林等人的古老诗歌》在爱丁堡出版。

1788 年

普拉姆(C. Pram)出版第一本丹麦文译本。

巴桑伊(János Batsányi)出版第一本匈牙利文译本。

迪米特里耶夫(I. I. Dmitriev)出版第一本俄文译本。

阿隆索·奥尔蒂斯(José Alonso Ortiz)出版第一本西班牙文译本。

1791 年

蒂米涅茨基(Konstanty Tyminiecki)出版第一本波兰文译本。

里弗和谢尔德(William Reeve and William Shield)创作了最受欢迎的莪相改编舞台剧《奥斯卡和玛尔维娜》。

1793 年

威廉·布莱克出版《艾尔比昂女儿的想象》。

柯勒律治出版《尼那托马的抱怨》。

1795 年

德国的赫尔德创作了文学评论《荷马与莪相》。

1797 年

荻相条目进入《大英百科全书》。

法国的夏多勃里昂在《革命论集》中讨论荻相。

1799 年

德国的荷尔德林创作小说《海珀利昂》并提及荻相。

1800 年

俄国的穆辛－普希金①出版《伊戈远征记》(*Slovo o Polku Igoreve*)，被部分研究者认为受到荻相诗歌的影响。

1801 年

威廉·赫伯特 (William Herbert) 在英国出版第一本古希腊语译本。

罗伯特·骚塞创作《毁灭者塔拉巴》(*Thalaba the Destroyer*)。

1802 年

画家 J. M. W. 特纳 (J. M. W. Turner) 创作荻相诗歌般的画作:《本·洛蒙德山》《苏格兰》《旅行者》。

法国的吉罗代第一次创作以荻相在天国欢迎法国英雄为主题的画作。

1805 年

麦肯齐主编的《苏格兰高地协会委任的,荻相诗歌本质与真实性

---

① 穆辛－普希金伯爵,俄国文献收藏家。著名诗人亚历山大·普希金曾在诗中否认自己的贵族出身,说"我只是普希金,没有穆辛"。

考察委员会的报告》出版，报告重申了莪相诗歌的真实性。

沃尔特·司各特评论上述报告。

1807 年

所谓的《莪相诗歌盖尔语原稿》在伦敦出版，麦克弗森本人生前可能参与了创作。

1811 年

法国的阿诺（Arnault）和梅乌尔（Mehul）创作《莪相大合唱》，庆祝拿破仑皇位继承人的出生。

1812 年

第一个葡萄牙文的莪相翻译在译者博卡格（Manuel Maria Bocage）死后出版。

德国施勒格尔（Karl Wilhelm Friedrich Schlegel）出版《论北欧诗歌》（*Über nordische Dichtkunst*）。

1813 年

安格尔创作画作《莪相之梦》。

1814 年

俄国的普希金发表诗作《奥斯加尔》。

1817 年

帕拉茨基（Frantisek Palacký）出版最早的捷克文翻译本。
奥地利的舒伯特创作以莪相诗歌为背景的音乐作品。

1818 年

哈兹里特（Willliam Hazlitt）出版《诗歌通论》。

德国的威廉·格林（格林兄弟中的弟弟）评论《莪相集》的1817版德语译本。

1819 年

济慈发表《海珀利昂》。

1822 年

波兰的密茨凯维奇（Adam Mickiewicz）出版《浪漫舞曲》。

1830 年

莱蒙托夫创作诗歌《莪相的坟墓》。

1832 年

法国的德缪塞（Alfred de Musset）的哀歌引用《塞尔玛之歌》开篇。

在意大利的莱奥帕尔迪（Giacomo Leopardi）死后出版的日记中，12 次提到莪相。

拜伦死后出版模仿莪相的作品《卡玛尔和奥尔拉之死》。

德国的门德尔松的音乐会序曲《赫布里底群岛序曲》，又名《芬格尔山洞序曲》首演。

1833 年

华兹华斯创作《写在麦克弗森的莪相之书的空白页》。

法国的乔治·桑出版小说《莱莉雅》（Lélia）。

1847 年

帕门尼迪斯（Christos Parmenidis）出版最早的现代希腊文译本。

博利亚克(Cezar Bolliac)出版最早的罗马尼亚文译本。

裴多菲创作《荷马与莪相》,在自己的婚礼上,裴多菲翻译了《奥托娜》献给新娘。

1851 年

多布辛斯基(Pavel Dobsinský)出版最早的斯洛伐克文译本。

1854 年

福特马尔(C. U. D. Foltmar)出版最早的挪威文译本。

1861 年

德国的勃拉姆斯创作艺术歌曲《达尔图拉的墓地之歌》和《芬格尔之歌》。

1863 年

德国的雅各布·格林(格林兄弟中的兄长)完成《论莪相》。

1865 年

法国的泰纳(Hippolyte Taine)出版《英国文学史》。

1867 年

马修·阿诺德(Matthew Arnold)出版《凯尔特文学研究》

1885 年

第一个塞尔维亚–克罗地亚语译本出版,译者署名"O. U. O"。

1889 年

W. B. 叶芝的《奥辛的流浪》出版。

1904 年

英国留学归国的夏目漱石发表第一本日文译本,包括《塞尔玛之歌》和《科尔马》。

1905 年

麦克唐纳(Keith Norman Macdonald)发表《我为何坚信莪相诗歌》。

1936 年

麦克迪亚米德(Hugh MacDiarmid)创作《莪相》。

1971 年

中村德三郎出版日文译本《莪相——苏格兰民族的古歌》。

1974 年

汉堡和巴黎的艺术馆举办莪相主题展览。

1975 年

米哈洛夫斯卡(Emma Mihalovska)在美国匹兹堡出版第一本拉脱维亚文译本。

1976 年

马辛(Uku Masing)出版第一本爱沙尼亚文译本。

在苏格兰,一个著名民谣音乐组合取名为"莪相"。

1979 年

第一本格鲁吉亚语译本出版,在《苏格兰诗歌选》中选取了莪相诗歌。

1987 年

古德海尔（Albert Goodheir）出版第一本世界语译本。

1989 年

塔希尔·巴克里（Tahir Bakri）在荷兰出版第一本阿拉伯文译本。

1996 年

加斯基尔编辑的版本《莪相诗歌及相关作品》（*The Poems of Ossian and Related Works*）在爱丁堡出版。

斯特罗扬（Marjan Strojan）出版第一本斯洛文尼亚文译本。

1997 年

塚田孝雄出版日文版《莪相集》。

2003 年

加斯基尔主编的《莪相在欧洲的接受史》（*The Reception of Ossian in Europe*）出版。

附录3

歌德引《塞尔玛之歌》中文经典译文对比

在《少年维特之烦恼》中,歌德整篇引用了《莪相集》中的《塞尔玛之歌》,作为他的小说情节发展中的重要部分。历史开了个玩笑,这一段引用长时间里成为汉语读者接触《莪相集》的唯一机会。下面附上英文原文和多个译本:

THE SONGS OF SELMA

Star of the descending night! fair is thy light in the west! thou liftest thy unshorn head from thy cloud; thy steps are stately on thy hill. What dost thou behold in the plain? The stormy winds are laid. The murmur of the torrent comes from afar. Roaring waves climb the distant rock. The flies of evening are on their feeble wings, and the hum of their course is on the field. What dost thou behold, fair light? But thou dost smile and depart. The waves come with joy around thee, and bathe thy lovely hair. Farewel, thou silent beam! —Let the light of Ossian's soul arise.

And it does arise in its strength! I behold my departed friends. Their gathering is on Lora, as in the days that are past. —Fingal comes like a watry column of mist; his heroes are around. And see the bards of the song, gray-haired Ullin; stately Ryno; Alpin, with the tuneful voice, and the soft complaint of Minona! —How are ye changed, my friends, since the days of Selma's feast! when we contended, like the gales of the spring, that, flying over the hill, by turns bend the feebly-whistling grass.

Minona then came forth in her beauty; with down-cast look and tearful eye; her hair flew slowly on the blast that rushed unfrequent from the hill. —The souls of the heroes were sad when she raised the tuneful voice; for often had they seen the grave of Salgar, and the dark dwelling of white-bosomed Colma. Colma left alone on the hill, with all her voice of music! Salgar promised to come: but the night descended round. —Hear the voice of Colma, when she sat alone on the hill!

COLMA

It is night;—I am alone, forlorn on the hill of storms. The wind is heard in the mountain. The torrent shrieks down the rock. No hut receives me from the rain; forlorn on the hill of winds.

Rise, moon! from behind thy clouds; stars of the night appear! Lead me, some light, to the place where my love rests from the toil of the chace! his bow near him, unstrung; his dogs panting around him. But here I must sit alone, by the rock of the mossy stream. The stream and the wind roar; nor can I hear the voice of my love.

Why delays my Salgar, why the son of the hill, his promise? Here is the rock, and the tree; and here the roaring stream. Thou didst promise with night to be here. Ah! whither is my Salgar gone? With thee I would fly, my father; with thee, my brother of pride. Our race have long been foes; but we are not foes, O Salgar!

Cease a little while, O wind! stream, be thou silent a while! let my voice be heard over the heath; let my wanderer hear me. Salgar! it is I who call. Here is the tree, and the rock. Salgar, my love! I am here. Why delayest thou thy coming?

Lo! the moon appeareth. The flood is bright in the vale. The rocks are grey on the face of the hill. But I see him not on the brow; his dogs before him tell not that he is coming. Here I must sit alone.

But who are these that lie beyond me on the heath? Are they my love and my brother? —Speak to me, O my friends! they answer not. My soul is tormented with fears. —Ah! they are dead. Their swords are red from the fight. O my brother! my brother! why hast thou slain my Salgar? why, O Salgar! hast thou slain my brother? Dear were ye both to me! what shall I say in your praise? Thou wert fair on the hill among thousands; he was terrible in fight. Speak to me; hear my voice, sons of my love! But alas! they are silent; silent for ever! Cold are their breasts of clay!

Oh! from the rock of the hill; from the top of the windy mountain, speak ye ghosts of the dead! speak, I will not be afraid. —Whither are ye gone to rest? In what cave of the hill shall I find you? No feeble voice is on the wind: no answer half-drowned in the storms of the hill.

I sit in my grief. I wait for morning in my tears. Rear the tomb, ye friends of the dead; but close it not till Colma come. My life flies away like a dream: why should I stay behind? Here shall I rest with my friends, by the stream of the sounding rock. When night comes on the hill; when the wind is on the heath; my ghost shall stand in the wind, and mourn the death of my friends. The hunter shall hear from his booth. He shall fear but love my voice. For sweet shall my voice be for my friends; for pleasant were they both to me.

Such was thy song, Minona softly-blushing maid of Torman. Our tears descended for Colma, and our souls were sad. —Ullin came with the harp, and gave the song of Alpin. —The voice of Alpin was pleasant: the soul of Ryno was a beam of fire. But they had rested in the narrow house: and their voice was not heard in Selma. —Ullin had returned one day from the chace, before the heroes fell. He heard their strife on the hill; their song was soft but sad. They mourned the fall of Morar, first of mortal men. His soul was like the soul of Fingal; his sword like the sword of Oscar. —But he fell, and his father mourned; his sister's eyes were full of tears. —Minona's eyes were full of tears, the sister of car-borne Morar. She retired from the song of Ullin, like the moon in the west, when she foresees the shower, and hides her fair head in a cloud. —I touched the harp, with Ullin; the song of mourning rose.

RYNO

The wind and the rain are over; calm is the noon of day. The clouds are divided in heaven. Over the green hills flies the inconstant sun. Red through the stony vale comes down the stream of the hill. Sweet are thy murmurs, O stream! but more sweet is the voice I hear. It is the voice of Alpin, the son of song, mourning for the dead. Bent is his head of age, and red his tearful eye. Alpin, thou son of song, why alone on the silent hill? why complainest thou, as a blast in the wood; as a wave on the lonely shore?

ALPIN

My tears, O Ryno! are for the dead; my voice, for the inhabitants of the grave. Tall thou art on the hill; fair among the sons of the plain. But thou shalt fall like Morar; and the mourner shall sit on thy tomb.

The hills shall know thee no more; thy bow shall lie in the hall, unstrung.

Thou wert swift, O Morar! as a roe on the hill; terrible as a meteor of fire. Thy wrath was as the storm. Thy sword in battle, as lightning in the field. Thy voice was like a stream after rain; like thunder on distant hills. Many fell by thy arm; they were consumed in the flames of thy wrath.

But when thou didst return from war, how peaceful was thy brow! Thy face was like the sun after rain; like the moon in the silence of night; calm as the breast of the lake when the loud wind is laid.

Narrow is thy dwelling now; dark the place of thine abode. With three steps I compass thy grave, O thou who wast so great before! Four stones, with their heads of moss, are the only memorial of thee. A tree with scarce a leaf, long grass which whistles in the wind, mark to the hunter's eye the grave of the mighty Morar. Morar! thou art low indeed. Thou hast no mother to mourn thee; no maid with her tears of love. Dead is she that brought thee forth. Fallen is the daughter of Morglan.

Who on his staff is this? who is this, whose head is white with age, whose eyes are red with tears, who quakes at every step. —It is thy father, O Morar! the father of no son but thee. He heard of thy fame in battle; he heard of foes dispersed. He heard of Morar's fame; why did he not hear of his wound? Weep, thou father of Morar! weep; but thy son heareth thee not. Deep is the sleep of the dead; low their pillow of dust. No more shall he hear thy voice; no more shall he awake at thy call. When shall it be morn in the grave, to bid the slumberer awake?

Farewel, thou bravest of men! thou conqueror in the field! but the field shall see thee no more; nor the dark wood be lightened with the splendor of thy steel. Thou hast left no son. But the song shall preserve thy name. Future times shall hear of thee; they shall hear of the fallen Morar.

The grief of all arose, but most the bursting sigh of Armin. He remembers the death of his son, who fell in the days of his youth. Carmor was near the hero, the chief of the echoing Galmal. Why bursts the sigh of Armin, he said? Is there a cause to mourn? The song comes, with its music, to melt and please the soul. It is like soft mist, that, rising from a lake, pours on the silent vale; the green flowers are filled with dew, but the sun returns in his strength, and the mist is gone. Why art thou sad, O Armin, chief of sea-surrounded Gorma?

Sad! I am indeed: nor small my cause of woe! —Carmor, thou hast lost no son; thou hast lost no daughter of beauty. Colgar the valiant lives; and Annira fairest maid. The boughs of thy family flourish, O Carmor! but Armin is the last of his race. Dark is thy bed, O Daura! and deep thy sleep in the tomb. —When shalt thou awake with thy songs? with all thy voice of music?

Rise, winds of autumn, rise; blow upon the dark heath! streams of the mountains, roar! howl, ye tempests, in the top of the oak! walk through broken clouds, O moon! show by intervals thy pale face! bring to my mind that sad night, when all my children fell; when Arindal the mighty fell; when Daura the lovely failed.

Daura, my daughter! thou wert fair; fair as the moon on the hills of Fura; white as the driven snow; sweet as the breathing gale. Arindal, thy bow was strong, thy spear was swift in the field: thy look was like mist on the wave; thy shield, a red cloud in a storm. Armar, renowned in war, came, and sought Daura's love; he was not long denied; fair was the hope of their friends.

Erath, son of Odgal, repined; for his brother was slain by Armar. He came disguised like a son of the sea: fair was his skiff on the wave; white his locks of age; calm his serious brow. Fairest of women, he said, lovely daughter of Armin! a rock not distant in the sea, bears a tree on its side; red shines the fruit afar. There Armar waits for Daura. I came to carry his love along the rolling sea.

She went; and she called on Armar. Nought answered, but the son of the rock. Armar, my love! my love! why tormentest thou me with fear? hear, son of Ardnart, hear: it is Daura who calleth thee! Erath the traitor fled laughing to the land. She lifted up her voice, and cried for her brother and her father. Arindal! Armin! none to relieve your Daura.

Her voice came over the sea. Arindal my son descended from the hill; rough in the spoils of the chace. His arrows rattled by his side; his bow was in his hand; five dark gray dogs attended his steps. He saw fierce Erath on the shore; he seized and bound him to an oak. Thick bend the thongs of the hide around his limbs; he loads the wind with his groans.

Arindal ascends the wave in his boat, to bring Daura to land. Armar came in his wrath, and let fly the gray-feathered shaft. It sung; it sunk in thy heart, O Arindal my son! for Erath the traitor thou diedst. The oar is stopped at once; he panted on the rock and expired. What is thy grief, O Daura, when round thy feet is poured thy brother's blood.

The boat is broken in twain by the waves. Armar plunges into the sea, to rescue his Daura, or die. Sudden a blast from the hill comes over the waves. He sunk, and he rose no more.

Alone, on the sea-beat rock, my daughter was heard to complain. Frequent and loud were her cries; nor could her father relieve her. All night I stood on the shore. I saw her by the faint beam of the moon. All night I heard her cries. Loud was the wind; and the rain beat hard on the side of the mountain. Before morning appeared, her voice was weak. It died away, like the evening-breeze among the grass of the rocks. Spent with grief she expired. And left thee Armin alone; gone is my strength in the war, and fallen my pride among women.

When the storms of the mountain come; when the north lifts the waves on high; I sit by the sounding shore, and look on the fatal rock. Often by the setting moon I see the ghosts of my children. Halfviewless, they walk in mournful conference together. Will none of you speak in pity? They do not regard their father. I am sad, O Carmor, nor small my cause of woe!

Such were the words of the bards in the days of song; when the king heard the music of harps, and the tales of other times. The chiefs gathered from all their hills, and heard the lovely sound. They praised the voice of Cona! the first among a thousand bards. But age is now on my tongue; and my soul has failed. I hear, sometimes, the ghosts of bards, and learn their pleasant song. But memory fails in my mind; I hear the call of years. They say, as they pass along, why does Ossian sing? Soon shall he lie in the narrow house, and no bard shall raise his fame.

Roll on, ye dark-brown years, for ye bring no joy on your course. Let the tomb open to Ossian, for his strength has failed. The sons of song are gone to rest: my voice remains, like a blast, that roars, lonely, on a sea-surrounded rock, after the winds are laid. The dark moss whistles there, and the distant mariner sees the waving trees.

郭沫若译本

节选自《少年维特之烦恼》（人民文学出版社 1955 年版）"一七七二年十二月二十日"

　　绿蒂想叫女仆在邻室中做活，但是又掉转了念头。维特在房中走来走去；她坐在钢琴旁边，弹起舞蹈曲来，但是总不能成调，她便支持着,若无其事的去坐在维特的旁边,维特是坐在他平时坐惯了的寝台上的。

绿蒂说道:"你没有拿甚么书来读吗?"——他没有拿甚么来。——她又开首说道:"在我那抽屉中,你从前译了些莪相的诗稿还放在里面;我还不曾读过;因为我想听听你从你的口中读出;但是自从你送给了我之后,总没有得到好的机会。"——他微微发笑,去把译诗拿来;他拿到手中的时候,全身起了战栗,他看下去的时候,眼中充满了眼泪。他坐下去读道:

莪相之诗

傍晚的明星哟,你美丽地在西空闪光,你灿烂的头儿从云中举起,庄严地从小山逍遥而上。你在这旷野之上看着何方?狂风住了;涓涓的溪声自远方而来;激浪在远外的岩头嬉戏;蚊蚋之声嗡营遍野。美丽的光哟,你在看着何方?你只在微笑而逍遥;流波欣欣地环拥着你,浴沐你的云鬟。静谧的光辉哟,请去罢!莪相之精神,你崇峻的灵辉哟,显现来罢!

莪相的灵光熊熊地显现了。我看见我已故的友朋,他们聚会在罗拉平原上,如像生前!——芬戈(莪相之父)来了,如像一柱润湿的烟柱;部下的勇士在他周围,看哟!那些唱歌的歌者!白发的乌尔林哟!纠纠的利诺哟!阿尔品可亲爱的歌者哟!和你幽怨的迷诺娜哟!——我的朋友们哟,春风吹上山来,飒飒作声的柔草成波,我们在惹尔马山上,争博过歌唱的荣名,自从那盛会以还,你们怎这般变了!

迷诺娜天袅而起,目波俯视,眼泪满睛;浓重的发丝在从山上吹来的风中流荡。——她举起了她优丽的歌声时，勇士们的心中愈加凄楚；沙格尔的坟墓又现出，白衣的可尔玛之幽宫又到他们眼中来了。可尔玛一人在山上发出清音；沙格尔约定要求；但是夜已深了。听可尔玛的声音罢，她一人在山上独坐。

可尔玛

已是夜深了！——我一人独自，遗失在这暴风狂啸的山上。风在连山中号咷，溪流从岩头叫下。无茅屋替我遮雨，替我这遗失在暴风狂啸的山上的人。

哦，月儿哟，你从云头出来罢！夜里的明星，你显现罢！把点光来照我，引我到那儿去哟！到我爱人打猎倦了睡着的地方，他的猎弓解放在他的身旁，他的猎犬们在他周围嗅着。但是我定要独坐在这溪流激涨的岩上。溪流与暴风在叫，我听不着我爱人的声音。

我的沙格尔在为什么踌躇哟？他忘了约么？——他那儿是岩头，是大树，我这儿是暴流么？你约了黄昏时定在这儿：啊！我的沙格尔迷向那儿去了！我要同你逃走，弃了父亲！弃了兄弟！弃了他们骄傲的！我们代代是旧仇，但是我与你不是雠仇，哦，沙格尔哟！

啊，风哟！你停一会儿罢！啊，溪流哟！你静一会儿罢！使我的声音响透山谷，使我的行人听见！沙格尔，叫你的是我呀！这儿是树木，是岩头！沙格尔哟！我的爱人哟！我在这儿：你为甚么踌躇着不来哟！

哦，月儿现了，流泉在谷中反射，岩头暗淡地立在山上：但是我不见他在岩上，他的猎犬不先跑来报告他来。我定要在这儿独坐。

哦，那是谁？睡在那下面的野地上的。——我的爱人吗？我的兄弟吗？——哦，朋友，你们告诉我罢！他们不应声。我是怎样地心悬悬哟！——啊，他们是死了的！他们的宝剑染着了鲜血！哦，我的兄弟哟，我的兄弟哟！你为甚么把我的沙格尔刺了？哦，我的沙格尔哟！你为甚么把我的兄弟刺了？你们两人都是我所深爱的！啊，你是山畔的一千人中之最美的；他是在战阵上有名的，答应我罢！听我的声音罢，我爱的人们哟！啊——啊！他们没有声息！永远没有声息！他们的胸膛如像地面一样冰冷！

啊，从小山上的岩头，从荒山上的峰顶，死者的精魂！向我对语罢，我是不怕的！——你们是向哪儿去了？我在那座连山的岩穴才能寻着你们？——我在风中听不见一点儿微弱的声音，我在山上的暴风中听不见一点儿哀切的回应！

我坐在我悲痛之中，我流泪到天明。死者的友人们哟，请掘墓坑罢，但可要不忙掩闭，等到我来，我的生涯要如一梦消去：我怎肯留在世上哟！我要在这儿和我的友人同居，在这响岩的流畔。——"夜"到山上来时，风从野上来时，我的精魂要在风中起来，哀痛我友人之死。打猎的从他的猎房中听见，怕听我的声音，又爱听我的声音：我哭我友人的声音定然会甘美；他们都是我所深爱的。

哦，妥尔曼的女儿，柔媚的红颜，迷诺娜哟，那是你自己的哀歌。我们的眼泪为可尔玛流，我们的心中愈加凄楚。

乌尔林弹琴而起，调协了阿尔品的歌声。——阿尔品的声音可亲爱，利诺的心灵像条火光。但是两人都已睡在了幽宫之中，他们的声音在惹尔玛山中消了。在从先勇士们还未死前，乌尔林打猎回来。

他听见小山上有歌声竞唱。歌之词哀而婉,诉的是勇士中的领袖,木拉儿之战死。他的精神如像芬戈的精神,他的剑如像阿时卡儿的剑。——但是他战死了,他的父亲伤心。他妹子的眼睛充满了眼泪,堂堂的木拉儿的妹妹,她在乌尔林歌之前退去了,如像西空的月儿,早知道风雨要来,把她美好的头儿藏在云里。——我同乌尔林弹琴,和着伤心者的歌声。

利　诺

风雨过了,正午如此光明,云彩分了,不定的太阳飞光照着小山。山中的流泉在谷中泛红。流泉哟,你的幽吟美哉,可我所听的声音,比你更美。那是阿尔品的声音,他在哀哭死人。他的白头钩着,他的泪眼红了。阿尔品,卓荦的歌者哟! 为甚么一人独自在那默默的山上? 你为甚么伤心,如像林中的风号,如像远岸的波浪?

阿尔品

我的眼泪呀,利诺哟,是为死人,我的声音呀,是为坟中的居者。你纤纤地立在山上,你在这野上的儿子中最美! 但是你要同木拉儿一样战死,悲哀者要在你坟上坐着。小山会把你忘了,你的弓要挂在堂中不张。

哦,木拉儿哟,你快比山上的野鹿,你猛如晚空的夜火,你怒如暴风,你的战剑如像旷野上的流电,你的声音可比雨后的林涛,可比远山的雷叫。人多被你刺了,你的怒火把他们吞了。但是你从阵上回来,你的额部又那么和蔼! 你的相貌可比暴风后的太阳,可比静夜里的月光,你的心平气和,如像风收了后的大洋。

如今你的住家隘窄! 你的居处幽暗! 你的墓长不过三步,哦,你哟！你从前是何等伟大！四个苔顶的墓碑是你唯一的纪念：一株脱叶树，深草，在风中萧飒，向猎者眼中指示英雄木拉儿之墓。你没有哭你的母亲，你没有洒云情泪的少女；生你的已经死了，莫格兰的女儿已经逝了。

倚杖的人是谁哟？年老头已白，泪尽眼成红的是谁哟？那是你的父亲，哦，木拉儿哟！你的父亲除你而外没有他儿！他听过你在战阵上的功劳，他听过敌人的惨败，他听过木拉儿的荣名！啊！毫没听见他的伤信！哭罢，木拉儿的父亲！哭罢！但是你的儿子听不见你。死者的睡眠已深，他的枕头埋没在了灰尘。他永不听见人声，也不听你呼叫而醒。哦！何时墓中才有"早晨"来临，向长眠者呼叫：快醒！

安眠罢！人中的英杰哟，疆场上的开拓者哟！但是疆场永不会再见你了！暗郁的森林永不会受你的"光明"辉耀了！你没留一个儿子，但是诗歌中要永留你的姓名；木拉儿的英名要传到千秋不殒！

勇士们之悲声高了，阿明之号咷最高。他回记起他早逝了的死儿，克木儿，响当当的格马尔的侯爵，他坐在阿明之旁。他说，阿明哟，何故如此悲伤？有何可哭的原因在此？可以慰安人魂的歌不再唱起了吗？歌声犹如海雾。从海上升腾，进上山涧，湿润遍含笑的群花；但到太阳又高了时，海雾散了。阿明，哥尔马岛上的领主哟，你为甚么那样伤心？

伤心！不错呀，我是伤心，我伤心的缘故不浅。——克木儿哟，你没有死过儿子，没有死过如花的女儿；哥尔戈勇士在生，少女中的第一美人阿米拉也在。你家的枝条开花，哦，克木儿哟，但可是我阿明是本族中的孤人一个。啊，岛拉哟！你的寝床幽暗，你在墓中的睡眠正酣。——你几时才能唱起你的歌，唱起你幽婉的声调，醒来哟？吹哟，秋风！吹哟，吹遍幽暗的旷野！林中的潮流，咆哮哟！树顶上的狂风，号咷哟！哦，月儿！泛出破云来，把你苍白色的面孔时隐时现哟！使我回忆起那个可怕的夜深，我的儿女们死了的那个夜深，猛勇的阿林达儿死了的那个夜深，慈爱的岛拉女儿死了的那个夜深。

岛拉哟，我的女儿，你美如虎拉山上的明月，你白如飞雪，你甘媚如微风！阿林达儿哟！你的弓强，你的战矛神速，你的眼如波头雾，你的盾如暴风中的火云！

阿马儿，战功烈烈的，来求我岛拉之爱；岛拉不久爱了他。他的朋友们的希望都好。

弈拉德，阿德戈之儿，怒了；因为他的哥是被阿马儿所刺。他来假装个船夫。他波上的小船优美，他白发如雪，他真挚的面貌稳静。他说：少女之中最美者哟！阿明之爱女，那儿岩边，离海不远，红果的树木可见，阿马儿在那儿等你岛拉：我来，来引他的爱人渡过那滚滚的大海。

她听从他，呼叫阿马儿；除了山岩的回响，没有应声。阿马儿！我的爱哟！你为何如此苦我？听呀，阿拿德之儿！听呀！叫你的，是我岛拉呀！

骗人的弈拉德笑着逃回岸上。她举起她的声音，叫她的父亲，她的哥。阿林达！阿明！没人来救他的岛拉么？

她的声音传过了海来。阿林达，我的儿，跳下了山去，凶狠狠地去寻捕房；他的箭在他腰侧作声，他手里拿着他的弓，五只灰黑色的猎犬围绕着他。他在岸上看见了胆大的弈拉德,把他捉着,缚在檞树之上;紧紧地拴着了他的臀关,被束缚者的叹声把海风充满。

阿林达漕着小船,要去把岛拉渡回。阿马儿愤怒而来,放了一只灰色的雕翎羽箭,箭响了,箭穿进了你的心,啊,阿林达儿哟! 骗子弈拉德不死,你代他死了;船到岩下,他倒下去死了,你哥哥的血液流在你的脚下,你是怎样地伤心哟,啊,岛拉女儿!

海浪把小舟打破了。阿马儿跳下了海中去,去救他的岛拉或是去死。一阵疾风从山上吹入浪涛;他沉了,不再起来了。

我只在被风吹海打的岩上听着我女儿的哀号。她的声音高,她叫了多少;可但是她的父亲不能救她。我在海上立了通夜,我看见她在朦胧的月光里,我听见她叫了通夜;风声高,尖雨向山边乱打。她的声音微了,在天还未明以前;她死去了,如像夜来风雨死在草与岩间。她抱着伤心死了,留下我阿明孤人独自! 我战阵上的健儿死了,我女儿中的天骄逝了。

山上的暴风来时,北海的波涛起时,我坐在潇骚的岸上,望着那可怕的岩颠。在月儿西沉时,我常时看见我儿女的精灵,半明半昧地,哀切而和睦地,同路而屏营。

一脉泪泉从绿蒂眼中迸出,把她压缩着的心胸苏解,维特的歌声停顿了。他抛去诗稿,紧紧握着她一只手,伤心痛哭。绿蒂靠在别一只手上,把她的两眼掩藏在手巾之中。两人的感动非常深剧。他们在这古人的命运之中感觉着他们自身的不幸,他们共同感觉着,眼泪融而为一。维特的嘴唇和两眼在绿蒂的腕上燃烧;她不禁战栗起来;她想避开,但是哀痛和同情如像黑铅一样压得她如迷如醉。她呼吸一次,回复起心神来,啜泣着请他再读下去,她的语声完全是出自天界的一样!维特战微微地,他的心儿好像要爆裂的一般;他把诗稿拿起来,又断断续续地读道:

　　春风哟,你为甚么把我叫醒?你在媚人,你在说道:"我用天泪润人!"但是我的衰时已近,狂风将到,吹打我的枝叶飘零!明朝有位行人,他是见过我韶年时分,他会来,会来;他的眼儿会在这野原中四处把我找寻,我可已是无踪无影⋯⋯

　　这诗辞的魄力完全压倒了不幸的维特。他失望到了极点,投身跪在绿蒂面前,紧握着她的两手,把来压着自己的眼睛,抵触自己的头额,她的心中好像突然预感着他将有自杀的行动一样。她的感官混乱了:她紧紧压着他的手,把身子靠近他的胸部,伤心着俯身就他,两人灼热的颊部互相挨接。世界已消灭了。他伸手挽着她,把她紧拥在胸上,把无数猛烈的接吻掩覆她战颤着,吃格着的嘴唇。——"维特!"她用一种窒息着的声音叫出,一面把身子撒开,一面又叫:"维特!"——无力的手儿把维特的胸部格开了她的胸部;——"维特!"她庄重地又叫了一声,极令人肃然生感。——维特没有抵抗,让她离开了怀抱,失神地伏在她的面前。她凛然离脱,心中淆乱得异常不安,激颤在爱与怒之间,说道:"这算是最后一次了,维特!你永不要再见我了。"——投一瞥爱怜横溢的眼光在不幸者身上惚惚地跑进邻室里去,随手把门掩了。维特伸手去挽她,但是没有挽留得着。他倒在地上,把头靠着寝台,就在这种姿势之下他经过了三十分钟。一直听到有种声响他才回复了元神。女仆走来,想准备夜餐的桌面了。他在房中走来走去,女仆去后,他走到邻室门前,低声叫道:"绿蒂!

绿蒂！你只再说一句话！说句请了罢!"——她没有做声。他等着，又央求，又等着：她终不做声，他才撇开了身子，叫道："诀别了！绿蒂！永远诀别了!"

杨武能译本

节选自《少年维特之烦恼》(江西人民出版社 2019 年版)

朦胧夜空中的孤星呵，你在西天发出美丽的闪光，从云朵深处昂起你明亮的头，庄严地步向你的丘岗。你在这荒原上寻觅什么呢？那狂暴的风已经安静，从远方传来溪流的絮语，喧闹的惊涛拍击岩岸，夜蛾儿成群飞过旷野，嗡嗡营营。你在这荒原上寻觅什么呢，美丽的星？瞧你微笑着冉冉行进，欢乐的浪涛簇拥着你，洗濯你的秀发。别了，安静的星。望你永照人间，你这我相心灵中的光华！

在它的照耀下，我看见了逝去的友人，他们在罗拉平原聚会，像在过去的日子里一样。——芬戈来了，像一根潮湿的雾柱；瞧啊，在他周围的他的勇士，那些古代的歌人：白发苍苍的乌林！身躯伟岸的利诺！歌喉迷人的阿尔品！还有你，自怨自艾的弥诺娜！——我的朋友啊，想当年，在塞尔玛山上，我们竞相歌唱，歌声如春风阵阵飘过山丘，窃窃私语的小草久久把头儿低昂；自那时以来，你们可真变了样！

这会儿，娇艳的弥诺娜低着头走出来，泪眼汪汪；从山岗那边不断刮来的风，吹得她浓密的头发轻扬。她放开了甜美的歌喉，勇士们的心里更加忧伤；要知道他们已一次次张望过萨格尔的坟头，一次次张望过白衣女可尔玛幽暗的住房。可尔玛形影孤单，柔声儿在山岗上唱着歌:萨格尔答应来却没来,四周已是夜色迷茫。听啊,这就是可尔玛独坐在山岗上唱的歌。

可尔玛

夜已来临!——我坐在狂风呼啸的岗头,独自一人。山中风声凄厉。山洪咆哮着跃下岩顶。可怜我被这遗弃在风雨中的女子,没有茅舍供我避雨栖身。

月儿啊,从云端里走出来吧!星星啊,在夜空中闪耀吧!请照亮我的道路,领我去我的爱人打猎后休息的地方,他身旁摆着松了弦的弓弩,他周围躺着气喘吁吁的狗群。可我只得独坐杂树丛生的河畔,激流和风暴喧啸不已,我却听不见爱人一丝声音。

我的萨格尔为何迟疑不归?莫非他已把自己的诺言忘记?这儿就是那岩石,那树,那湍急的河流!唉,你答应天一黑就来到这里!我的萨格尔啊,你可是迷失了归途?我愿随您一起逃走,离开高傲的父亲和兄弟!我们两个家族世代为仇,萨格尔啊,我俩却不是仇敌!

风啊,你静一静吧!激流啊,你也请别出声息!让我的声音越过山谷,传到我那漂泊者的耳际。萨格尔!是我在唤你啊,萨格尔!这儿是那树,这儿是那岩石,萨格尔,我的亲爱的!我在这儿等了又等,你为何迟迟不来?

瞧,月亮发出银辉,溪流在峡谷中闪亮,丘岗上灰色的岩石突兀立起;可丘顶却不见他的身影,也没有狗群报告他的来归。我只得孤零零地坐在此地。

可躺在那下边荒野上的是谁啊,是我的爱人?是我的兄弟?——你们说话呀,我的朋友!呵,他们不回答,徒令我心增忧戚!——啊,他们死了!他们的剑上犹有斑斑血迹!我的兄弟啊,我的兄弟,你为何杀死了我的萨格尔?我的萨格尔啊,你为何杀死了我的兄弟?你们两个都是我的亲人哟!在丘岗旁安息着的万千战死者中,数你最最英俊!可是他在战斗中却可怕无敌。回答我,亲爱的人,你们可已听见我的呼唤!唉,他们永远沉默无言,胸膛已冰凉如泥!

亡灵们啊,你们从丘顶的巨岩石上讲话吧!从暴风雨中的山巅讲话吧!我绝不会毛骨悚然!告诉我,你们将去哪儿安息?我要到群山中的哪道岩穴里才能找到你们啊!——狂风中,我听不见一些儿回音;暴风雨里,我听不见微弱的叹息。

我坐在岗头大放悲声;我等待着黎明,泪雨淅沥。死者的友人们啊,你们掘好了坟墓,但在我到来之前,千万别把墓室关闭。我怎能留下呢,我的生命已消逝如梦?我愿和我的亲人同住在这岩石鸣响的溪畔;每当夜色爬上山岗,狂飙掠过旷野,我的灵魂都要立在风中,为我亲人的死哀泣。猎人在他的小屋中听见我的泣诉,既恐惧又欢喜;要知道我是在悼念自己亲爱的人,声音又怎能不甜蜜!

这就是你的歌啊,弥诺娜,托尔曼红颜的闺女。我们的泪为可尔玛而流,我们的心为她忧戚。

乌林怀抱竖琴登场,为我们伴奏阿尔品的歌唱。——阿尔品嗓音悦耳,利诺有火一般的心肠。可眼下他们都已安息在陋室中,他们的歌声已在塞尔玛绝响。有一次乌林猎罢归来,还在英雄们未曾战死的时光。他听见他们在山上比赛唱歌,歌声悠扬,但却忧伤。他们悲叹领袖群伦的英雄穆拉尔的殒落,说他的宝剑厉害如奥斯卡,他的灵魂高尚如芬戈。——但他仍然倒下了,他的父亲悲痛失声,他的姐姐泪流成河,英俊的穆拉尔的姐姐弥诺娜泪流成河。她在乌林唱歌以前便下去了,恰似西天的月亮预见到暴风雨来临,将美丽的脸儿向云里躲藏。我和乌林一同拨响琴弦,伴着利诺悲哀的歌唱。

利　诺

风雨已过,雾散云开,天气晴朗,匆匆去来的太阳又照着山岗。溪流红光闪闪,穿过峡谷,淙淙潺潺,笑语欢畅。可我聆听着一个更动人的声音,那是阿尔品的声音,他在痛苦地把死者歌唱。他哀老的头颅低垂,他带泪的眼睛红肿。阿尔品,杰出的歌手,你为何独自来到这无声的山上? 为何你悲声不断,像穿越山林的风,像拍击洋岸的浪?

阿尔品

利诺啊,我的泪为死者而流,我的歌为墓中人而唱。在荒野的儿子们中间,在岗头,你是何等英俊魁梧。但你也将像穆拉尔一样战死,你的坟上也会有痛哭悲伤。这些山岗将把你忘记,你的弓弩将存在大厅,从此不把弦张。

穆拉尔啊,在这山岗上你曾飞奔如快鹿,狂暴如野火。你的愤怒如可怕的飓风,你的宝剑如荒野的闪电,你的声音如雨后的山洪,如远方山岗上的雷动! 多少人曾被你愤怒的烈火吞噬,多少人曾死在你手中。可当你从战斗里归来,额头上又洋溢着宁静! 你的容颜如雨后的丽日,如静夜的月亮,你的胸腔呼吸均匀,如风住浪息的海洋!

如今,你的居室湫隘、黑暗,你的墓穴长不过三步:而你当初却是多么伟大啊！四块顶上长满青苔的石板砌成你唯一的纪念碑，还有无叶的树一株。一茎长草在风中低语，告诉猎人，这就是伟大的穆拉尔的归宿！没有母亲来为你哭泣，没有情人来为你一洒清泪。生育你的莫格兰的女儿，她已经先你亡故。

那扶杖走来的是谁呢，他的头发已变得雪白，他的双眼已经哭得红肿？呵，那是你的父亲，穆拉尔，你是他唯一的儿子！他曾听见你在战斗中高声呐喊，他曾听见你打得敌人四处逃窜；他只听见你如雷的声名，唉，全不知你身负重伤！痛哭吧，穆拉尔的父亲！痛哭吧，尽管你儿子已听不见你的声音！死者酣睡沉沉，头枕尘埃，充耳不闻你的呼唤，永远不会复生。啊，墓穴中何时才会有黎明，才会召唤酣睡者:醒一醒！

别了，人中的最高贵者，沙场无敌的勇士！从此战斗中再见不到你的英姿，幽林间再不会闪过你雪亮的兵刃！你没有子嗣继承伟业，但歌声将使你不朽，后世将听到你，听到战死沙场的穆拉尔的英名。

英雄们个个放声啼哭，阿明更是撕心裂肺地号啕。他悼念他的亡儿，痛惜他青春年华即已早夭。辽阔的格马尔君王卡莫尔坐在老英雄身边,问:"阿明啊,你为何在痛哭流涕？是什么叫你大放悲声？且听这声声弦歌,真个叫悦耳迷人！它好似湖上升起的薄雾,轻轻儿飘进幽谷,把盛开的花朵滋润;可一旦烈日重新照临,这雾也就散尽。你为何悲恸伤心啊,阿明,你这岛国哥尔马的至尊?"

"悲恸伤心！可不是吗,我的悲痛真诉说不尽。卡莫尔啊,你没有失去儿子,没有失去如花的女儿;勇敢的哥尔格还健在,天下最美的姑娘安妮拉还侍奉着你。你的家族枝繁叶茂,卡莫尔;可我阿明家却断了后嗣。岛拉啊,你的床头如此昏暗,你已在发霉的墓穴中长眠。什么时候你才会唱着歌醒来呢？你的歌喉可还是那样美,那样甜？刮起来吧,秋风,刮过这黑暗的原野!怒吼吧,狂飙,在山顶的橡树林中掀起巨澜!明月啊,请你从破碎的云絮后走出来,让我看一看你苍白的脸!你们都来帮我回忆吧,回忆我失去儿女的恐怖夜晚;那一夜:强壮的阿林达尔死了,岛拉,我亲爱的女儿,她也未得生还。"

"岛拉,我的女儿,你曾多么美丽!你美丽如悬挂在弗拉山岗上的皓月,洁白如天空飘下来的雪花,甜蜜如芳馨的空气!阿林达尔,你的弓弩强劲,你的标枪快捷,你的眼光如浪尖上的迷雾,你的盾牌如暴雨里的彤云!"

战争中遐迩闻名的阿玛尔来向岛拉求爱;岛拉没有能长久拒绝。朋友们已期待着那美好的时辰。

奥德戈的儿子埃拉德怒不可遏,他的弟弟曾死在阿玛尔剑下。他乔装成一名船夫,驾来一叶轻舟,他的鬈发已变得雪白,脸色也和悦敦厚。"最最美丽的姑娘啊,"他说,"阿明可爱的女儿!在离岸不远的海里,在鲜红的水果从树上向这儿窥视的山崖旁,阿玛尔在那里等待他的岛拉,我奉命来接他的爱人,带她越过波涛翻滚的海洋。"

岛拉跟着埃拉德上了船,口里不断呼唤阿玛尔:可她除去山崖的鸣响,就再听不见任何回答。"阿玛尔!我的爱人,我亲爱的!你干吗要这样把我恐吓?听一听啊,阿纳兹的儿子!听一听啊,是我在唤你,我是你的岛拉!"

埃拉德这个骗子,他狂笑着逃上陆地。岛拉拼命地喊啊,喊她的父亲,喊她的兄长的名字:"阿林达尔!阿明!难道你们谁也不来救救他的岛拉?"

她的喊声从海上传来，阿林达尔，我的儿子立刻从山岗跃下。终日行猎使他性格剽悍，他身挎箭矢，手执强弓，五只黑灰色猎犬紧紧跟随身边，他在海岸上瞧见邪恶的埃拉德，一把捉住他，把他缚在橡树上，用绳子将他的腰身缠了又缠，缚得埃拉德在海风中叫苦连天。

阿林达尔架着自己的船破浪前进，一心要救岛拉生还。阿玛尔气急败坏赶来，射出了他的灰翎利箭，只听"嗖"的一声响，阿林达尔啊，我的儿，射进了你的心田！你代替埃拉德丧了命。船一到岸边，他就倒下了。岛拉啊，你脚边淌着你兄长的鲜血，你真是悲痛难言！

这会儿巨浪击破了小船，阿玛尔奋身纵入大海，不知是为救他的岛拉，还是自寻短见。一霎时狂风大作，白浪滔天，阿玛尔沉入海底，一去不返。

只剩我一个人在海浪冲击的悬崖上，听着女儿的哭诉。她呼天抢地，我身为她的父亲，却无法救她脱险。我彻夜伫立在岸边，在淡淡的月光里看见她，听着她的呼喊。风呼呼地吼，雨唰唰地抽打山岩。不等黎明到来，她的喊声已经微弱；当夜色在草丛中消散，她已经气息奄奄。她在悲痛的重压下死去了，留下了我阿明孤苦一人！我的勇力已在战争里用光，我的骄傲已被姑娘们耗完。

每当山头雷雨交加，北风掀起狂澜，我就坐在发出轰响的岸旁，遥望那可怕的岩石。在西沉的月影里，我常常看见我孩子们的幽魂，时隐时现，缥缥渺渺，哀伤和睦地携手同行……

……

春风啊，你为何将我唤醒？你轻轻抚摩着我的身儿回答："我要滋润你以天上的甘霖！"可是啊，我的衰时近了，风暴即将袭来，吹打得我枝叶飘零！明天,有位旅人将走来,他见过我的美好青春;他的眼睛将在旷野里四处寻觅,却不见我的踪影……

马君武译《阿明临海岸哭女诗》

(歌德所引用部分末段,人物译名和我们熟知的译法有所不同)(选自《马君武诗稿》,文明书局 1914 年版)

贵推为德国空前绝后一大文豪,吾国稍读西籍者皆知之。而《威特之怨》(Dic Leiden des jungen Werther)一书,实其自绍介社会之最初杰著也。沙娄(Charnoth)既嫁,威特既见疑,不能常至其家。一夕,瞰其夫阿伯(Albort)之亡也,往焉。沙娄既爱阿伯,复怜威特,悄然曰:"威特不思沙娄之既嫁乎?"乃命仆持函往招二三女友来,所以释阿伯之疑,且速威特之去也。女友皆不能至,沙娄黯然。少顷,气忽壮,取比牙琴自操之,傍威特坐于安椅,曰:"威特,不能为我歌一曲乎?"威特厉声曰:"无歌尔!"沙娄曰:"是箧内有'欧心之诗'(Song of Ossing),君所译也,予尚未读,若使其出于君之唇,则诚善矣。"威特笑,取而视之,意忽动,坐而泪涔涔下,以最哀之声歌之。是阿明(Armin)哭其女初丧之词也。其词曰:

莽奔(莽)惊涛激石鸣,溟溟海岸夜深临。女儿一死成长别,老父余生剩此身。海石相激无已时,似听吾儿幽怨声。

月色不明夜气暝,朦胧如见女儿影。斜倚危石眠不得,风狂雨急逼人醒。

眼见东方初日升,女儿声杳不可闻。有如晚风吹野草,一去踪迹无处寻。

死者含哀目未瞑,只今独余老阿明。阿明早岁百战身既废,而今老矣谁复论婚姻。

海波奔泻涌千山,怒涛飞起落吾前。此时阿明枯坐倚危石,独望沧溟一永叹。

又见斜月灼耀明,又见女儿踯躅行。儿声唧唧共谁语,老眼模糊认不真。

女儿忽随明月去,不忆人间遗老父。老父无言惟有愁,愁兮愁兮向谁诉?

歌至此,沙娄大恸。威特掷纸于地,执沙娄之手,以己泪浣之。沙娄以一臂自倚,以一手执巾自揾其泪,四目相视,各相怜也。沙娄欲起离去,悲甚不能行。乃勉止泪,劝威特复歌。威特愈甚,强起拾纸续歌之,殆不能成声矣。

风若有情呼我醒,风曰露珠复汝此非汝眠处。噫!吾命零丁复几时?有如枯叶寄高枝。或者明日旅人从此过,见我长卧海之湄。吁嗟乎!海岸寥空木叶稠,阿明死骨无人收!

译者后记

怀着激动和忐忑的心情,我将这本《莪相集》呈现在诸位读者的面前。

文学的魅力和价值体现在经典作品中,从哈罗德·布鲁姆到伊塔洛·卡尔维诺,评论家和文学史家无不试图定义何为经典。译者本科时,有幸从勒内·韦勒克的《文学理论》一书中瞥见了《莪相集》的身影,并进而了解到这部深刻影响西方许多代文化名人和知识分子的作品。书中人物的英雄气概和苏格兰的壮丽风光令人神往,而其对后世的巨大影响和围绕本书的史家公案,更使其在世界文学史上留下浓墨重彩的一笔。将这样一部世界文学经典的"遗珠"译介给中文读者,是我长久以来的心愿。

在复旦大学就读期间,我有幸得到了戴从容教授的指导,以《莪相集》与 18 世纪欧洲民族主义的关系为题撰写"望道计划"科研论文,并从那时起开始着手翻译本书的原文。本科毕业后,我追随麦克弗森的脚步,前往苏格兰爱丁堡求学,并继续研究英语文学和《莪相集》。在苏格兰,我不仅探访了当地的自然景色和历史遗迹,更有幸得到了本课题相关研究中世界顶尖专家的指点和建议。如今,译者终于有机会完成本书的翻译工作,并对自己过去的译稿进行了全方位的修改和校正。

在本书面世之际，我的心中充满了感谢之情。感谢父母对我多年来的养育之恩以及对本书出版的支持与鼓励；感谢戴从容教授、王柏华教授、傅修延教授、罗伯特·艾文（Robert Irvine）教授、霍华德·加斯基尔（Howard Gaskill）教授对我翻译研究的指导和支持；感谢江西人民出版社和编辑李月华女士对本书的赏识和在出版中起到的决定性作用；感谢友人林诚翔、龚勋、翟文韬对我翻译工作中遇到的问题所提供的建议和帮助。当然，也要感谢正在阅读本书的读者。

诚挚希望您指出本书的待改进之处，或对本书提出建议。

图书在版编目(CIP)数据

莪相集／(英)詹姆斯·麦克弗森著；殷若成译.
-- 南昌:江西人民出版社,2023.6
ISBN 978 -7-210-12440-5

Ⅰ.①莪… Ⅱ.①詹… ②殷… Ⅲ.①史诗-英国-
近代 Ⅳ.①I561.24

中国版本图书馆 CIP 数据核字(2020)第 173409 号

莪 相 集
The Poems of Ossian and Related Works

(英)詹姆斯·麦克弗森 著
殷若成 译

责 任 编 辑:李月华
书 籍 设 计:章　雷

 出版发行

经　　　销:各地新华书店
地　　　址:江西省南昌市三经路 47 号附 1 号(邮编:330006)
编辑部电话:0791-86898143
发行部电话:0791-86898815
网　　　址:www.jxpph.com
电 子 邮 箱:270446326@qq.com

开　　　本:880×1230 毫米　1/32
印　　　张:9.75
字　　　数:212 千字
版　　　次:2023 年 6 月第 1 版
印　　　次:2023 年 6 月第 1 次印刷
书　　　号:ISBN 978-7-210-12440-5
定　　　价:58.00 元
承 印　　厂:长沙超峰印刷有限公司
赣版权登字-01-2022-468